Ulrike Ebenhoch
Barbara Kronberger-Schmid
Alois Scheucher
Anton Wald

Zeitbilder 4

Geschichte, Sozialkunde und Politische Bildung

www.oebv.at

Liebe Schülerin, lieber Schüler!

Damit du dich in deinem neuen Geschichtebuch besser zurechtfinden kannst, gibt es hier einen kurzen Wegweiser:

Auf der Zeitleiste sind wesentliche Ereignisse der behandelten Epoche oder des Themas eingetragen.

Auftaktseiten

Jedes der sieben Großkapitel dieses Buches beginnt mit zwei besonders gestalteten Seiten, den Auftaktseiten. Bild, Text und Zeitleiste sollen dir einen ersten Eindruck davon geben, was dich in dem folgenden Kapitel erwartet. Diese Seiten wollen auch deine Neugier wecken.

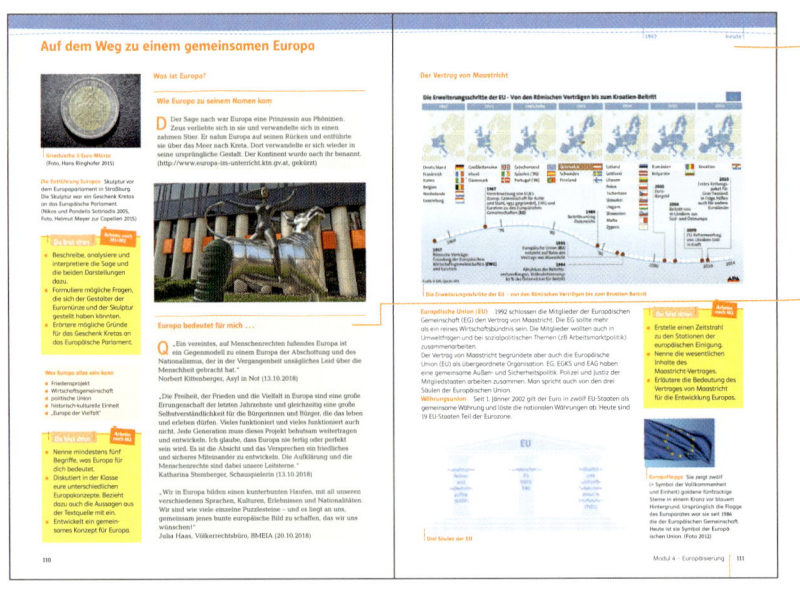

Der Zeitstreifen zeigt dir, welcher Zeitraum auf der Doppelseite behandelt wird.

Q steht für Quellentexte, also Texte, die uns aus vergangenen Zeiten zur Verfügung stehen.

Themenseiten

Jedes Großkapitel umfasst mehrere Einzelthemen, die in der Regel auf jeweils einer Doppelseite bearbeitet sind. Textzeugnisse aus der Geschichte oder Tatsachenberichte sind in Kästchen hervorgehoben.
Ein Sternchen tragen alle die Namen und Begriffe, die am Schluss des Buches wie in einem Lexikon erklärt werden.
Immer wieder findest du in gelben Du-bist-dran-Kästen Fragen und Arbeitsaufträge. Hier fordern wir dich auf, die im Buch vorher dargestellten Informationen zu überdenken, zu wiederholen, zusammenzufassen oder deine Meinung zu einem Thema zu äußern.

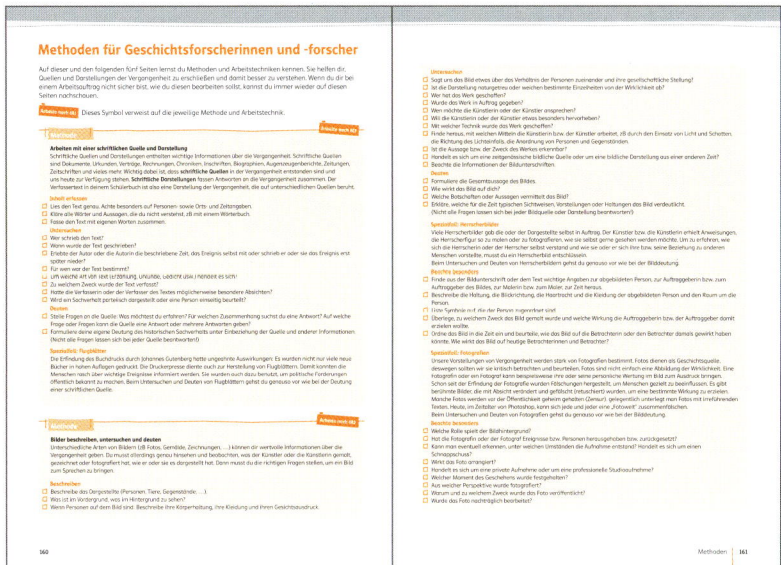

Methodenseiten

Sie stellen Methoden und Arbeitstechniken vor, die dir helfen, Informationen zu gewinnen, auszuwerten, zu verarbeiten oder darzustellen. Auf diesen Seiten kannst du immer wieder nachschlagen, wenn du dir bei der Bearbeitung der Du-bist-dran-Kästen unsicher bist.

Der Hinweis **Arbeite nach M1** bei den Aufgabenkästchen zeigt dir, nach welcher Methode du arbeiten sollst. Dies bedeutet, dass alle Punkte nach der Methodenseite zu bearbeiten sind.

Auf einen Blick

Die Zusammenfassungen am Ende eines jeden Großkapitels wollen dir zeigen, was du aus diesem Abschnitt der Zeitbilder in Erinnerung behalten solltest.

Wir trainieren Kompetenzen

Am Ende eines Großkapitels findest du ein Kompetenztraining. Es gibt dir die Möglichkeit, deine erworbenen Kenntnisse anzuwenden.

Viel Spaß bei der Arbeit mit deinem Geschichtebuch!

Die Autorinnen und Autoren

Inhalt

Das Projekt: Gemeinsames Europa 108

1951   heute

Die Vielfalt unserer Gesellschaft 124

Antike   heute

Politik und Medien 140

1948   heute

1917	1920	1921	1922	1924	1933	1934

1920
Programm der NSDAP

1922
In Italien gelangt Mussolini an die Macht.

1924
Stalin wird Nachfolger von Lenin.

1933
nationalsozialistische Machtergreifung in Deutschland

1934
Hitler „Führer und Reichskanzler"

1917
Kommunismus in Russland

1921
Gründung der 1. faschistischen Partei Europas in Italien

1934
Austrofaschismus unter Dollfuß und Schuschnigg

Faschismus, Nationalsozialismus und politische Diktaturen

v4üp9n

Leben in Diktaturen (Illustration Alicia Sancha, 2018)

1990
Wiedervereinigung
Deutschlands

1945
Ende des
nationalsozialistischen
Regimes

1949
Gründung der
Bundesrepublik
Deutschland

1989
Fall der
Berliner Mauer

12. 3. 1938
„Anschluss"
Österreichs

1949
Teilung Deutschlands

1961
Bau der Berliner Mauer

Wirtschaftliche und soziale Probleme als
Folge des Ersten Weltkriegs begünstigten
die Entstehung von Diktaturen. Viele Menschen
glaubten an die Versprechungen von Arbeit,
Frieden und nationaler Größe. Vor allem die
Nationalsozialistische Deutsche Arbeiterpartei
(NSDAP) betrieb eine unbarmherzige Politik
gegen alles, was nicht in ihre Weltanschauung
passte. Ausgrenzung, Verfolgung und Vernichtung
von Menschen waren die Folge. Die Teilung
Deutschlands nach dem Zweiten Weltkrieg hatte
großen Einfluss auf das Leben der Bevölkerung.

Auf den folgenden Seiten sollst du erfahren:
- was eine Diktatur kennzeichnet.
- wie der Faschismus in Italien entstand.
- wie der Austrofaschismus entstand.
- wie die Nationalsozialisten in Deutschland an
  die Macht kamen, in alle Lebensbereiche der
  Menschen eingriffen und Propaganda für ihre
  Zwecke einsetzten.
- welche Rollen der Jugend und den Frauen im
  nationalsozialistischen Staat zugedacht waren.
- wie sich die Teilung Deutschlands auf das
  Leben der Bevölkerung auswirkte.

Diktaturen in Europa

Nationalsozialismus und Stalinismus* Diese beiden diktatorischen Systeme führten im 20. Jh. zu schrecklichen Verbrechen und vielen Millionen Opfern. Die Karikatur zeigt links den nationalsozialistischen Diktator Adolf Hitler* und rechts Josef Stalin*, den kommunistischen Diktator der Sowjetunion. Vor dem deutschen Überfall auf Polen (S. 78) und der Besetzung Polens durch sowjetische Truppen im September 1939 schlossen Hitler und Stalin einen Vertrag, der dem deutschen Reich die sowjetische Neutralität bei einer kriegerischen Auseinandersetzung zusicherte. (Karikatur in der britischen Tageszeitung „Evening Standard", David Low, 20.9.1939)

Du bist dran · Arbeite nach M2

- Beschreibe die Karikatur.
- Analysiere die Textteile und stelle einen Zusammenhang mit der Bildunterschrift her.
- Beurteile, welche Aussagen der Künstler mit seiner Karikatur treffen wollte.
- Stelle die Karikatur in einen Zusammenhang mit der Definition von „Diktatur" (Politik-Lexikon für junge Leute).

Du bist dran · Arbeite nach M1+A1

- Fasse die Merkmale einer Diktatur laut „Politik-Lexikon für junge Leute" in eigenen Worten zusammen.
- Recherchiere im Internet drei Staaten, in denen heute noch diktatorische Systeme zu finden sind.
- Überprüfe mit Hilfe der Textquelle, warum diese Systeme als „diktatorisch" bezeichnet werden können.

Was ist eine Diktatur? Der Begriff lässt sich ableiten aus dem Lateinischen und bedeutet „befehlen". Im 20. Jh. konnten in verschiedenen Ländern Europas Diktatoren die Macht ergreifen. Die politischen Programme dieser Diktaturen unterschieden sich teilweise stark: Manche beinhalteten faschistische Ideen, andere kommunistische. Allen Diktaturen gemeinsam ist, dass sie die Demokratie ablehnen und Unterdrückung und Gewalt gegen Menschen anwenden. Die Herrschaftsgewalt liegt in den Händen einer einzelnen Person, einer kleinen Gruppe (zB Militärs) oder einer Partei.

Definition von „Diktatur" (Politik-Lexikon für junge Leute)

Diktatur ist eine Regierungsform, die wesentliche Elemente der Demokratie nicht enthält. Es gibt zwar häufig Parlamente und Regierungen, aber keine freien Wahlen und meistens auch keine Opposition. Politische Gegner und Gegnerinnen einer Diktatur werden unterdrückt, sehr oft durch Folter oder willkürliche Verhaftungen. Es gibt keine freie Presse und keine Reisefreiheit; die Zeitungen sowie Fernseh- und Rundfunkstationen werden vom diktatorischen Regime überwacht und zensuriert.

An der Spitze einer Diktatur steht der Diktator (meistens nehmen Männer diese Position ein). Die bekanntesten Diktaturen im 20. Jahrhundert waren der Nationalsozialismus in Deutschland (1933–1945) und der Kommunismus in der UdSSR (1917–1991). Es gab aber in vielen anderen Ländern auch Diktaturen – und es gibt heute noch welche (zB in Burma/Myanmar oder in Nordkorea). (http://www.politik-lexikon.at/diktatur/)

Faschismus und Krieg: fachistische Vorherrschaft in Europa 1942

Arbeite nach M4

Du bist dran

- Erstelle eine vierspaltige Tabelle und liste darin mit Hilfe der Karte auf:
  - neutrale Staaten,
  - faschistische Staaten,
  - Gebiete, die vom Deutschen Reich oder Italien besetzt waren,
  - Staaten, die nach faschistischem Vorbild entstanden sind.

Faschismus in Europa (1. Hälfte des 20. Jh.)

Faschistische Staaten:
Deutschland (1933–1945)
Italien (1922–1944)

Staaten nach faschistischem Vorbild:
Österreich (1934–1938)
Portugal (1932–1974)
Spanien (1936–1975)

Faschistische Herrschaften unter deutschem Einfluss:
Slowakei, Kroatien, Rumänien, Vichy-Frankreich*, Norwegen, Ungarn (nach Ländern unterschiedlich zwischen 1939 und 1945)

Starke faschistische Bewegungen in:
Polen, Belgien, Niederlanden, Griechenland und Serbien

Faschistische Diktaturen werden errichtet

In vielen europäischen Staaten gab es nach dem Ersten Weltkrieg große wirtschaftliche und soziale Probleme. Es herrschte Massenarbeitslosigkeit, viele Menschen hungerten. Faschistische Gruppen und Parteien gewannen daher immer mehr Anhängerinnen und Anhänger. Ihre politische Bedeutung und die Ausformung ihrer Merkmale waren in den einzelnen Staaten unterschiedlich. Der Begriff „Faschismus" bezog sich ursprünglich auf die politische Bewegung Mussolinis in Italien (S. 10). Heute bezeichnet Faschismus eine politische Weltanschauung, die bestimmte Merkmale aufweist.

Merkmale von Faschismus

- Stark ausgeprägter Nationalismus (zB Gebrauch von patriotischen Symbolen, Schlagwörtern und Liedern); Überhöhung der eigenen Nation
- Verherrlichung der politischen Führer und absoluter Gehorsam diesen gegenüber
- Demokratie, andere Parteien und Gewerkschaften werden abgelehnt und bekämpft.
- Hass auf Minderheiten (zB ethnisch, religiös, …) wird geschürt, Andersdenkende (zB politisch, kulturell, …) werden abgelehnt. Ausgrenzung, Verfolgung, Vernichtung, Terror sind die Folgen.
- keine Meinungsfreiheit, keine freie Presse, Kontrolle der Massenmedien durch den Staat und massive Propaganda
- Vorrangstellung des Militärs und Einführung militärischer Strukturen in viele Bereiche des Alltagslebens, fast unbegrenzte Macht der Polizei

Arbeite nach M1+A2

Du bist dran

- Erkläre deiner Sitznachbarin bzw. deinem Sitznachbarn in eigenen Worten die Merkmale des Faschismus.
- Diskutiert, welchen Menschen- und Bürgerrechten diese Merkmale widersprechen.

Faschismus in Italien und Austrofaschismus

Benito Mussolini, der „Duce", gründete die erste faschistische Partei Europas. Viele ihrer Symbole und Rituale, zB ein bestimmter Gruß, die Art der Uniformierung, ein faschistisches Kampflied, eine Flagge etc. wurden von späteren faschistischen Parteien und Gruppen (in abgeänderter Form) übernommen. (Propagandaplakat, um 1930)

Mussolinis „zehn Gebote des italienischen Soldaten" (Auszug, 1933):

Q 1. Der Faschist (…) darf nicht an den ewigen Frieden glauben.
2. Strafen sind immer verdient.
7. Gehorsam ist der Gott der Heere, ohne ihn ist kein Soldat denkbar, aber Unordnung und Niederlagen.
8. Mussolini hat immer Recht.
9. Eines muss dir über allem stehen: Das Leben des Duce.
(In: Mussolini, Der Geist des Faschismus, 1943, S. 45)

Du bist dran

- Lies die Merkmale von Faschismus (S. 9).
- Arbeite aus dem Verfassertext sowie aus den Bild- und Textquellen auf dieser Seite die Merkmale des faschistischen Italien heraus.

Arbeite nach M1+M2

Marsch auf Rom: Die italienischen Faschisten behaupteten, sie hätten ihre Machtergreifung 1922 ihrem „Marsch auf Rom" zu verdanken. In Wirklichkeit zogen Mussolinis Truppen erst am Tag, nachdem König Victor Emmanuel III. Mussolini (auf dem Foto zweiter von links, im Anzug) die Macht übertragen hatte, in der Hauptstadt ein. (Foto, anonym, 30.10.1922)

Italien – der „Duce" errichtet eine Diktatur

Italien in der Krise   Italien gehörte zwar zu den Siegern des Ersten Weltkrieges, das Land befand sich aber zu Beginn der 1920-er Jahre in einer schwierigen Situation. Vielen waren die Gebietsgewinne in Tirol und Istrien zu wenig. Es gab politische Unruhen und große wirtschaftliche Probleme.

Benito Mussolini°, der „Duce" (Führer)   Er gründete 1919 faschistische Kampfbünde. Als seine Hauptgegner sah er die Sozialisten und Kommunisten. Diese wurden von seinen faschistischen Schlägertrupps („Schwarzhemden") terrorisiert. Überfälle auf politische Gegner und deren Ermordung waren an der Tagesordnung. Viele Großgrundbesitzer und Fabriksherren unterstützten Mussolini. Sie hofften, die Faschisten würden die aufbegehrende Arbeiterschaft unter Kontrolle halten. Während einer Regierungskrise 1922 drohte Mussolini, Rom von seinen Kampfgruppen erobern zu lassen, falls er nicht zum Regierungschef ernannt werde. Der König – Italien war damals eine parlamentarische Monarchie – beauftragte ihn schließlich mit der Bildung einer Regierung.

Italien wird eine faschistische Militärdiktatur   Schrittweise verwandelte Mussolini Italien in eine Diktatur. Um seine eigene Person entfaltete er einen enormen Personenkult. Mussolini setzte eine massive Propaganda ein. Er baute so seine faschistische Partei zur Massenpartei aus. Alle anderen Parteien wurden verboten. Rede-, Versammlungs- und Pressefreiheit wurden aufgehoben. Ab 1934 wurde das faschistische Italien auch als Militärmacht aktiv: Zuerst wurde Libyen zur italienischen Kolonie erklärt, 1935 griffen die italienischen Truppen das heutige Äthiopien an.

Austrofaschismus – Diktatur in Österreich

Der autoritäre „Ständestaat"   Im März 1933 nutzte der damalige Bundeskanzler Engelbert Dollfuß* eine Krise im Parlament bewusst zu dessen Ausschaltung. Mit einer neuen Verfassung (1934) wurde die bisherige demokratische Regierungsform auch offiziell durch eine autoritäre*, d.h. diktatorische ersetzt. Regiert wurde Österreich bis 1938 durch Verordnungen der Regierung. Dollfuß errichtete einen „Ständestaat". Parteien wurden verboten, an ihre Stelle sollten die „Stände" treten: Mitglieder einer Berufsgruppe (zB Industrie, Gewerbe, Landwirtschaft) wurden jeweils zu einem Stand zusammengefasst. Diese autoritäre Herrschaftsform in Österreich zwischen 1933 und 1938 wird heute als Austrofaschismus bezeichnet.

Merkmale von Austrofaschismus   Der Austrofaschismus orientierte sich stark am italienischen Faschismus von Mussolini. Der Bundeskanzler (von 1933 bis zu seiner Ermordung durch Nationalsozialisten 1934 Engelbert Dollfuß, danach bis 1938 Kurt Schuschnigg*) hatte fast die gesamte politische Macht inne. Weitere Merkmale des Austrofaschismus waren eine enge Zusammenarbeit mit der katholischen Kirche, Zensur und das Verbot von politischen Parteien. Als einzig zugelassene politische Organisation wurde nun von Dollfuß die „Vaterländische Front" gegründet. Politische Gegner wurden in so genannten Anhaltelagern eingesperrt und oft mit der Todesstrafe bedroht. Das politische Programm orientierte sich am „Korneuburger Eid" der Heimwehren (S. 60).

Das Kruckenkreuz war ein Symbol für den austrofaschistischen „Ständestaat". Es ging auf die Kreuzritter zurück. Damit sollte die Orientierung an der katholischen Lehre betont werden. (Propagandaplakat der Vaterländischen Front, Paul Gerin, 1934)

> **Du bist dran**
> - Erkläre die Begriffe „Ständestaat" und „Austrofaschismus".

> **Du bist dran**   *Arbeite nach M2*
> - Interpretiere das Plakat der „Vaterländischen Front".
> - Vergleiche die beiden Propagandaplakate auf dieser Doppelseite in Hinblick auf Symbole, Farben und Personendarstellung.

Auszüge aus dem „Korneuburger Eid" (1930) – die politische Grundlage für den Austrofaschismus

Q - Wir wollen nach der Macht im Staate greifen und zum Wohl des gesamten Volkes Staat und Wirtschaft neu ordnen.
- Wir verwerfen (= ablehnen) den westlichen demokratischen Parlamentarismus und den Parteienstaat.
- Wir kämpfen gegen die Zersetzung unseres Volkes durch den marxistischen Klassenkampf …
- Jeder Kamerad fühle und bekenne sich als Träger der neuen deutschen Staatsgesinnung;
er sei bereit, Gut und Blut einzusetzen,
er kenne die drei Gewalten:
den Gottesglauben, seinen eigenen harten Willen, die Worte seiner Führer.
(In: Jochum, Die Erste Republik in Dokumenten und Bildern, 1983)

Mussolini beeinflusste den Austrofaschismus: der österreichische Kanzler Kurt Schuschnigg bei Benito Mussolini (Foto, anonym, Florenz 1.8.1934)

> **Du bist dran**   *Arbeite nach M1*
> - Analysiere die Forderungen im „Korneuburger Eid". Erläutere, an wen sich diese gerichtet haben könnten.

Merkmale und Ideen des Nationalsozialismus

Führerkult Hitler überzeugte als Redner viele Menschen. Er versprach, dem Deutschen Reich wieder zu alter Größe zu verhelfen. Hitler präsentierte sich als „Erlöser" von allen Problemen, wie zB von der Arbeitslosigkeit. (Gemälde von K. Stauber als Plakatentwurf, 1933)

Massenkundgebungen Sie wurden von den Nationalsozialisten sorgfältig vorbereitet und bis in jede Einzelheit inszeniert. Das Foto zeigt Adolf Hitler nahe der deutschen Stadt Hameln, als er die Rednertribüne besteigt. 700 000 Menschen hörten seine Rede. (Propagandafoto 1937)

Du bist dran | Arbeite nach M2
- Beschreibe, analysiere und interpretiere das Foto oben.
- Beurteile, welche Wirkung damit erzielt werden sollte.

Du bist dran | Arbeite nach M2
- Beschreibe, analysiere und interpretiere das Plakat.
- Erläutere, inwiefern es sich bei diesem Plakat um Propaganda handelt.
- Erkläre anhand der Bilder und der Textquelle auf dieser Doppelseite den Begriff „Führerkult".

Was ist Nationalsozialismus? Darunter versteht man eine besondere Form von Faschismus. Im Unterschied zu anderen faschistischen Diktaturen wurden von den Nationalsozialisten Millionen Menschen systematisch ermordet (Holocaust*, S. 36ff.).

Das Politik-Lexikon für junge Leute über „Nationalsozialismus"

D Der Nationalsozialismus war eine Herrschaftsform im 20. Jahrhundert, die viele Elemente des Faschismus beinhaltete. Singulär (= einzigartig) beim Nationalsozialismus war aber die massenhafte Vernichtung von Juden und Jüdinnen (Holocaust), Roma und Sinti sowie von Menschen mit Behinderung, die durch Giftgas oder auf andere Arten ermordet wurden. Dafür baute man eigene Euthanasieanstalten, Konzentrationslager (KZ) und Vernichtungslager.

Die nationalsozialistische Herrschaft dauerte in Deutschland von 1933 bis 1945, in Österreich vom „Anschluss" im März 1938 bis 1945. Ihr Führer war Adolf Hitler.

Das nationalsozialistische Regime war eine Diktatur, Demokratie war ein erklärtes Feindbild. Gegner und Gegnerinnen wurden zu Hunderttausenden verhaftet, gefoltert oder ermordet. Es gab nur eine Partei (die NSDAP – Nationalsozialistische Deutsche Arbeiterpartei), und dieser Partei waren alle Organisationen unterstellt. Der Nationalsozialismus wird deshalb auch als totalitäres System (Totalitarismus) bezeichnet. Es gab keine Meinungsfreiheit, keine freien Medien, und es war auch nicht erlaubt, Kritik am System zu äußern oder ausländische Radiosender zu hören (…)
(http://www.politik-lexikon.at/nationalsozialismus/)

Du bist dran | Arbeite nach M1
- Arbeite aus der Textquelle die Merkmale des Nationalsozialismus heraus.
- Vergleiche diese mit den allgemeinen Merkmalen des Faschismus (S. 9).
- Erläutere die Gemeinsamkeiten und Unterschiede.
- Ermittle, was im Lexikon-Artikel als „singuläres" (= einzigartiges) faschistisches Merkmal des Nationalsozialismus bezeichnet wird.

Sprache der Nationalsozialisten Ein kennzeichnendes Merkmal war auch die propagandistische Sprache der Nationalsozialisten, die für grausame Taten oft verharmlosende Begriffe verwendeten. Diese sind in diesem Schulbuch in allen Kapiteln, die sich mit dem Nationalsozialismus beschäftigen, unter Anführungszeichen gesetzt.

„Rassenlehre" Die Nationalsozialisten teilten die Menschen in unterschiedliche „Rassen"* ein. Als wertvollste „Rasse" sahen sie die „Arier"* an. Dazu zählten sie die germanischen Völker, damit auch die Deutschen. Das Gegenstück dazu sahen sie in der jüdischen Bevölkerung. Jüdische Menschen waren in ihren Augen eine „wertlose Rasse". Außerdem wurden auch Sinti*, Roma und Angehörige anderer Nationen für „rassisch minderwertig" erklärt. Dies führte schließlich zur systematischen Ausgrenzung, Verfolgung und schließlich zum Massenmord an diesen Menschen.

„Volksgemeinschaft" und „Lebensraum" „Volksgemeinschaft" war ein Propaganda-Begriff der Nationalsozialisten: Die Menschen sollten durch die Zugehörigkeit zu dieser Gemeinschaft manipuliert werden, Opfer für den NS-Staat zu bringen. Minderheiten wie Jüdinnen und Juden, Roma und Sinti, Homosexuelle, Menschen mit Behinderung und „Asoziale" waren aus dieser Gemeinschaft ausgeschlossen. Die Nationalsozialisten wollten als „Herrenrasse" über andere Völker herrschen. Sie behaupteten, mehr „Lebensraum" für das deutsche Volk zu brauchen. Dieser sollte durch Krieg im Osten Europas erkämpft werden. Die dort lebenden Völker, die auch als „minderwertig" angesehen wurden, sollten versklavt werden.

Adolf Hitler in „Mein Kampf" über sein Menschenbild

Q Was für ein Glück für die Regierenden, dass die Menschen nicht denken! Denken gibt es nur in der Erteilung oder im Vollzug eines Befehls. Wäre es anders, so könnte die menschliche Gesellschaft nicht bestehen. Der Mensch ist von Geburt aus schlecht. Man bändigt ihn nur mit Gewalt. Um ihn zu leiten, sind alle Mittel zulässig. Man muss auch lügen, verraten, ja sogar morden können, wenn es die Politik erfordert.
(In: Hitler, Mein Kampf, 1925/1927)

Aus dem NS-Parteiprogramm von 1920:

Q 4. Staatsbürger kann nur sein, wer Volksgenosse ist. Volksgenosse kann nur sein, wer deutschen Blutes ist, ohne Rücksichtnahme auf Konfession (= religiöses Bekenntnis). Kein Jude kann daher Volksgenosse sein. (http://www.dhm.de/lemo/html/dokumente/nsdap25/index.html, 14.6.2011)

Du bist dran — Arbeite nach M1
- Beurteile mit Hilfe der Bild- und Textquellen sowie des Autorentextes das Menschenbild der Nationalsozialisten.
- Erläutere, welche Folgen dies für die Menschen unter nationalsozialistischer Herrschaft hatte.

Du bist dran — Arbeite nach M1
- Auf den Seiten 12 bis 23 sind zahlreiche Begriffe unter Anführungszeichen gesetzt. Sammelt in Gruppenarbeit alle diese Begriffe und findet ihre Bedeutungen heraus.
- Untersucht kritisch die Zusammenhänge, in denen diese Begriffe von den Nationalsozialisten verwendet wurden (Tätersprache).
- Beurteilt die Sprache der Nationalsozialisten.

Du bist dran — Arbeite nach M5
- Vergleiche die Rede aus dem Spielfilm „Der große Diktator" https://www.youtube.com/watch?v=bMIIpe-suAs mit der Rede Hitlers aus dem Jahr 1933 https://www.youtube.com/watch?v=M0XTJOkb91c.
- Erörtere die Gemeinsamkeiten und Unterschiede.

Aggression gegen die jüdische Bevölkerung Nachdem er bei der Polizei eine Anzeige wegen Sachbeschädigung aufgeben wollte, wird der jüdische Anwalt Dr. Michael Siegel von SA-Truppen durch die Münchener Innenstadt getrieben. Auf dem ihm umgehängten Schild steht: „Ich werde mich nie mehr bei der Polizei beschweren". (Foto des damals arbeitslosen Pressefotografen Heinrich Sanden, 1933)

Deutschland wird eine nationalsozialistische Diktatur

Propagandaplakat der NSDAP
(Berlin 1932)

Arbeite nach M2

Du bist dran

- Beschreibe, analysiere, und interpretiere das Plakat. Wen soll das Plakat ansprechen? Wie wird hier um Stimmen geworben?

„Verordnung zum Schutz von Volk und Staat" 1933:

Q Es sind daher Beschränkungen der persönlichen Freiheit, des Rechts der freien Meinungsäußerung, einschließlich der Pressefreiheit, des Vereins- und Versammlungsrechts, Eingriffe in das Brief-, Post-, Telegraphen- und Fernsprechgeheimnis, Anordnungen von Haussuchungen (…) auch außerhalb der sonst hierfür bestimmten gesetzlichen Grenzen zulässig.
(In: W. Hofer, Der Nationalsozialismus, 1957)

Der Aufstieg des Nationalsozialismus ...

NSDAP   Die Nationalsozialistische Deutsche Arbeiterpartei unter Adolf Hitler legte 1920 als noch sehr kleine Partei ihre Ziele fest: Schaffung eines Großdeutschland aller Deutschen, Abänderung des Versailler Vertrages, Erwerb von Kolonien, Kampf gegen den Marxismus, Entfernung aller jüdischen Bürgerinnen und Bürger aus Deutschland.

„Mein Kampf"   Im Jahr 1923 scheiterte ein Umsturzversuch Hitlers und seiner Partei. Die NSDAP wurde verboten und Hitler zu fünf Jahren Haft verurteilt. Im Gefängnis schrieb er das Buch „Mein Kampf". Darin formulierte er unter anderem seine antisemitischen* Überzeugungen, forderte den „Anschluss" Österreichs an das Deutsche Reich und neuen „Lebensraum" für das deutsche Volk.

Aufstieg   Nach nur acht Monaten wurde Hitler aus der Haft entlassen. Der Aufstieg kam mit der Weltwirtschaftskrise*. 1932 wurde die NSDAP die stärkste Fraktion im Reichstag. Ihrer aggressiven Propaganda war es gelungen, die nach dem Krieg verarmten Mittelschichten (Angestellte, Beamte, Selbstständige, Bauern) zu gewinnen. Auch große Teile der Arbeiterschaft, die besonders unter der Arbeitslosigkeit zu leiden hatte, glaubten Hitlers Versprechungen. Wesentlichen Anteil am Aufstieg hatten auch Industrielle, die sich von einer künftigen „nationalen" Regierung große Rüstungsaufträge erwarteten.

... und die „Machtergreifung"

Reichskanzler   Bei der Reichstagswahl im November 1932 wurde die NSDAP die stimmenstärkste Partei. Im Jänner 1933 ernannte Reichspräsident Hindenburg Adolf Hitler zum Reichskanzler. Damit war es dem „Führer" gelungen, auf verfassungsmäßigem Weg an die Regierung zu kommen.

Reichstagsbrand   Im Februar 1933 brannte das Reichstagsgebäude in Berlin ab. Die Nationalsozialisten machten dafür eine „kommunistische Verschwörung" verantwortlich. Daraufhin verabschiedete der Reichstag die Notverordnung „Zum Schutz von Volk und Staat" und setzte damit die Grundrechte außer Kraft.

Gesetze zur Absicherung der Macht   Das „Heimtückegesetz" vom März 1933 stellte jede Kritik an der Regierung unter Strafe. Nur drei Tage später trat das „Ermächtigungsgesetz" in Kraft. Damit konnte Hitler ohne die Gesetzesbeschlüsse des Reichstags regieren. Alle anderen Parteien wurden

Kein Privatleben mehr

Q Wenn du schläfst, ist es deine Privatsache, sobald du aber wach bist und mit einem anderen Menschen in Berührung kommst, musst du eingedenk sein, dass du ein Soldat Hitlers bist. (…) Privatleute haben wir nicht mehr. Die Zeit, wo jeder tun und lassen konnte, was er wollte, ist vorbei.
(In: R. Ley, Soldaten der Arbeit, 1938)

Arbeite nach M1

Du bist dran

- Vergleiche die Verordnung und die Aussagen über die Abschaffung des Privatlebens. Erkläre den Zusammenhang.

aufgelöst. Als Hindenburg 1934 starb, übernahm Hitler auch das Amt des Reichspräsidenten. Als „Führer und Reichskanzler" hatte er nun die alleinige Macht. Deutschland war eine nationalsozialistische Diktatur geworden.

„Du bist nichts, dein Volk ist alles"

„Gleichschaltung"   Die NSDAP griff in alle Lebensbereiche der Menschen in Deutschland ein. Das Schlagwort hieß „Gleichschaltung". Dazu gingen die Nationalsozialisten daran, alle Bereiche des Staates und der Gesellschaft, die nicht direkt dem „Führer" unterstanden, entweder aufzulösen oder in die Partei einzugliedern. Alle Führungspositionen wurden durch Mitglieder der NSDAP besetzt, und unerwünschte und jüdische Beamten durch Parteimitglieder ersetzt.

Parteiorganisationen   Dann erfolgte die Zerschlagung der freien Gewerkschaften. Alle Arbeitnehmerinnen und Arbeitnehmer mussten der „Deutschen Arbeitsfront" (DAF) beitreten, der auch die Unternehmerinnen und Unternehmer angehörten. Als Jugendorganisation waren nur mehr der „Bund Deutscher Mädel" (BDM) und die militärisch organisierte „Hitlerjugend" (HJ) zugelassen. Die HJ beherrschte bald mit der ebenfalls uniformierten „Sturmabteilung" (SA)* das Straßenbild. Die „Geheime Staatspolizei" (Gestapo)* verfolgte alle Gegnerinnen und Gegner des Nationalsozialismus. Diese wurden in Konzentrationslager* gebracht, wo die „Schutzstaffel" (SS)* eine Schreckensherrschaft errichtete.

Goebbels   Bedeutenden Anteil an der „Gleichschaltung" Deutschlands hatte Joseph Goebbels* als „Reichsminister für Volksaufklärung und Propaganda". Er verstand es, mit Kundgebungen, Massenaufmärschen und Feierstunden die Wünsche weiter Teile der Bevölkerung nach nationaler Größe und Gemeinschaft zu erfüllen. Diese Propaganda nützte er später auch zur Mobilisierung für den Krieg.

„Reichskulturkammer"   Die von Goebbels gegründete „Reichskulturkammer" sorgte für die „Gleichschaltung" auch auf kulturellem Gebiet. Nur ihre Mitglieder durften als „Kulturschaffende" arbeiten. Was nationalsozialistischen Vorstellungen in Presse, Rundfunk, Theater, Musik, Bildender Kunst und Film nicht entsprach, wurde verboten. Unerwünschte Schriften und Bücher, deren Autoren Juden, Marxisten oder Pazifisten* waren, wurden öffentlich verbrannt. Dies geschah ua mit den Werken so berühmter Persönlichkeiten wie Albert Einstein, Thomas Mann, Sigmund Freud oder Erich Kästner.

„Volksempfänger" Goebbels ließ zur Verbreitung der NS-Propaganda den Volksempfänger entwickeln. Der geringe Verkaufspreis sollte allen Deutschen ermöglichen, Rundfunk zu hören. (Propagandaplakat um 1934)

Du bist dran

Arbeite nach A2

- Arbeite heraus, wie es den Nationalsozialisten gelang, die große Masse der deutschen Bevölkerung für ihre Ideen zu vereinnahmen.
- Diskutiert eure Ergebnisse in der Klasse.

Du bist dran

- Arbeite aus dem Schaubild das System der „Gleichschaltung" heraus.
- Vergleiche den hier dargestellten Weg eines Jugendlichen mit deinem Leben heute. Erläutere die Unterschiede.

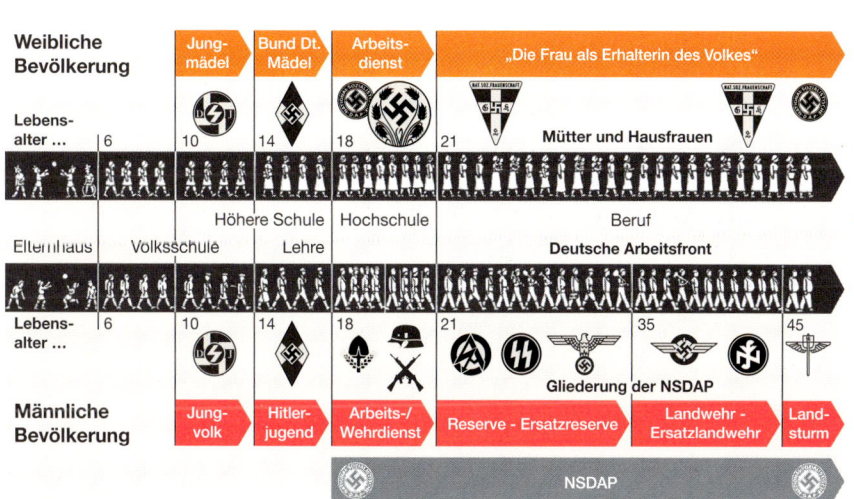

Der Weg der „gleichgeschalteten" Deutschen Das Schaubild zeigt die Zielvorstellung des Nationalsozialismus, wie die Deutschen von ihrem zehnten Lebensjahr an in die verschiedenen Teilorganisationen der NSDAP eingegliedert werden sollten. (Grafik nach Arbeitsmappe Sozial- und Wirtschaftskunde, Erich Schmidt Verlag, 1961)

Frauen: Viele Kinder für das Reich!

Propagandaplakat: Solche Plakate sollten die Frauen dazu bewegen, möglichst viele Kinder zu bekommen. (Werbeplakat des Winterhilfswerks, Dezember 1937)

Kahlenberger Bauernfamilie (Gemälde von Adolf Wissel (1894–1973), Öl auf Leinwand, 1939)

Du bist dran   *Arbeite nach M2*

- Analysiere und interpretiere das Gemälde und das Plakat in Hinblick auf das nationalsozialistische Idealbild der Frau. Setze es in Beziehung zu den beiden Textquellen auf der nächsten Seite.

Das nationalsozialistische Idealbild von der Frau ...

Mutter vieler Kinder   Die NSDAP war in erster Linie eine Männerpartei. Die Frauen sollten aus dem Arbeitsleben möglichst herausgehalten werden und ihre Erfüllung in der Rolle als Hausfrau und Mutter finden. Ihre vorrangige Aufgabe war es, „dem Führer – möglichst viele – Kinder zu schenken". Entsprachen Frauen diesem Wunsch der Führung, wurden sie öffentlich geehrt: Mütter mit vier, sechs beziehungsweise acht Kindern erhielten das „Mutterkreuz" in Bronze, Silber oder Gold.

Hausfrau   Die NS-Propaganda bemühte sich, die deutschen Frauen von diesem Idealbild zu überzeugen. Berufstätige Frauen sollten ihre Arbeit aufgeben. Nur als Kindergärtnerinnen oder in Pflegediensten und in landwirtschaftlichen Berufen sollten sie weiterhin Beschäftigung finden; in Fabriken sollten Frauen nur ausnahmsweise arbeiten.

Keine höhere Bildung   Im Schulwesen wurden die Frauen aus Leitungspositionen verdrängt, Lehrerinnen von höheren Schulen an Volksschulen versetzt. Der Anteil der Studentinnen an Universitäten wurde schon 1933 auf zehn Prozent begrenzt. Nach einem Studium hatten Frauen große Schwierigkeiten, eine ihrer Ausbildung entsprechende Anstellung zu finden. Ab 1936 durften Frauen weder Richterinnen noch Staats- oder Rechtsanwältinnen werden.

Heiratsinserat 1934:

Q   Zweiundfünfzig Jahre alter, rein arischer Arzt, Teilnehmer an der Schlacht bei Tannenberg (Erster Weltkrieg), der auf dem Lande zu siedeln beabsichtigt, wünscht sich männlichen Nachwuchs durch eine standesamtliche Heirat mit einer gesunden Arierin, jungfräulich, jung, bescheiden, sparsame Hausfrau, gewöhnt an schwere Arbeit, breithüftig, flache Absätze, keine Ohrringe, möglichst ohne Eigentum.
(In: Völkischer Beobachter*, 12.8.1934)

Du bist dran   *Arbeite nach M1+M2*

- Beschreibe den künftigen Ehemann.
- Beurteile seine Forderungen und Erwartungen.
- Verfasse ein Inserat, in dem du deine ideale Partnerin bzw. deinen idealen Partner charakterisierst.

Joseph Goebbels, Rede zur Eröffnung der Ausstellung „Die Frau" 1933:

Q Den ersten, besten und ihr gemäßesten Platz hat die Frau in der Familie und die wunderbarste Aufgabe, die sie erfüllen kann, ist die, ihrem Land und ihrem Volk Kinder zu schenken. (…) Wenn die Familie die Kraftquelle des Volkes darstellt, dann ist die Frau ihr Kern und ihr bewegendes Zentrum. Im Dienst des Volksganzen kann die Frau am ehesten in der Ehe, in der Familie und in der Mutterschaft sich ihrer hohen Sendung bewusst werden.
(In: N. Westenrieder, Deutsche Frauen und Mädchen, 1990, S. 30)

Hitler 1936: Nicht Beruf, sondern viele Kinder!

Q Wenn heute eine weibliche Juristin noch so viel leistet und nebenan eine Mutter wohnt mit fünf, sechs, sieben Kindern, die alle gesund und gut erzogen sind, dann möchte ich sagen: Vom Standpunkt des ewigen Wertes unseres Volkes hat die Frau, die Kinder bekommen und erzogen hat und die unserem Volke damit das Leben in die Zukunft wiedergeschenkt hat, mehr geleistet, mehr getan!
(In: Völkischer Beobachter, 13.9.1936)

… und die Wirklichkeit

Frauenarbeit Tatsächlich bestand ein Widerspruch zwischen der von den Nationalsozialisten gewünschten Stellung der Frau in der Gesellschaft und der Wirklichkeit. Die Zahl der berufstätigen Frauen stieg in den Jahren 1933 bis 1939 ständig an. Nur Frauen aus einigermaßen wohlhabenden Familien konnten es sich leisten, ausschließlich zu Hause für den Mann und die Kinder da zu sein. War eine Frau unverheiratet oder stammte sie aus ärmeren Verhältnissen, musste sie arbeiten, um leben zu können. 1943 wurde eine allgemeine Arbeitspflicht für Frauen eingeführt.

Munitionsfabrik Als mit dem Beginn des Krieges zunehmend Arbeitskräfte gebraucht wurden, war das Frauenbild der Nationalsozialisten nicht mehr zu halten. Vor allem die Rüstungsindustrie warb um weibliche Arbeitskräfte. Aber auch in anderen so genannten Männerberufen mussten Frauen die an der Front kämpfenden Männer ersetzen. (Deutsches Historisches Museum, Foto 1941)

Hilf auch Du mit!

Änderung der Frauenpolitik durch den Krieg Dieses Plakat aus dem vorletzten Kriegsjahr (1944) stellt die Rüstungsarbeiterin gleichrangig neben die Krankenschwester und Bäuerin.

Du bist dran   Arbeite nach M2

- Beschreibe, analysiere und interpretiere das Plakat.

Du bist dran   Arbeite nach M1+A2

- Fasse die beiden Textquellen mit eigenen Worten zusammen.
- Beurteile die Ansichten Goebbels' und Hitlers zur Rolle der Frau.
- Nimm mit Hilfe der Bild- und Textquellen kritisch zum nationalsozialistischen Frauenbild Stellung. Vergleiche es mit den Rollenbildern von Frauen heute.
- Diskutiert nun in der Klasse zum Thema „Berufstätigkeit von Frauen damals und heute". Stellt eure Ergebnisse auf einem Plakat dar.

Nationalsozialismus in Österreich

15. März 1938: Hitler trifft auf dem Heldenplatz in Wien ein, wo er in einer Rede den „Eintritt meiner Heimat in das Deutsche Reich" verkündet. (Propagandafoto 1938)

Nationalsozialistisches Propaganda-plakat zur Volksabstimmung über den bereits vollzogenen „Anschluss". Bei der Stimmabgabe gingen viele Wählerinnen und Wähler nicht in die Wahlzelle und kreuzten ihre Stimmzettel vor den Augen aller an. Das Ergebnis brachte schließlich 99,73 Prozent Ja-Stimmen für den „Anschluss".

Deutschnationale Schon am Ende des 19. Jh. formulierte Georg von Schönerer* viele Ideen des späteren Nationalsozialismus. Er vertrat die Lehre von der Überlegenheit der „arischen Herrenrasse", lehnte die „jüdische Rasse" und den Katholizismus als „undeutsch" ab und träumte von einem einzigen Reich aller Deutschen. Adolf Hitler war damals in Wien, hörte Schönerers Reden und übernahm viele dieser Ideen.

NSDAP in Österreich Die im Mai 1918 gegründete Deutsche Nationalsozialistische Arbeiterpartei in Österreich war eine radikale völkische, antikapitalistische, antikommunistische und antisemitische Partei, die sich später den Beinamen Hitlerbewegung gab. Sie blieb bis Anfang der 1930-er Jahre jedoch eine in sich zerstrittene unbedeutende kleine Gruppe. Erst die Ernennung Hitlers zum Reichskanzler (1933) brachte der NSDAP in Österreich starken Zulauf.

„Illegale" In der Staatskrise vom März 1933 (S. 11, S. 61) hofften die Nationalsozialisten auf Neuwahlen. Als diese nicht durchgeführt wurden, verübten sie im ganzen Land Sabotage- und Terroranschläge. Die Regierung Dollfuß reagierte mit dem Verbot der NSDAP. Die aus Deutschland unterstützten Nationalsozialisten verstärkten nun als „Illegale" den Terror. Im Juli 1934 wagten sie sogar einen Umsturzversuch, der aber scheiterte. Schließlich befahl Hitler den Einmarsch der deutschen Wehrmacht in Österreich am 12. März 1938.

„Umbruch" Die Jubelbilder vom Empfang Hitlers auf dem Heldenplatz gingen um die Welt. Seine Gegnerinnen und Gegner trauten sich aber nicht mehr auf die Straße. Sie wurden deshalb ebensowenig fotografiert wie die vielen Frauen und Männer, die schon unmittelbar nach dem Einmarsch der deutschen Truppen von der „Geheimen Staatspolizei" verhaftet wurden. Die Mehrheit der Österreicherinnen und Österreicher begrüßte jedoch den „Umbruch", wie man damals diese Ereignisse bezeichnete.

„Der Lehrer brachte uns zum Heldenplatz, um Hitler ein Publikum zu bieten" (Heinz Kienzl, geboren 1922, seine Mutter war Jüdin, zum 15. März 1938):

Q Ich erinnere mich an die jubelnden Massen – wir selbst mussten Teil davon sein, auch wenn ich nie gejubelt habe. Unser Lehrer brachte unsere Klasse zum Heldenplatz, um Adolf Hitler genug Publikum zu bieten. (…)
Ja. Der Heldenplatz war bummvoll. Wir waren gute Turner und sind gleich auf die Ringstraßenbäume hinaufgeklettert. Hitler hielt seine Rede, die Menschen schrien. Sie dachten, sie marschieren jetzt mit den Deutschen in ein Paradies, doch sie sind in die Hölle gegangen – in den Zweiten Weltkrieg.
(In: Hellin Jankowski, Die Presse, 11.3.2018)

Arbeite nach M1+M2

Du bist dran

- Beschreibe das Foto vom 15. März 1938. Schildere deinen Eindruck, den dieses Foto vermittelt.
- Analysiere das Plakat zur Volksabstimmung.

„Seit Sonntag ist herrliches Hitler-Wetter": Aus dem Tagebuch der Lehrerin und Hitler-Anhängerin Karola V. aus Zell am See

Q 11. März 1938: (…) Alle gingen hinunter in die Stadt. Am Postplatz waren alle Nazi und wir begrüßten uns mit „Heil Hitler". Kamen erst um ein Uhr ins Bett, doch konnten wir lange vor Freude nicht einschlafen.
12. März 1938: (…). Alle Landes- und Bezirkshauptleute sind ihres Amtes enthoben. (…) Um acht Uhr ging der Fackelzug los, die Schule mit den Lehrern, SA und SS, Frauenschaft, Bund deutscher Mädchen und eine Menge anderer Leute. Fast ganz Zell war auf den Beinen. Mit „Sieg Heil"- und „Heil Hitler"-Rufen zogen wir durch die beflaggte Stadt.
14. März 1938: Heute kam Frau J. mit der herrlichen Nachricht: Der Anschluss ist bereits vollzogen! Wir waren ganz sprachlos vor Freude. Am Vormittag kam eine Schar Flugzeuge, die kühne Schleifen über den See und die Stadt zogen. Am Nachmittag wird Hitler in Wien sprechen. Viele Juden wollten bereits die Stadt verlassen, doch wurde ihnen das Geld vorher abgenommen. Alle Bezirksschulinspektoren mit Ausnahme von P. wurden enthoben.
15. März 1938: Seit Sonntag ist herrliches „Hitler-Wetter". Vormittags sprach Hitler auf dem Heldenplatz, Nachmittag war große Truppenparade.
(In: Salzburger Nachrichten, 9.3.2013)

Die „Gleichschaltung" Österreichs   Ziel war die rasche, planmäßige und vollständige Eingliederung Österreichs in das nationalsozialistische System Hitler-Deutschlands. Viele wichtige Stellen wurden mit deutschen Nationalsozialisten besetzt. Presse, Film und Rundfunk wurden „gleichgeschaltet" und unterstanden dem Reichspropagandaminister Goebbels.
Ausplünderung   Die großen Goldbestände der österreichischen Nationalbank wurden sofort nach Berlin gebracht. Sie dienten, ebenso wie die Erlöse aus den vielen Betrieben, die in deutsches Eigentum übergingen, der Finanzierung der Aufrüstung.
Judenverfolgung   Die jüdische Bevölkerung wurde aus der Öffentlichkeit verdrängt. So war es ihr untersagt, öffentliche Parkanlagen, Theater oder Kinos zu besuchen. Jüdische Beamte, Künstler, Ärzte und Wissenschaftler durften ihren Beruf nicht mehr ausüben. Dazu kamen die „Arisierungen"*: Geschäfte, Betriebe und Wohnungen wurden Jüdinnen und Juden weggenommen und an „Arier" weitergegeben oder billig verkauft.
Totalitäres Regime   Keine Gnade kannten die Nationalsozialisten mit vermeintlichen oder wirklichen Gegnerinnen und Gegnern: Zehntausende Österreicherinnen und Österreicher verschiedenster politischer Richtungen wurden von der „Gestapo" verhaftet und in Konzentrationslager gebracht. Das „Heimtückegesetz" (S. 14) verbot jede Kritik an der Regierung oder der Partei. Schon das Erzählen eines politischen Witzes oder das Hören eines ausländischen Radiosenders konnte im Gefängnis enden. Auf das Verteilen von Flugblättern, deren Inhalte sich gegen die Terrorherrschaft oder den Krieg richteten, stand die Todesstrafe. Es gab aber auch Menschen in Österreich, die Widerstand gegen den Nationalsozialismus leisteten.

Paula Preis, geboren 1920, erzählte in einem Interview mit Hugo Portisch

Q Ich war auch dort, aber keineswegs freiwillig. Als kaufmännische Angestellte der Firma Gerngroß erlebte ich diese Sache so: Das Kaufhaus wurde geschlossen, das Personal musste in der Lindengasse Aufstellung nehmen, und dann wurden wir von SA-Leuten hinunter zum Heldenplatz gebracht, ein Ausscheren war nicht möglich! Auch andere Betriebe wie Herzmansky oder die Optischen Werke Reichert mussten geschlossen antreten. Die Menschenmenge war durchsetzt von Uniformierten, man musste die Tiraden Adolfs mit lautem Heilgeschrei und erhobener Hand unter Beobachtung bejubeln. Es waren gewiss sehr viele begeisterte Menschen darunter, aber wirklich nicht alle. Dazu gehörte auch ich und viele meiner Kollegen.
(In: Die Presse, 14.3.2008)

Du bist dran   **Arbeite nach M1+M2**

- Vergleiche die drei Zeitzeugenberichte zum „Anschluss" Österreichs.
- Arbeite Gemeinsamkeiten und Unterschiede heraus.
- Erörtere mögliche Gründe für die unterschiedlichen Wahrnehmungen.

Du bist dran   **Arbeite nach A2**

- Diskutiert in der Klasse: Was können wir unter einer solchen Regierung tun, wenn wir ihre Ansichten und Maßnahmen nicht teilen?

Widerstand gegen den Nationalsozialismus

Aus dem letzten Flugblatt der „Weißen Rose"

Q Der Tag der Abrechnung ist gekommen, der Abrechnung der deutschen Jugend mit der verabscheuungswürdigsten Tyrannis, die unser Volk je erduldet hat. Im Namen der deutschen Jugend fordern wir vom Staat Adolf Hitlers die persönliche Freiheit, das kostbarste Gut der Deutschen zurück, um das er uns in der erbärmlichsten Weise betrogen hat.
(In: W. Hofer, Der Nationalsozialismus)

Widerstandskämpferinnen und -kämpfer Im nationalsozialistischen Deutschland galten die Frauen und Männer, die Widerstand gegen die Diktatur leisteten, als Verbrecher und Hochverräter, „Volksschädlinge" und „Wehrkraftzersetzer". Heute sehen viele Menschen in ihnen mutige Menschen, die ihrem Gewissen folgten. Sie setzten ihr Leben für Freiheit und Menschlichkeit aufs Spiel.

Arten des Widerstands Arbeiterinnen und Arbeiter, Kommunistinnen und Kommunisten und Sozialdemokratinnen und Sozialdemokraten organisierten Flugblattaktionen. Geistliche wandten sich in ihren Predigten gegen die Unmenschlichkeit der Nationalsozialisten. Führende Persönlichkeiten der verbotenen Parteien sammelten Widerstandsgruppen um sich. Soldaten und Offiziere weigerten sich Befehle auszuführen, um so den sinnlosen Krieg zu beenden. Es gab Attentate auf Hitler. Aber all das waren Aktionen einiger Menschen, die wirkungslos blieben und die Akteurinnen und Akteure oft das Leben kosteten.

Die „Weiße Rose" Um die Geschwister Sophie und Hans Scholl bildete sich in München eine Widerstandsgruppe mit dem Namen „Weiße Rose". Ihre Mitglieder verteilten Flugblätter, um vor allem die Jugend gegen die nationalsozialistische Diktatur zu bewegen. Sie hatten erkannt, dass sie getäuscht und verführt worden waren. Im Februar 1943 wurden sie verhaftet und hingerichtet.

Arbeite nach M1+M5

Du bist dran

- Liste die Vorwürfe auf, die die „Weiße Rose" Hitler in diesem Flugblatt macht.
- Beurteile die Handlungsweise der Geschwister Scholl. Erörtere ihre Vorbildwirkung für andere junge Menschen damals und heute.
- Auf Youtube kannst du den Film „Die weiße Rose" von Michael Verhoeven (1982) ansehen. Nimm anhand folgender Leitfragen Stellung: Handelt es sich um eine Dokumentation? Ergreift der Film Partei? Wie stellt er Sophie und Hans Scholl dar?

Inge Scholl berichtet über ihre Geschwister

Q An einem sonnigen Donnerstag, es war der 18. Februar 1943, war die Arbeit so weit gediehen, dass Hans und Sophie, ehe sie zur Universität gingen, noch einen Koffer mit Flugblättern füllen konnten. Sie waren beide vergnügt und guten Mutes, ehe sie sich mit dem Koffer auf den Weg zur Universität machten. Kaum hatten die Geschwister die Wohnung verlassen, klingelte ein Freund an ihrer Tür, der ihnen eine dringende Warnung überbringen sollte. Da er aber nirgends erfahren konnte, wohin die beiden gegangen waren, wartete er. Mittlerweile hatten die beiden die Universität erreicht. Und da in wenigen Minuten die Hörsäle sich öffnen sollten, legten sie rasch entschlossen die Flugblätter in den Gängen aus und leerten den Rest ihres Koffers vom obersten Stock in die Eingangshalle der Universität hinab. Erleichtert wollten sie die Universität verlassen. Aber die Augen des Hausmeisters hatten sie erspäht. Alle Türen der Universität wurden sofort geschlossen. Damit war das Schicksal der beiden besiegelt. Die rasch alarmierte Gestapo brachte meine Geschwister in das Gefängnis. Und nun begannen die Verhöre. Tage und Nächte, Stunden um Stunden. Abgeschnitten von der Welt, ohne Verbindung mit Freunden und im Ungewissen, ob einer von ihnen ebenfalls ihr Schicksal teilte. Alle, die in jenen Tagen noch mit ihnen in Berührung kamen, die Mitgefangenen, die Gefängnisgeistlichen, die Gefangenenwärter, ja selbst die Gestapobeamten waren von ihrer Tapferkeit aufs Höchste betroffen. Der Scharfrichter sagte, so habe er noch niemanden sterben sehen. Hans, ehe er sein Haupt auf den Block legte, rief laut, dass es durch das große Gefängnis hallte: „Es lebe die Freiheit!"
(In: I. Scholl, Die Weiße Rose)

Maria Restituta Die geistliche Schwester arbeitete im Krankenhaus Mödling. Dort verbreitete sie das „Soldatenlied". Schwester Restituta wurde 1943 wegen „landesverräterischer Feindbegünstigung und Vorbereitung zum Hochverrat" im Wiener Landesgericht enthauptet und 1998 als erste Märtyrerin der Erzdiözese Wien seliggesprochen.

> **Du bist dran**   **Arbeite nach M1**
>
> - Untersuche, welche Textzeilen gegen das NS-Regime, welche gegen Adolf Hitler persönlich gerichtet waren.
> - Bewerte, wie der Text die Situation Österreichs im Deutschen Reich darstellt.
> - Erkläre, wozu der Text österreichische Soldaten auffordert.

20. Juli 1944: Attentat auf Hitler Je schlechter die Kriegslage für Deutschland wurde, desto stärker wuchs der Widerstand gegen den Nationalsozialismus. Eine Gruppe von Offizieren plante, Hitler am 20. Juli 1944 zu ermorden, führende Nationalsozialisten zu verhaften und den Krieg zu beenden. Oberst Claus Schenk Graf von Stauffenberg schmuggelte eine Bombe in das „Führerhauptquartier Wolfsschanze" in Ostpreußen. Die Explosion verletzte Hitler jedoch nur leicht. Der Plan war gescheitert. Ein Teil der Verschwörer wurde sofort erschossen, der andere Teil nach einem entwürdigenden Gerichtsverfahren gehängt. Der Krieg ging weiter.

> **Du bist dran**   **Arbeite nach M2+M5**
>
> - Erkläre, weshalb in den Tagen nach dem Attentat viele Bilder führender Nationalsozialisten beim Begutachten der beschädigten „Wolfsschanze" veröffentlicht wurden.
> - Das Attentat vom 20. Juli 1944 wurde 2004 verfilmt. Du kannst dir den Film auf Youtube ansehen. Stauffenbergs Sohn lehnt den Film allerdings mit der Begründung „Drama kommt vor Fakten" ab. Finde im Film „Stauffenberg" Beispiele für besonders „dramatische" Szenen. Begründe deine Auswahl.

Widerstand in Österreich Insgesamt wurden 2 700 Österreicherinnen und Österreicher wegen Widerstandes gegen den Nationalsozialismus hingerichtet.

> **Du bist dran**   **Arbeite nach A1**
>
> - Recherchiere die Biografie Franz Jägerstätters und erstelle einen tabellarischen Lebenslauf.
> - Beurteile seine Handlungsweise.

Soldatenlied

Q Erwacht, Soldaten, und seid bereit,
    Gedenkt Eures ersten Eid.
Für das Land, in dem ihr gelebt und geboren,
Für Österreich habet ihr alle geschworen.
Das sieht ja schon heute jedes Kind,
Dass wir von den Preußen verraten sind.
Für die uralte heimische Tradition
Haben sie nichts als Spott und Hohn.
Den altösterreichischen General
Kommandiert ein Gefreiter von dazumal.
Und der österreichische Rekrut
Ist für sie nur als Kanonenfutter gut.
Zum Beschimpfen und Leuteschinden
Mögen sie andere Opfer finden.
Mit ihrem großen preußischen Maul
Sind sie uns herabzusetzen nicht faul.
Dafür haben sie bis auf den letzten Rest
Die Ostmarkzitrone ausgepresst.
Unser Gold und Kunstschätze schleppten sie gleich
In ihr abgewirtschaftetes Nazireich. …
(http://maria-restituta-kafka.zurerinnerung.at)

Hitler zeigt Mussolini die Schäden, die durch das Stauffenberg-Attentat entstanden. (Foto 1944)

Franz Jägerstätter in Uniform während seiner Grundausbildung 1940 (Foto 1940)

Jugendliche in Diktaturen im 20. Jahrhundert

Hitler in Innsbruck Kleine Mädchen überreichen Adolf Hitler ein Willkommensgeschenk. (Foto 5.4.1938)

Stalin mit einem kleinen Buben bei einem Sportfest in Moskau (Foto, Yevgeny Khaldei, 1946)

Mussolini mit einem Buben in Uniform (Foto 1.2.1939)

Diktatoren und Kinder Diktatoren zeigten sich auf Plakaten und Fotos häufig mit Kindern und Jugendlichen. Dies diente der Propaganda: Damit wollte sich der Diktator als „Vater des Volkes" präsentieren.

Erziehung Diktatoren schenkten der Erziehung von Kindern und Jugendlichen immer besondere Aufmerksamkeit. Dies geschah, um diese auf die politische Anschauung, die eigene Ideologie, schon von klein auf festzulegen. Kinder und Jugendliche in Diktaturen sollten keine eigenen Ideen und keine Toleranz Andersdenkenden gegenüber entwickeln.

Jugendorganisationen Um dies sicherzustellen, gründeten Diktatoren Jugendorganisationen. Häufig war die Teilnahme verpflichtend. Dort wurden die Kinder ideologisch geschult. Um das Gemeinschaftsgefühl zu stärken, trugen die Jugendlichen Uniformen. Es wurden Rituale und Symbole (Fahnen, Wimpel, Abzeichen, Grußformeln, Lieder) entwickelt, Die Jugendlichen wurden auch durch sportliche Veranstaltungen, Spiele und Ausflüge begeistert. Wer in einer Jugendorganisation als besonders tüchtig auffiel, hatte gute Chancen, später eine Karriere in Politik oder Militär zu machen.

Komsomol – die sowjetische Jugendorganisation 1918 wurde der Kommunistische Jugendverband (russ. Komsomol) gegründet. Das Ziel war die Erziehung der sowjetischen Jugend nach den Idealen des Kommunismus. Sie sollte tatkräftig mithelfen, das Land in eine kommunistische Gesellschaft umzugestalten. Die Komsomolzen arbeiteten daher mit bei der Kollektivierung und Industrialisierung der Sowjetunion. Im Unterschied zu faschistischen Jugendorganisationen war die sowjetische in den ersten Jahrzehnten keine Massenorganisation. Nur wenige sehr kluge, fleißige und für den Kommunismus begeisterte Jugendliche durften Mitglieder werden. Diese Elite nahm später in der UdSSR wichtige Positionen in Politik und Wirtschaft ein.

„Glauben, Gehorchen, Kämpfen" Das war das Motto der italienischen Balilla. Sie wurde von Mussolini 1926 als erste faschistische Jugendorganisation gegründet. Der Schwerpunkt lag auf der ideologischen und der sportlich-vormilitärischen Schulung der Kinder und Jugendlichen. Die Idee der Balilla wurde in Deutschland zum Vorbild für die „Hitler-Jugend" (HJ).

Hannes Bienert (*1928) berichtet 2013 über die HJ

Q Der Alltag für die Jugend während der NS-Diktatur sah hauptsächlich so aus: Ob Junge oder Mädchen, jeder musste einer Jugendorganisation beitreten. Es gab zwar keinen direkten Zwang, aber es wurde dann auf dich, wenn du nicht mitgemacht hattest, Druck ausgeübt und die Hitlerjungen versohlten mir den Hintern. Sie verprügelten jeden, der nicht mitmachte. Du warst ja ein Außenseiter und hattest dann auch nicht nur da, sondern auch, wenn das bekannt war, in der Schule Nachteile. Du warst kein treuer Nazi? – Das hatte seine Auswirkungen auch in der Beurteilung im Zeugnis. Also es hieß immer, keiner würde gezwungen, aber es war doch ein Zwang. Wir waren zu fast 100 Prozent damals organisiert, sowohl die Jungs als auch die Mädchen. (…) Wir waren innerhalb der Organisationen in Gruppen unterteilt. Bei den Nazis war, sowohl bei der Jugend als auch im Privatleben der Erwachsenen, alles organisiert und erfasst. (www.dhm.de/lemo)

„Österreichisches Jungvolk": staatliche Jugendorganisation im Austrofaschismus, gegründet 1936, aufgelöst nach dem „Anschluss" 1938 (Plakat, 1936)

Jugendliche im Nationalsozialismus

NS-Erziehung Die Propaganda der Nationalsozialisten war besonders auf die Jugend gerichtet. Die Beeinflussung durch die Partei sollte zunehmen, die der Eltern abnehmen. Es kam sogar vor, dass Kinder ihre eigenen Eltern wegen kritischer Äußerungen zur NSDAP, zu Hitler oder zum Krieg anzeigten. Nur ganz wenige Jugendliche zeigten Widerstand: Die Swing-Jugend* zB grenzte sich durch einen englisch-amerikanischen Lebensstil vom Nationalsozialismus ab. Sie hörte zB verbotene Musik.

„Hitler-Jugend" (HJ) und „Bund Deutscher Mädel" (BDM) 1926 wurde die wichtigste Jugendorganisation der Nationalsozialisten gegründet: die „Hitler-Jugend" (HJ). Andere Jugendgruppen wurden nach der Machtergreifung „gleichgeschaltet". Dies bedeutet, dass sie aufgelöst oder in die HJ übernommen wurden. Der „Bund Deutscher Mädel" (BDM) war eine Teilorganisation der „Hitlerjugend". Alle Mädchen wurden darin erfasst und im Geiste des Nationalsozialismus erzogen. Ab 1936 war die Mitgliedschaft in der HJ für deutsche Buben und Mädchen zwischen 10 und 18 Jahren verpflichtend. Als „minderwertig" angesehene Jugendliche waren von der HJ ausgeschlossen. Wichtigstes Ziel war die Erziehung zum „nationalsozialistischen Menschen". Sport und vormilitärische Übungen sollten die Jugendlichen auf den von Hitler geplanten Krieg vorbereiten.

Du bist dran — Arbeite nach M1+M2

- Beschreibe, analysiere und interpretiere die Bildquellen auf dieser Doppelseite.
- Erkläre mit Hilfe der Texte und Bilder, weshalb Diktatoren großes Interesse an der Erziehung von Kindern und Jugendlichen zeigen.
- Erörtere, warum die Mitglieder der meisten Jugendorganisationen Uniformen trugen.
- Nimm Stellung, weshalb du einer Jugendorganisation beitreten würdest oder nicht.

HJ-Plakat ca. aus dem Jahr 1935

Hitler über Erziehung (1940):

Q Meine Pädagogik ist hart. Das Schwache muss weggehämmert werden. Es wird eine Jugend heranwachsen, vor der sich die Welt erschrecken wird. Eine gewalttätige, herrische, unerschrockene, grausame Jugend will ich. (…) Ich werde sie in allen Leibesübungen ausbilden lassen. (…) Ich will keine intellektuelle Erziehung. Mit Wissen verderbe ich mir die Jugend. Aber Beherrschung müssen sie lernen. Sie sollen mir in den schwierigsten Proben die Todesfurcht besiegen lernen. Das ist die Stufe der heroischen Jugend. Aus ihr wächst die Stufe des Gottmenschen.
(In: Hubert Steinhaus, Hitlers Pädagogische Maximen 1981)

Du bist dran — Arbeite nach M1

- Erkläre, welche Vorstellungen von Erziehung und welche Ziele die Nationalsozialisten für Jugendliche hatten.
- Beurteile Hitlers Auffassung von Erziehung.

BDM-Plakat (1933)

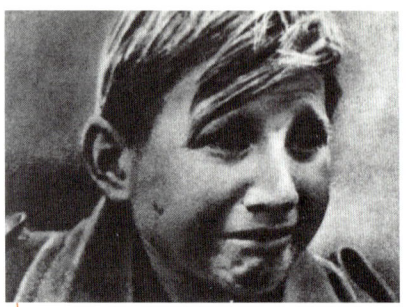

Von der HJ in den Krieg: Das Foto zeigt den 16-jährigen Luftwaffenhelfer Hans-Georg Henke in den letzten Kriegstagen 1945. Er gehörte zu „Hitlers letztem Aufgebot", das die Wehrmacht bei der Verteidigung Deutschlands unterstützen sollte. (Foto von John Florea, Rechtenbach, 1945)

Der Deutsche Werner Mork (*1921) über seine Zeit als HJ-Mitglied (2004)

Q Es gab dabei Abwechslungen, wie lange Touren mit dem Fahrrad, und auch Gepäckmärsche mit dem Affen (eine Art Rucksack) auf dem Rücken, gefüllt mit Ziegelsteinen, die insgesamt das erforderliche Gewicht von 15 Pfund haben mussten. Geländespiele, Geländebeschreibungen, Kartenlesen, Skizzen anfertigen und Orientierungsmärsche bei Tage und auch in den Abendstunden waren für uns Knaben sehr willkommene „Abenteuer". (…) Ganz toll kamen wir uns vor, wenn wir bei größeren Veranstaltungen und Kundgebungen auf einer Bühne standen (…). Da waren wir doch wer! Da fühlten wir uns ganz groß und waren sehr stolz, wenn uns dann der Beifall für die „tolle" Leistung entgegenschlug.
(www.dhm.de/lemo)

Karl-Heinz Janßen, geboren 1930, deutscher Journalist und Historiker, über seine Erfahrungen in der HJ (2006):

Q Zwölfjährige Hordenführer brüllten zehnjährige Pimpfe zusammen und jagten sie kreuz und quer über Schulhöfe, Wiesen und Sturzäcker. Die kleinsten Aufsässigkeiten, die harmlosesten Mängel an der Uniform, die geringste Verspätung wurden sogleich mit Strafexerzieren geahndet – ohnmächtige Unterführer ließen ihre Wut an uns aus. Aber die Schikane hatte Methode: Uns wurde von Kindesbeinen an Härte und blinder Gehorsam eingedrillt (…). Warum haben wir unsere Tränen verschluckt, unsere Schmerzen verbissen? Warum nie den Eltern und Lehrern geklagt, was uns da Schlimmes widerfuhr? Ich kann es mir nur so erklären: Wir alle waren vom Ehrgeiz gepackt, wollten durch vorbildliche Disziplin, durch Härte im Nehmen, durch zackiges Auftreten den Unterführern imponieren.
(In: A. Klönne, Jugend im Dritten Reich, 2008)

Gisela Richter, geboren 1924, über ihre Zeit als BDM-Mädchen (2008)

Q Ich gehörte damals zu (…) den Verführten, die sich völlig unkritisch und angepasst glücklich schätzten, in diese wunderbare Zeit hineingeboren zu sein und habe den „Dienst" im BDM gern aufgenommen.(…) Das Wichtigste für mich war nun erst mal die Uniform, denn ohne sie war man ein Niemand. (…) Außerdem wurde uns beigebracht, dass zuerst immer die Führerin Recht hat und dann erst die Eltern. Das fand ich zuerst ganz toll. Später hat es mich abgestoßen. (…) Zum Dienst gehörte zuerst der wöchentliche Heimabend. Hier wurde gesungen, denn wir mussten beim Marschieren nicht nur die bekannten Volkslieder singen, sondern vor allem das NS-Liedgut.
(www.dhm.de/lemo)

Die Welle – ein Experiment

Die Anfälligkeit für Diktaturen heute   Auch heute gibt es noch Menschen, die Diktaturen positiv sehen. Verschiedene Experimente haben die Anfälligkeit von Menschen für diktatorische Systeme bestätig. Ein berühmt gewordenes Experiment fand 1967 an einer High School in Kalifornien statt. Damals fragten Schülerinnen und Schüler ihren Geschichtelehrer Ron Jones, warum sich die Deutschen im Dritten Reich nicht gegen die brutale Nazi-Herrschaft gewehrt hätten. Daraufhin führte der Lehrer mit ihnen ein Experiment durch. Er verfasste später einen Tatsachenbericht darüber („Ihe third wave"). Sein Experiment bildete die Grundlage für Morton Rhues Roman „Die Welle" (The Wave, 1981).

„Die Welle" – der Film (2008)   Der deutsche Regisseur und Drehbuchautor Dennis Gansel drehte 2008 den Film „Die Welle". Er verarbeitete darin die Ereignisse rund um das Experiment von 1967. Die Handlung versetzte er in die deutsche Gegenwart: An einem Gymnasium gestaltet der Lehrer Rainer Wenger eine Projektwoche zum Thema „Staatsform Autokratie"* (d.h. Diktatur). Nachdem die Schülerinnen und Schüler seine Frage: „Ihr seid also der Meinung, dass eine Diktatur bei uns nicht mehr möglich wäre"? bejahen, beginnt er sein Experiment. Er will den Schülerinnen und Schülern begreiflich machen, wie eine Diktatur entsteht. Zunächst beginnt der Versuch harmlos mit Begriffen wie Disziplin und Gemeinschaft. Schon nach wenigen Tagen aber entwickelt sich eine richtige „Bewegung" – „Die Welle". Sie hat einen „Führer", eine Art Uniform, ein Symbol. Bald werden Andersdenkende ausgeschlossen, Gewalt wird angewendet, die „Welle" gerät außer Kontrolle, …

Ron Jones, der Lehrer, der das Experiment „Die Welle" 1967 durchführte:

Q Ich wollte, dass die Schüler erfahren, wie es damals in Deutschland zuging. Sie sollten aber nicht nur etwas darüber lesen, sondern selbst erleben, was es heißt, zum Beispiel gleichzeitig aufzuspringen und irgend etwas zu brüllen, oder in einer sehr disziplinierten Weise dazusitzen, oder von einer Person abhängig zu sein, die einem dauernd sagt, was man machen soll. (…) Einstein hat einmal gesagt: „Die Welt wird nicht bedroht von den Menschen, die böse sind, sondern von denen, die das Böse zulassen." Ich glaube, irgend jemand hätte, gleich als ich mit der „Welle" begann, aufstehen sollen und sagen: „Mr. Jones, ich folge Ihnen nicht, ich sage Ihnen, das ist schlecht, was Sie machen." Dann hätten wir anfangen können, darüber zu reden. Aber während des ganzen Experiments hat sich niemand dagegen gewehrt, kein Schüler, kein Lehrer, von den Eltern niemand und niemand von den Geistlichen – und das ist es, was mich erschreckt.
(In: Morton Rhue, Die Welle, 1997)

Du bist dran   *Arbeite nach A2*

- Diskutiert über die (anfänglich bestehende) Meinung der Schülerinnen und Schüler, „dass eine Diktatur bei uns nicht mehr möglich wäre."

Du bist dran   *Arbeite nach M5+A2*

„Die Welle" (2008), Constantin Film
Regie: Dennis Gansel
Analysiere die folgenden Filmsequenzen:
A Minuten 11.00–13:22
- Ermittle, welche Merkmale für Diktaturen im Lehrer-Schüler-Gespräch genannt werden.
B Minuten 14:10–17:48
- Arbeite heraus, welche Grundvoraussetzungen für diktatorische Systeme in dieser Szene erwähnt werden.
- Beschreibe, welche Verhaltensweisen zum Motto „Macht durch Disziplin" gehören.
C Minuten 27:30–34:05
- Arbeite heraus, welches Verhalten mit „Macht durch Gemeinschaft" gemeint ist.
D Minuten 37:00–52:00
- Beschreibe, was die Schülerinnen und Schüler in dieser Szene unter der „Macht durch Handeln" verstehen.
- Erörtere die Gründe, aus denen bestimmte Filmfiguren durch die Entwicklung der diktatorischen „Welle" an Macht gewannen.
- Fasse zusammen, welche Symbole und Verhaltensweisen, die im Film vorkommen, typisch für faschistische Diktaturen sind.
- Vergleiche sie mit denen, die in diesem Kapitel thematisiert werden.
- Hinterfragt den Film „Die Welle" kritisch.
- Diskutiert in der Klasse, welche Reaktionen der Film beim Publikum auslösen könnte.

Stalinismus – Diktatur in der UdSSR

Der deutsche Stalinismus-Forscher Jörg Baberowski über Stalins Personenkult

D Es kam für Stalin darauf an, im Leben der Untertanen nur als Symbol und Ikone präsent zu sein, nicht aber als sichtbares Lebewesen. Seine Anwesenheit bestand darin, dass er millionenfach auf Plakaten, in Büchern, in Filmen abgebildet, in Stein gehauen oder öffentlich besungen werden musste. Kaum jemand hatte den Diktator je gesehen oder gehört. Und doch war er als gottgleiche Figur, die alles entschied, alles wusste und vor der niemand etwas verbergen konnte, überall präsent.
(In: Baberowski, Totale Herrschaft im staatsfernen Raum, 2009)

Du bist dran **Arbeite nach M1+M2**

- Erkläre den Begriff „Personenkult".
- Beschreibe das Propagandaplakat.
- Beurteile die Wirkung, die damit beabsichtigt war.
- Stelle einen Zusammenhang mit der Textdarstellung oben her.

Merkmale von Stalinismus

- Ablehnung von Parlamentarismus und Demokratie
- Eine Partei (die kommunistische) ist an der Macht.
- Diktator („Personenkult")
- Propaganda
- Verbot der Presse-, Rede- und Versammlungsfreiheit
- Terror und Verfolgung
- staatliche Planwirtschaft statt Privatwirtschaft (Verbot)
- technischer Fortschritt als Ziel

ЛЮБИМЫЙ СТАЛИН-СЧАСТЬЕ НАРОДНОЕ!

Personenkult um Stalin Ähnlich wie in den faschistischen Diktaturen in Italien und Deutschland entfaltete sich auch in der kommunistischen Sowjetunion ein Kult um den diktatorischen Führer. Auf dem Propagandaplakat von Wiktor Korecki (1890 – 1980) aus dem Jahr 1937 steht „Geliebter Stalin – das Glück des Volkes".

Stalinistischer Terror

Stalin wird Diktator 1922 war unter Lenin die UdSSR (= Union der Sozialistischen Sowjet-Republiken) gegründet worden. Viele Menschen auf der ganzen Welt hofften, dass dieser erste kommunistische Staat mehr Gerechtigkeit und Gleichheit bringen würde. Ihre Erwartungen wurden aber enttäuscht. Nach Lenins Tod 1924 wurde Josef Stalin* sein Nachfolger. Nach jahrelangen Machtkämpfen gelang es ihm, alle wichtigen Positionen im Staats- und Parteiapparat, in Armee und Geheimpolizei zu besetzen.

Millionen Opfer Stalin begann nun, seine Gegnerinnen und Gegner zu vernichten. Nach Schätzungen fielen 20 bis 50 Millionen Menschen zwischen 1928 und 1953 dem stalinistischen Terror zum Opfer. Dazu zählten viele Parteimitglieder aus der Zeit Lenins, Offiziere der Roten Armee, Schriftstellerinnen und Schriftsteller, Andersdenkende, Bäuerinnen und Bauern sowie Arbeiterinnen und Arbeiter. Sie wurden oft unter falschen Beschuldigungen verhaftet, gefoltert, verschleppt und zu Zwangsarbeit oder zum Tod verurteilt. Gestützt auf die Kommunistische Partei hatte sich Stalin bis zu seinem Tod 1953 die unumschränkte Macht gesichert.

Die Sowjetunion wird zum Industriestaat

Industrialisierung und Modernisierung Noch in den 1920-er Jahren war die Sowjetunion kaum industrialisiert. Stalin setzte sich das Ziel, das Land innerhalb kurzer Zeit zu modernisieren und zu industrialisieren. Hunderttausende von Freiwilligen beteiligten sich mit großem Eifer am Aufbau der Industrie. Frauen, Männer und Jugendliche versuchten, die vorgegebene Arbeitsleistung zu erfüllen. Wer sie unterschritt, musste mit Bestrafung, Kürzung des Lohnes und der Lebensmittel rechnen. Unter schwierigsten Bedingungen wurden Kraftwerke, Eisenbahnen, Straßen und Kanäle angelegt. Moderne Traktorenwerke wurden gebaut, Erdölfelder und Kohlegruben vor allem in Sibirien und Mittelasien erschlossen. Die gewaltigen Anstrengungen lohnten sich: 1940 erreichte die Sowjetunion in der Industrieproduktion den ersten Platz in Europa. Weltweit wurde sie nur von den USA übertroffen.

Die Kollektivierung der Landwirtschaft

Kolchosen und Sowchosen   Für die rasche Industrialisierung wurden große Geldmittel benötigt. Auch die Versorgung der angewachsenen Industriestädte kostete viel Geld. Um dies finanzieren zu können, forderte Stalin höhere Erträge in der Landwirtschaft. Seit 1928 wurden die Bäuerinnen und Bauern gezwungen, ihre privaten Betriebe aufzugeben. Diese wurden zu Großbetrieben zusammengefasst. Sie wurden entweder genossenschaftlich verwaltet (Kolchosen*) oder zu Staatseigentum (Sowchosen*). In den Großbetrieben musste die bäuerliche Bevölkerung nun kollektiv arbeiten. Die Maschinen stellte der Staat zur Verfügung.
Die Bäuerinnen und Bauern wehren sich   Sie schlachteten ihr Vieh und zerstörten ihre Geräte. Der Viehbestand und die Erntemengen gingen drastisch zurück. Die Folge war eine Hungerkatastrophe. Diese kostete etwa sieben Millionen Menschen das Leben. Stalin ging mit brutaler Gewalt gegen die sich wehrenden Bäuerinnen und Bauern vor. Er ließ viele ermorden oder in Arbeitslager schicken.

Lew Kopelew, russischer Schriftsteller und späterer Stalingegner, berichtet 1975 über seine Zeit als Funktionär der kommunistischen Partei unter Stalin

Q Damals (um 1930) war ich von einem fest überzeugt: Das Ziel heiligt die Mittel. Unser großes Ziel war der Sieg des Weltkommunismus; um seinetwillen kann man und muss man lügen, rauben, hunderttausende, ja Millionen von Menschen vernichten – alle, die diesem Ziel hinderlich im Wege stehen oder auch nur im Wege stehen könnten. (...) So urteilte auch ich, als ich sah, wie die „totale Kollektivierung" (der Landwirtschaft) durchgeführt wurde (...), wie die Bauern im Winter 1932/1933 erbarmungslos ausgebeutet wurden. Ich war selbst dabei, hörte nicht auf das Heulen der Weiber, das Winseln der Kinder. Damals war ich überzeugt, dass wir alle die große sozialistische Umgestaltung des Dorfes vollbringen, dass es danach allen Bauern unendlich viel besser gehen würde (und) dass die, die mich geschickt hatten, besser als die Bauern wussten, wie diese zu leben, zu pflügen, zu säen hatten.
(In: L. Kopelew, Aufbewahren für alle Zeit!, 1979)

Du bist dran   **Arbeite nach M5**

- Interpretiere die Treppenszene aus dem Film „Panzerkreuzer Potemkin" (von Minute 52:30 bis 53:59) nach der Methode M5 auf S. 163. Arbeite die Intentionen des Films heraus.

Du bist dran   **Arbeite nach M1**

- Vergleiche die Merkmale von „Stalinismus" mit der Definition von „Diktatur" (S. 8).
- Beurteile mit Hilfe des Autorentextes und der Bild- und Textquellen, warum Stalinismus als Diktatur bezeichnet werden kann.

Kollektivierung der Landwirtschaft
Plakat mit der Aufschrift „Genosse, tritt in unsere Kolchose ein!",
(Plakatentwurf von Vera Sergejewna Korabljowa (1887–1950) um 1930)

Du bist dran   **Arbeite nach M1+M2**

- Beschreibe das Plakat. Gehe dabei vor allem auf die Haltung und den Gesichtsausdruck der Personen ein.
- Erläutere, warum man in diesem Fall von „sowjetischer Propaganda" sprechen kann.
- Arbeite aus der Textquelle heraus, wie Kopelew die Anwendung von Gewalt vor sich selbst rechtfertigte.
- Nimm Stellung zu Kopelews Aussage „Das Ziel heiligt die Mittel".

Alltag in BRD und DDR

Jugendliche in der DDR mit den blauen Hemden der FDJ und Jeans; Aufmarsch zum 1. Mai 1973 in Ostberlin (Foto 1973)

Demonstration gegen das Hochschulgesetz Studierende in München protestieren durch einen Vorlesungsboykott gegen neue Verordnungen. (Foto 1973)

Arbeite nach M2

Du bist dran

- Vergleiche die beiden Fotos. Stelle Gemeinsamkeiten und Unterschiede fest.

Auszüge aus Briefen der 17-jährigen DDR-Schülerin Friederike an ihre Brieffreundin in der BRD (1969–1970)

In der FDJ bin ich, wie fast alle. (…) An Staatsfeiertagen „dürfen" wir im einheitlichen blauen FDJ-Hemd antanzen. Wirklich begeistert für die Interessen der FDJ sind nur die Funktionäre. Die wollen die Jugend immer mitreißen und können nicht! (…) Nochmals zu den „Mitmachern". Das sind wohl die meisten hier. Das unbedingt Notwendige wird getan, Eigeninitiative ist nicht vorhanden. Die meisten sind nicht direkt für den Westen. Es stellt nur einen besonderen Reiz dar, etwas „Unerreichbares", „Tolles", wo die Jugendlichen leben können, wie es ihnen passt, die ganz andere Möglichkeiten in Bezug auf Kleidung usw. haben. Die meisten wollen mal auf Besuch rüber, ohne für immer dort zu bleiben. Denn eine gesicherte Existenz (Arbeitsplatz, Bildung) hat man in der DDR. Fanatisieren kann man die Jugend für den Sozialismus nicht. Jedenfalls die meisten nicht. (…)
(In: Geschichte lernen, 2015)

Zwei deutsche Staaten Eine der Folgen des Zweiten Weltkrieges war die Teilung Deutschlands in zwei Staaten: 1949 wurde die Bundesrepublik Deutschland (BRD) gegründet, im selben Jahr die Deutsche Demokratische Republik (DDR) (S. 86). Die BRD war eine westlich orientierte parlamentarische Demokratie, die DDR eine kommunistische Diktatur mit der Einheitspartei SED (= Sozialistische Einheitspartei Deutschlands). Der Alltag für die Menschen in den beiden deutschen Staaten wurde stark bestimmt vom jeweiligen politischen System.

Jugendliche In den 1950-er Jahren herrschte in beiden deutschen Staaten eine strenge Erziehung vor. Seit den späten 1950-er Jahren wurden Beatmusik, lange Haare und Jeans Kult für junge Leute. Ab Mitte der 1960-er Jahre waren britische Bands wie die Beatles und die Rolling Stones zu Idolen der Jugend geworden. Viele Eltern in der BRD und in der DDR reagierten entsetzt auf diesen Mode- und Musikgeschmack.

Mehr Freiräume in der BRD Seit den Studentenprotesten in der zweiten Hälfte der 1960-er Jahre versuchten viele Jugendliche in der Bundesrepublik ihr Leben stärker selbst zu bestimmen. Allmählich gewannen sie mehr Freiräume. In der DDR kritisierte die SED den negativen Einfluss des Westens. Es gelang der DDR-Führung aber nicht, moderne Musik- und Mode-Richtungen völlig zu unterdrücken. Auch in der DDR gab es Hippies und Punks. Doch war ein alternativer Lebensstil hier viel schwerer umzusetzen als im Westen. Wer nicht große Nachteile bei Ausbildung und Arbeit in Kauf nehmen wollte, passte sich der offiziellen Vorstellung der DDR-Führung an. Diese wurde auch in der „Freien Deutschen Jugend"* (FDJ) vermittelt. Sie war die einzige erlaubte Jugendorganisation in der DDR und wurde von der SED kontrolliert. Die Jugendlichen sollten für den Aufbau des Sozialismus motiviert werden.

Arbeite nach M1

Du bist dran

- Arbeite heraus, wie die Schreiberin des Briefes die FDJ darstellt.
- Benenne, was sie an der BRD, was an der DDR als positiv empfindet
- Setze ihre Aussagen in einen Zusammenhang mit der Darstellung über Jeans.

Über Jeans in der DDR

D In den 50er- und 60er-Jahren sind Jeans in der DDR ein modisches No-Go. (…) Jeans werden vom SED-Politbüro äußerst argwöhnisch betrachtet. Sie stehen als Symbol für ein amerikanisches Lebensgefühl, für westliche Beatmusik und Rock'n'Roll; Jugendkulturen also, die die DDR-Führung vehement ablehnt. (…) Wer sie trägt, will ein Zeichen setzen, läuft aber gleichzeitig Gefahr, kontrolliert und von der Obrigkeit zurechtgewiesen zu werden. (…) Um trotzdem einen Import der Hosen aus dem verhassten Westen zu verhindern, werden 1974 die ersten DDR-Jeans entworfen und in Sachsen produziert.(…) Ihre Qualität lässt zu wünschen übrig. (…) Für die Jugendlichen sind das keine echten Jeans. (…) Wer Glück hat, kann sich „Echte" (…) von der Westverwandtschaft schicken lassen. Der Rest muss mit den DDR-Jeans vorlieb nehmen. (…) Durch die volkseigene Produktion werden die Jeans in den 1980er-Jahren zur DDR-Freizeithose schlechthin. Selbst bei der FDJ ist sie inzwischen ein angesagtes Kleidungsstück. Die Menschen in der DDR lieben Jeans!
(https://www.mdr.de/zeitreise/ddr/jeans-in-der-ddr-100.html, 2017)

Konsum Seit den 1950-er Jahren gab es in der BRD einen großen wirtschaftlichen Aufschwung (S. 84 f.). Man sprach vom „Wirtschaftswunder". Viele konnten sich nun Konsumgüter wie elektrische Geräte und Autos leisten. In der DDR herrschte eine staatlich gelenkte Wirtschaft. Die Menschen dort hatten viel weniger Konsummöglichkeiten. Viele Produkte waren qualitativ schlecht und immer wieder für lange Zeit überhaupt nicht erhältlich. Oft mussten die Menschen auch stundenlang anstehen, um überhaupt etwas kaufen zu können.

Reisen In der Bundesrepublik konnten sich ab Ende der 1950-er Jahre immer mehr Menschen einen Urlaub leisten. Manche unternahmen jetzt Reisen in andere europäische Länder. Besonders beliebt waren Urlaube in Österreich und in Italien. In der DDR gab es keine Reisefreiheit. Die Menschen in der DDR konnten Urlaub innerhalb der DDR auf einem Campingplatz oder in einer staatlichen Ferienanlage machen. Für eine Reise in ein anderes kommunistisches Land, zB Ungarn, Tschechoslowakei oder Bulgarien, brauchte man Geld und Geduld beim Anstehen für das Visum. Staatliche Funktionäre und Menschen, die sich in der Partei und im Betrieb engagierten, hatten bessere Chancen dafür. Eine Reise in ein westliches Land gehörte zu den meist unerfüllbaren Träumen zahlreicher Menschen in der DDR.

Der ehemalige DDR-Bürger Christoph Pollmer über seine Trabi-Bestellung

Q Ende 1977 habe ich einen Trabant bestellt. (…) Ich glaube, dass es zu jeder Zeit von jedem DDR-Bürger eine solche Bestellung gab – oder sogar mehrere – weil jeder wusste, dass die Realisierung Jahre dauern würde. So konnte auch ich als Berufseinsteiger ohne finanzielle Polster es mir leisten, ein Auto zu bestellen, obwohl es keine Kredite für solche Konsumgüter gab. Die rund 10 000 DDR-Mark für den Trabant würden im Laufe der Zeit schon zusammenkommen. Und tatsächlich: Die Zeitspanne bis zur Auslieferung verlängerte sich von Jahr zu Jahr, ich habe den Trabant nie bekommen. Dreizehn Jahre waren eben nicht genug, um das Fahrzeug für mich zu produzieren.
(In: Ch. Pollmer, Die Trabi-Bestellung, 2014)

Trabant Dieser Autotyp wurde in der DDR produziert. (Werbeplakat 1961)

Du bist dran

Arbeite nach M1+M2

- Fasse die Möglichkeiten zur eigenen Lebensgestaltung und die Konsum- und Reisemöglichkeiten zusammen.
- Beurteile den Einfluss des jeweiligen politischen System auf diese Möglichkeiten.
- Beschreibe, analysiere und interpretiere das Werbeplakat und den Text über die Trabi-Bestellung.

Faschismus, Nationalsozialismus und politische Diktaturen

Auf einen Blick

- **Merkmale von Diktaturen**   Diktaturen lehnen demokratische Elemente (mehrere Parteien, freie Wahlen, Schutz der Grund- und Menschenrechte, Pressefreiheit, Reisefreiheit, …) ab. Eine einzelne Person, eine kleine Gruppe oder eine Partei übt die Herrschaftsgewalt aus. Wegen der in vielen Ländern Europas herrschenden Not nach dem Ersten Weltkrieg fanden faschistische Gruppen und Parteien immer mehr Zulauf.

- **Merkmale des Faschismus**   Zu den Kennzeichen von faschistischen Diktaturen zählen ein ausgeprägter Nationalismus, Verherrlichung der politischen Führung, absoluter Gehorsam der Führung gegenüber, Ablehnung und Bekämpfung demokratischer Strukturen, Ausgrenzung, Verfolgung bis hin zur Vernichtung von Andersdenkenden und Minderheiten, Kontrolle der Medien durch den Staat, massive Propaganda und fast unbegrenzte Macht von Militär und Polizei.

- **Faschismus in Italien**   Benito Mussolini errichtete ab 1922 eine faschistische Militärdiktatur in Italien. 1934 begann Mussolini mit dem Ausbau Italiens zur Kolonialmacht: Libyen wurde besetzt, das heutige Äthiopien wurde erobert.

- **Austrofaschismus**   In Österreich schaltete Bundeskanzler Dollfuß 1933 das österreichische Parlament aus und regierte Österreich diktatorisch mit der Vaterländischen Front. Der Austrofaschismus orientierte sich am italienischen Faschismus. Grundlage des politischen Programms war der Korneuburger Eid der Heimwehren. Kurt Schuschnigg war der letzte Kanzler vor der Machtübernahme Hitlers (1938).

- **Nationalsozialismus**   Adolf Hitler und die Nationalsozialistische Deutsche Arbeiterpartei herrschten von der Machtergreifung 1933 bis 1945 in Deutschland. Nach der Ernennung Hitlers zum Reichskanzler im Jänner 1933 setzten die Nationalsozialisten sehr rasch alle Grundrechte außer Kraft, alle anderen Parteien wurden aufgelöst, die alleinige Macht lag in den Händen der Nationalsozialisten. Frauen wurden weitgehend aus dem öffentlichen Leben verdrängt. Mit der von vielen Menschen bejubelten Machtübernahme Hitlers in Österreich und der Eingliederung in das Deutsche Reich im März 1938 begann die Ausplünderung Österreichs.

- **Widerstand gegen den Nationalsozialismus**   Viele Menschen, die Widerstand leisteten, wurden hingerichtet, allein in Österreich 2700. Zu den bekanntesten Widerstandsgruppen zählt die „Weiße Rose".

- **Jugendliche in Diktaturen**   Jugendliche sollen in Jugendorganisationen zu treuen Untertanen erzogen werden. Das Experiment „Die Welle" zeigte, dass Menschen auch heute noch anfällig für diktatorische Systeme sein können.

- **Stalinismus in der UdSSR**   Bis 1953 fielen Stalins Terror bis zu 50 Millionen Menschen zum Opfer. Die Kollektivierung der Landwirtschaft und die Industrialisierung setzte er mit brutalen Methoden durch.

- **BRD und DDR**   Nach dem Zweiten Weltkrieg wurde Deutschland geteilt. Im Ostteil wurde eine kommunistische Diktatur errichtet, in der westlich orientierten BRD kam es seit den 1950-er Jahren zu einem großen wirtschaftlichen Aufschwung.

Wir trainieren Kompetenzen

„Der Morgen unseres Vaterlandes" Der Künstler Fjodor Schurpin (1904 – 1972) malte Stalin im Jahr 1948. Im Hintergrund ist die russische Landschaft zu sehen, durchzogen von Strommasten. Auf den Feldern wachsen junge Bäume. (Gemälde, Öl auf Leinwand, 56,8 cm × 40,9 cm)

1. Arbeitsauftrag: Beschreibe, analysiere und interpretiere das Gemälde nach der Methode M2. Erörtere, wie der Künstler Stalin darstellte.

Arbeite nach M2

2. Arbeitsauftrag: Analysiere und interpretiere den Text nach der Methode M1.
    Arbeite nach M1
- Beurteile die Perspektive des Historikers Jörg Baberowski.
- Überprüfe, auf welche Fragen zum Stalinismus dieser Text Antworten geben kann.
- Formuliere Fragen an den Autor, die dieser Text nicht beantworten kann.

Die Herrschaft Stalins – eine Terrorherrschaft?

D Der deutsche Historiker Jörg Baberowski erläuterte 2007 die Bedeutung Stalins für die russische Geschichte so:

Stalin gab dem Stalinismus nicht nur seinen Namen. Ohne ihn hätte es auch keinen Stalinismus gegeben, (...). Das bolschewistische Projekt der Eindeutigkeit führte nicht zuletzt deshalb zum Massenterror, weil es dem Diktator gefiel, Menschen töten zu lassen. Ohne Stalins kriminelle Energie, seine archaischen (= altertümlichen) Vorstellungen von Freundschaft, Treue und Verrat, seine Bösartigkeit wären die Mordexzesse der Dreißigerjahre kaum möglich gewesen. Der Exzess war die Lebensform des Diktators. Jede Tötungsaktion wurde in dem Wissen vollbracht, dass sie dem Despoten im Kreml behagte. Nach der Öffnung der zentralen Archive in Moskau besteht kein Zweifel mehr an der Urheberschaft des Terrors. Stalin setzte seine Unterschrift unter die Terrorbefehle, mit denen das Regime Millionen Menschen ins Verderben schickte. Er trieb seine Gefolgsleute und Schergen zu Höchstleistungen bei der Verfolgung vermeintlicher Feinde an, er schonte nicht einmal Freunde und Verwandte. Es lag in der Logik des stalinistischen Terrors, dass er alle Grenzen überschritt. Erst mit dem Tod des Diktators kam die Terrormaschine wirklich zum Stillstand. Deshalb ist Stalins Ende auch das Ende des Stalinismus.

(In: J. Baberowski, Der rote Terror, 2007)

1932/33	1933		ab 1938		1946
Holodomor	Boykott jüdischer Geschäfte		planmäßige Verfolgung von Jüdinnen und Juden, Roma und Sinti		Nationalsozialistengesetz
		1935		1942	
19. Jahrhundert		„Nürnberger Rassengesetze"		Wannseekonferenz	
Entstehung der „Rassenlehren"				1940	
				Errichtung von Ghettos	

Von Rassismus, Völkermord und Erinnerungskulturen

3325tu

Warschauer Ghettoaufstand April/Mai 1943: Ein kleiner Bub mit erhobenen Händen, Frauen und andere Kinder kommen aus einem von deutschen Truppen eroberten Haus. (aus dem Album von SS-Gruppenführer und Polizei-Generalmajor Jürgen Stroop, Foto 1943)

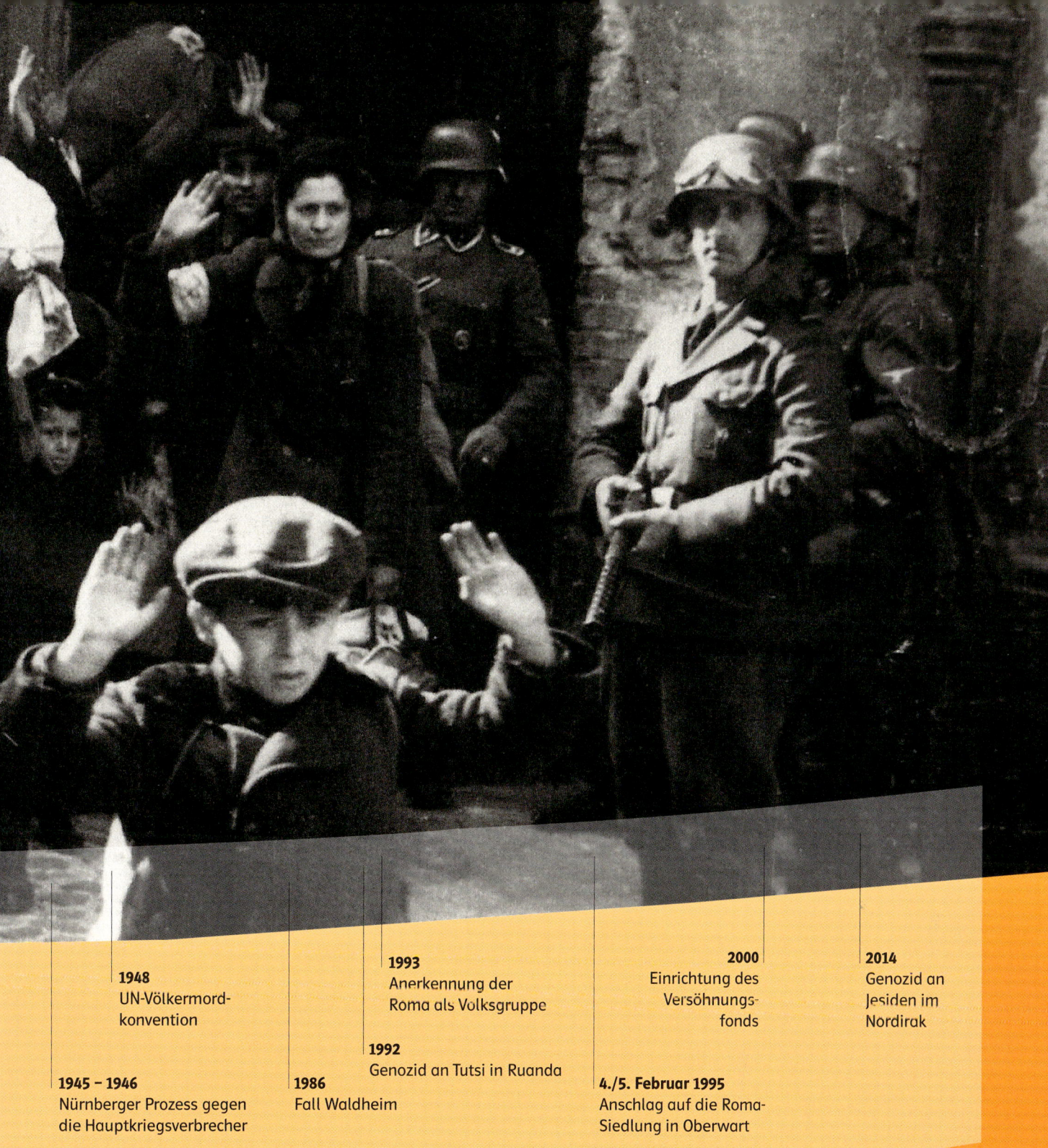

1945 – 1946
Nürnberger Prozess gegen
die Hauptkriegsverbrecher

1948
UN-Völkermord-
konvention

1986
Fall Waldheim

1992
Genozid an Tutsi in Ruanda

1993
Anerkennung der
Roma als Volksgruppe

4./5. Februar 1995
Anschlag auf die Roma-
Siedlung in Oberwart

2000
Einrichtung des
Versöhnungs-
fonds

2014
Genozid an
Jesiden im
Nordirak

Die Einteilung von Menschen in „Rassen"
erfolgte schon vor über 300 Jahren. Vor allem
Jüdinnen und Juden wurden verfolgt und
ausgegrenzt. Auch Roma, Sinti und andere
Minderheiten und Andersdenkende
wurden Opfer des nationalsozialistischen
Terrors. Völkermord im Zuge von Kriegen
und anderen Konflikten existiert bis
heute. Die Auseinandersetzung mit den
Geschehnissen und Gräueltaten sind Teil
unserer Erinnerungskultur.

Auf den folgenden Seiten sollst du erfahren:
- wie sich Rassismus und Antisemitismus
  entwickelten.
- wie Menschen in der Zeit des Nationalsozialismus ausgegrenzt und ermordet wurden.
- wie sich Völkermord durch die Geschichte
  zieht und auch heute noch existiert.
- wie sich Österreich an die Vergangenheit
  erinnert und damit umgeht.
- welche Formen des Gedenkens und Erinnerns
  es heute gibt.

Rassismus hat viele Gesichter

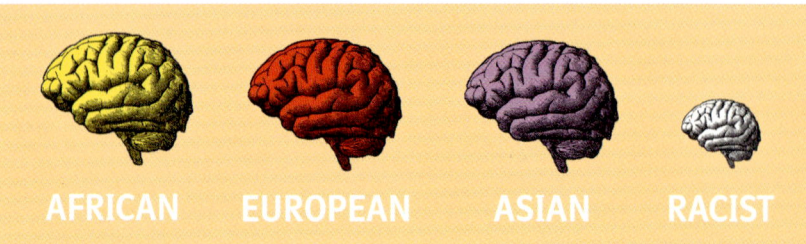

„Racist brain the smallest" nach einem Plakat der „Europäischen Jugend-Kampagne gegen Rassismus" (London, April 1996)

No to racism Seit 2001 unterstützt der Europäische Fußballverband (UEFA) den Kampf gegen Rassismus und Diskriminierung im Fußball. Die Spieler von Deutschland und Mexiko präsentieren vor dem Semifinale im Confederations Cup am 29. Juni 2017 in Sotschi, Russland, gemeinsam ein „SAY NO TO RACISM"-Banner. (Foto, Christian Charisius 2017)

Du bist dran

Arbeite nach M2+A1

- Beschreibe das Plakat der „Europäischen Jugend-Kampagne gegen Rassismus" und interpretiere seine Aussage.
- Recherchiere auf den Webseiten der Bundeszentrale für Politische Bildung und der UEFA, in welchen Formen Rassismus und Diskriminierung im Fußball auftreten.
- Beurteile, wie wirksam deiner Meinung nach solche Aktionen der Fußballer wie auf dem Foto dargestellt im Kampf gegen Rassismus sind.

Allgemeine Erklärung der Menschenrechte (UNO, 1948)

Q Art.1 (Menschenwürde) Alle Menschen sind frei und gleich an Würde und Rechten geboren. Sie sind mit Vernunft und Gewissen begabt und sollen einander im Geist der Brüderlichkeit begegnen.
Art.2 (Diskriminierungsverbot) Jeder hat Anspruch auf die in dieser Erklärung verkündeten Rechte und Freiheiten ohne irgendeinen Unterschied, etwa nach Rasse, Hautfarbe, Geschlecht, Sprache, Religion, politischer oder sonstiger Überzeugung, nationaler oder sozialer Herkunft, Vermögen, Geburt oder sonstigem Stand.

Du bist dran

Arbeite nach M1

- Arbeite heraus, gegen welche Punkte bzw. Forderungen aus den beiden Artikeln sich Rassismus wendet.

Von der „Rassenlehre" zum Rassismus

Die Einteilung von Menschen in „Rassen" Damit begannen Menschen schon vor etwa 300 Jahren. Seit dem 19. Jh. entwickelte sich daraus in Europa eine „Rassenlehre". Sie untersuchte die sichtbaren Unterschiede zwischen den verschiedenen Menschengruppen und schrieb ihnen bestimmte angeborene positive und negative Eigenschaften zu. Daher wurde auch zwischen „höheren" und „niederen" Rassen unterschieden.

Die „Rassenlehre" und ihre Folgen Diese Lehre ging auch davon aus, dass die „weiße Rasse" besser und allen anderen „Rassen" überlegen sei. Daher hielten sich die europäischen Mächte im 19. Jh. für berechtigt, afrikanische und asiatische Völker und deren Reiche zu unterwerfen und Kolonien zu errichten. Auch die Nationalsozialisten gingen von der Überlegenheit der „arischen" als der wertvollsten aller Rassen aus. Ihre „Rassenpolitik" führte zur Vernichtung verschiedener Bevölkerungsgruppen und zum Genozid* an der jüdischen Bevölkerung Europas (S. 38).

Rassismus bis in die Gegenwart Die Lehre von den „Menschenrassen" ist wissenschaftlich schon längst widerlegt. Dennoch gibt es in unserer Gesellschaft bis heute Menschen und politische Gruppen, die bestimmten Menschen- und Volksgruppen angeborene negative Eigenschaften zuschreiben. Gleichzeitig sind diese Rassistinnen und Rassisten von ihrer eigenen Höherwertigkeit überzeugt. Aus diesem Grund halten sie es auch für berechtigt, wenn diese Menschen benachteiligt, von der Gesellschaft ausgeschlossen und im Extremfall sogar getötet werden. Eine solche Einstellung gegenüber anderen Menschen, Volksgruppen oder Nationen bezeichnet man als Rassismus.

Rassismus gibt es in vielen Ländern

Rassismus betrifft viele Gruppen. In Europa sind besonders häufig jüdische (S. 36) und muslimische Menschen, Roma und Sinti sowie Schwarzafrikanerinnen und Schwarzafrikaner davon betroffen.

Rassismus und Fremdenfeindlichkeit*

Der tägliche Rassismus   Er zeigt sich in verschiedensten Formen: Menschen werden wegen ihrer offensichtlichen Zugehörigkeit zu einem anderen Kulturkreis angepöbelt. Das kann zB ein Mann mit schwarzer Hautfarbe sein, eine Muslima mit Kopftuch, eine auf der Straße Akkordeon spielende Romni oder ein zur Synagoge gehender orthodoxer Jude mit Hut und Schläfenlocken. Rassistische Übergriffe können auch gewalttätig sein, bis hin zu Angriffen auf Leib und Leben. Davon waren und sind in Mitteleuropa immer wieder Zuwanderer oder Asylsuchende betroffen.

Die österreichische Tageszeitung „Der Standard" über Erfahrungen mit Alltagsrassismus

Q Menschen mit Migrationshintergrund sind im Alltag regelmäßig mit Rassismus konfrontiert. Welche Erfahrungen als Betroffener oder als eingreifender Passant haben Sie gesammelt? Im Abendzug nach Bischofshofen von einem Betrunkenen grob rassistisch angepöbelt werden – und der ganze Zug hört schweigend zu. Auf der Straße von Skinheads angerempelt und bedroht, als Kind von Mitschülern als „Tschusch" und „Neger" beschimpft, als ältere Dame vom Handwerker wie selbstverständlich geduzt zu werden: Für Menschen mit Migrationshintergrund gehören Vorfälle dieser Art zum Alltag. Rassismus kann viele Formen annehmen. Sei es ein gutgemeintes Kompliment: „Du bist aus Lateinamerika? Du hast sicher den Rhythmus im Blut!", sei es eine höchst unsensible Werbung, ein rassistisches Grafitto auf Hausmauern oder die um ein Vielfaches erschwerte Suche nach Wohnraum und Arbeitsplatz, wenn man ein fremdländisches Aussehen oder einen nichtdeutschen Nachnamen hat. (In: Der Standard, 20.11.2016)

— **Aufschrift auf einer Mauer in Wien Simmering** (Foto 2018)

Politik für dich, FAQ

Lara, 12: Warum gibt es überhaupt Rassismus?

Antwort der Redaktion:
Hallo Lara!
Rassismus kann unterschiedliche Ursachen haben. Oft suchen Menschen einfach ein Ventil, um ihre Probleme und Frustrationen (= Enttäuschungen) rauszulassen. Sie setzen dann andere herab, um sich selbst besser zu fühlen. Diese anderen sind häufig Menschen, die sich nicht wehren können, also bevorzugt Minderheiten. (…) Manche rassistischen Menschen brauchen auch einfach etwas, um ihre Aggressionen und ihren Hass loszuwerden. Das richten sie dann gegen Ausländer. Oft machen sie diese auch direkt für ihre Probleme verantwortlich. (…) Einige Menschen glauben, die Ausländer würden ihnen ihre Jobs wegnehmen. Rassismus hat auch viel mit Intoleranz (= Beschränktheit, Engstirnigkeit) zu tun. Alles, was anders ist, wird nicht nur abgelehnt, sondern sogar als „böse" und „schlecht" bekämpft. Ursache von solchen Gedanken ist oft viel Nichtwissen. (…) (https://www.hanisauland.de/lexikon/r/rassismus.html)

Arbeite nach M1+A2

Du bist dran
- Schildere, ob oder in welcher Weise du selbst (in Schule, Freizeit, Medien) Alltagsrassismus bereits erlebt hast.
- Diskutiert in der Klasse, welche Möglichkeiten es für euch bzw. für die Gesellschaft gibt, gegen Alltagsrassismus einzutreten.
- Diskutiert die möglichen Hintergründe für die beiden Aussagen dieser Aufschrift.

Arbeite nach M1

Du bist dran
- Fasse die hier angeführten Ursachen für rassistisches Verhalten zusammen.
- Nimm Stellung zu den angeführten Ursachen.
- Finde drei weitere Ursachen.

Feindlichkeit gegen Jüdinnen und Juden, Roma und Sinti

Definition von Antisemitismus der Internationalen Allianz für Holocaust-Gedenken

D Der Antisemitismus ist eine bestimmte Wahrnehmung von Juden, die sich als Hass gegenüber Juden ausdrücken kann. Der Antisemitismus richtet sich in Wort oder Tat gegen jüdische oder nicht-jüdische Einzelpersonen und/oder deren Eigentum sowie gegen jüdische Gemeindeinstitutionen oder religiöse Einrichtungen. (https://www.fga-wien.at/)

Plakat zur Ausstellung „Der ewige Jude": Diese Wanderausstellung wurde von den Nationalsozialisten veranstaltet und diente der weiteren Aufhetzung der deutschen und österreichischen Bevölkerung gegen jüdische Mitbürgerinnen und Mitbürger. (Wien 1938)

Arbeite nach M2

Du bist dran

- Beschreibe das Plakat. Achte dabei auch auf die Ankündigung der Ausstellung.
- Analysiere das Plakat Schritt für Schritt.
- Interpretiere die Botschaften, die das Plakat vermittelt.

Die lange Geschichte des Antisemitismus

Antisemitismus im Altertum Jüdinnen und Juden lebten im Römischen Reich weit verstreut als religiöse Minderheit. Da sie an ihrem Glauben, ihren Sitten und Bräuchen festhielten und sich nicht mit anderen Völkern vermischten, waren sie Außenseiter der Gesellschaft. Zwischen Juden und Christen bestand ein Konkurrenzverhältnis. Ab dem 2. Jh. beschuldigten viele Christen die Juden als Christusmörder.

Religiöser und wirtschaftlicher Antisemitismus im Mittelalter Juden durften weder Grund erwerben noch ein Handwerk ausüben. Christen hingegen war es verboten, Geld gegen Zinsen zu verleihen. Aus diesen Gründen wurden viele Juden Händler oder Geldverleiher, bei denen sich Christen oftmals verschuldeten. Gab es Naturkatastrophen, Missernten oder Seuchen (zB die Pest), beschuldigten viele Menschen dafür immer wieder die jüdische Bevölkerung. Jüdinnen und Juden wurden fälschlicherweise als Mörder kleiner Kinder, Hostienschänder und Brunnenvergifter verleumdet und verfolgt. Immer wieder kam es zur Vertreibung ganzer Judengemeinden, sowohl aus religiösen als auch aus wirtschaftlichen Gründen. Einen erheblichen Anteil an antijüdischen Vorurteilen und Ausschreitungen hatte der niedrige Klerus. Die jüdische Bevölkerung wurde von der katholischen Kirche gezwungen, sich durch besondere Kleidung (Judenhut, gelber Kreis am Mantel) kenntlich zu machen. Sie mussten auch häufig in meist durch Mauern abgetrennten Stadtteilen, so genannten Gettos*, leben.

Toleranzpatent und rechtliche Gleichstellung Erst im Zeitalter der Aufklärung besserten sich die Lebensumstände der jüdischen Bevölkerung. Kaiser Joseph II. erließ 1781 in Österreich das Toleranzpatent: Es gestattete Juden, Schulen zu besuchen und ein Handwerk auszuüben; außerdem hob es den Gettozwang auf. Die völlige rechtliche Gleichstellung erlangte die jüdische Bevölkerung erst mit der Verfassung von 1867.

Rassischer Antisemitismus Im 19. Jh. glichen sich viele Juden der christlichen Umwelt an. Einige bekamen als Unternehmer und Bankiers wirtschaftlichen, als Wissenschaftler und Künstler gesellschaftlichen Einfluss. Der Antisemitismus nahm dennoch zu und wurde nun „rassisch" begründet (S. 34). Dieser Rassenantisemitismus bildete im 20. Jh. auch die geistige Grundlage für die planmäßige Vernichtung des europäischen Judentums durch die Nationalsozialisten (S. 38).

Antisemitismus in Österreich nach 1945 Auch nach dem Zweiten Weltkrieg ist der Antisemitismus nicht verschwunden. Zwar wird er vom Staat Österreich wie auch von internationalen Organisationen (UNO, Europarat etc.) geächtet, aber in den Köpfen einiger Menschen ist die „Judenfeindschaft" nach wie vor vorhanden.

Arbeite nach M1

Du bist dran

- Formuliere die Definition des Antisemitismus in eigenen Worten.

Romasiedlung in Janovice, Ostslowakei
Nur zehn der 60 Häuser haben elektrischen Strom, kein einziges fließendes Wasser. (Foto, Joe Klamar 2004)

Roma und Sinti – immer wieder diskriminiert

Seit 600 Jahren in Mitteleuropa   Vor so langer Zeit schon sind Roma aus Indien bis ins heutige Österreich gezogen. Ihnen folgten später weitere Gruppen wie die Sinti. Bis in die 1990-er Jahre bezeichneten die meisten Menschen diese unterschiedlichen Gruppen als „Zigeuner". Erst seither wird für diese Volksgruppe die Bezeichnung „Roma" (Mensch, Mann) verwendet. Derzeit leben etwa zwölf Millionen Roma, Sinti und verwandte Gruppen in Europa, geschätzte 40 000 davon in Österreich.

Jahrhundertelang diskriminiert   Als so genannte „Zigeuner" wurden sie jahrhundertelang benachteiligt und verfolgt. Häufig wurden sie beschuldigt, nicht erziehbar, arbeitsscheu und kriminell zu sein. Vor allem aber wurde ihnen zum Vorwurf gemacht, dass sie nicht sesshaft wurden.

Verfolgung und Vernichtung   Den Höhepunkt der Unterdrückung mussten die Roma und Sinti unter der nationalsozialistischen Herrschaft erleiden.

Anerkennung als Volksgruppe   Nach dem Zweiten Weltkrieg wurde die Volksgruppe auch in Österreich lange weiter diskriminiert. So waren Roma-Siedlungen nur an den Rändern der Städte erlaubt. Erst 1993 wurden die Roma in Österreich als eigene Volksgruppe mit Minderheitenrechten anerkannt.

Zum Gedenken an den Anschlag in Oberwart, Kurier, 4.2.2015

Q In der Nacht von 4. auf 5. Feber 1995 riss eine Rohrbombe in Oberwart vier Menschen aus dem Leben. Die größte Roma-Siedlung des Burgenlandes stand unter Schock. Vier Roma wollten eine Tafel wegrücken mit einer eindeutigen Inschrift: „Roma zurück nach Indien". Die Berührung löste den Zünder der Bombe aus, es war der schlimmste rassistisch motivierte Anschlag der Zweiten Republik.
(…) Ob sich so ein Anschlag wiederholen könnte, daran will niemand denken.
„Einige Roma werden nicht zur Veranstaltung kommen, weil sie Angst haben", (…). Offener Rassismus sei seltener geworden, meint Helmut, ein Bewohner der Roma-Siedlung: „Aber hinterrücks bist du immer der Farbige."
(In: www.kurier.at)

Interview mit der Obfrau des österreichischen Roma-Vereins „Romano Centro" im Jahr 2015 zu Chancengleichheit im Vergleich zur Mehrheitsbevölkerung

Q Chancengleichheit ist sehr abhängig vom Zugang zu verschiedenen Gütern und Dienstleistungen. Dazu gehören vor allem die Bereiche Arbeit, Wohnraum, Gesundheit und insbesondere Bildung. Diese Faktoren begünstigen Chancengleichheit. Wenn der Zugang schwer erreichbar ist und gleichzeitig mit Diskriminierung und jahrhundertelanger Verfolgung verbunden ist, so trifft das auf stark benachteiligte Volksgruppen wie die Roma zu. Sehr viele Roma haben mit den Folgen der Diskriminierung im Alltag und am Arbeitsmarkt zu kämpfen.
(In: Interview mit Zaklina Radosavljevic, Mai 2015)

Arbeite nach M1

Du bist dran

- Fasse die Vorurteile zusammen, die gegenüber den Roma im Autorentext geschildert werden.
- Formuliere Argumente, die diese Vorurteile widerlegen.
- Erkläre, wie die „Romano Centro"-Obfrau die Chancengleichheit ihrer Volksgruppe in Österreich sieht.
- Nimm Stellung dazu.

Ausgrenzung, Verfolgung, Holocaust

Boykott jüdischer Geschäfte Ein Mann der SA versperrt den Eingang zu einem Kaufhaus. (Foto, Berlin 1933)

Arbeite nach M2

Du bist dran

- Beschreibe, analysiere und interpretiere das Foto.
- Untersuche kritisch die bis zur Seite 47 unter Anführungszeichen gesetzten Begriffe, die der Tätersprache zuzuordnen sind (S. 13).

Reichsbürgergesetz (1935)

Q Reichsbürger ist nur der Staatsangehörige deutschen oder artverwandten Blutes, der durch sein Verhalten beweist, dass er gewillt und geeignet ist, in Treue dem deutschen Volk und Reich zu dienen. (Reichsgesetzblatt 1935)

Arbeite nach M1

Du bist dran

- Erläutere die Auswirkungen dieses Gesetzes auf die jüdischen Bürgerinnen und Bürger.

Judenhass und fortschreitende Ausgrenzung

Der rassische Antisemitismus Ein wesentlicher Punkt der nationalsozialistischen Weltanschauung war die rassisch begründete Judenfeindschaft. Hitler bezeichnete in seinen Reden immer schon Menschen jüdischer Herkunft als „Volksschädlinge" und „Artfremde". Ebenso sprach er ständig von der „jüdischen Weltverschwörung". Seine Propaganda richtete sich aber auch gegen Angehörige anderer Minderheiten, wie Roma und Sinti, Homosexuelle und Anhängerinnen und Anhänger religiöser Gemeinschaften (zB Jehovas Zeugen).

Beginn von Ausgrenzung und Entrechtung Nach der Machtübernahme durch die Nationalsozialisten in Deutschland wurde aus der Propaganda brutale Politik. Betroffen waren davon alle Angehörigen von Minderheiten, vor allem aber die etwa 500 000 Menschen jüdischer Herkunft. Sofort leitete die Regierung Maßnahmen zu ihrer Ausgrenzung und Entrechtung ein. Schon im April 1933 rief sie zum Boykott* jüdischer Geschäfte auf. Bald folgten ein Berufsverbot für jüdische Rechtsanwälte, Journalisten, Ärzte, Künstler, Lehrerinnen und Lehrer sowie die Entlassung jüdischer Beamter.

„Nürnberger Rassengesetze" (1935) Eheschließungen zwischen „Ariern" und jüdischen Bürgerinnen und Bürgern sowie der außereheliche Geschlechtsverkehr zwischen ihnen wurden verboten. Diese Bestimmung galt auch für die Beziehungen zwischen Deutschen und Roma und Sinti oder schwarzen Menschen. Wer dieses Gesetz brach, kam ins Gefängnis.

„Arisierung" der Wirtschaft (ab 1937) Die jüdischen Besitzerinnen und Besitzer von Unternehmen und Geschäften wurden gezwungen, ihren Besitz weit unter dem tatsächlichen Wert an Deutsche zu verkaufen.

Planmäßige Verfolgung Ab 1938 mussten alle Jüdinnen und Juden ihrem offiziellen Namen die Vornamen Sara oder Israel hinzufügen. Im November desselben Jahres ordnete Joseph Goebbels ein Pogrom* an: SA-Banden zerstörten Synagogen, Geschäfte und Wohnhäuser der jüdischen Bevölkerung. Ab nun erfolgte die planmäßige Einweisung der Jüdinnen und Juden in Gettos oder Konzentrationslager. Darüber hinaus durften sie weder Kinos noch Theater oder Konzerte besuchen. Mit Kriegsbeginn verboten ihnen die nationalsozialistischen Machthaber eigentlich alles: Straßenbahn zu fahren, zu telefonieren, Radios zu besitzen, sich ohne Judenstern auf der Straße zu zeigen und vieles andere mehr.

Einweisung in Gettos Ab 1940 richtete die deutsche Besatzungsmacht in Polen und in den eroberten Ostgebieten* Gettos ein. Dort wurden etwa zwei Millionen Jüdinnen und Juden isoliert von der übrigen Bevölkerung zusammengesperrt: auf engstem Raum, unterernährt und unter katastrophalen hygienischen Bedingungen. In diese Gettos wurden ab 1941 auch Jüdinnen und Juden aus Österreich und dem Deutschen Reich gebracht. Für die meisten von ihnen war dies aber nur eine Zwischenstation in die mittlerweile errichteten Vernichtungslager.

Arbeite nach M1+M2+A2

Du bist dran

- Analysiere die Methoden der Nationalsozialisten, jüdische Menschen einzuschüchtern und zu verfolgen.
- Diskutiert, wie ihr euch fühlen würdet, wärt ihr von diesen Methoden betroffen. Was könntet ihr dagegen tun?

Die Judenvernichtung – der Holocaust (Shoah)

Die so genannte „Endlösung"   Mitten im Krieg, Anfang 1942, trafen sich hohe Funktionäre der Nationalsozialisten in Berlin zur so genannten Wannseekonferenz. Thema war die genaue Organisation der Vernichtung des gesamten europäischen Judentums. Die Durchführung des geplanten Völkermordes erhielt den verharmlosenden Namen „Endlösung". Dazu waren im besetzten Polen eigene Vernichtungslager mit Gaskammern und Verbrennungsöfen für die Leichen errichtet worden. Von nun an rollten täglich hunderte Viehwaggons aus dem Deutschen Reich und den besetzten Gebieten Europas dorthin. In den Waggons waren jüdische Frauen und Männer, Kinder und Alte. Für die meisten war es eine Fahrt ohne Rückkehr.

Holocaust – Shoah   Das griechische Wort holocauston bedeutete ursprünglich ein Brandopfer von Tieren. Holocaust ist die internationale Bezeichnung für die Vernichtung der europäischen Jüdinnen und Juden durch die Nationalsozialisten. In neuerer Zeit wird für diesen Völkermord der Begriff Shoah verwendet. Dieses hebräische Wort bedeutet großes Unheil, Katastrophe. Dem nationalsozialistischen Völkermord fielen etwa sechs Millionen europäische Jüdinnen und Juden zum Opfer.

Das Lager Auschwitz (bei Krakau)   Es war das größte Konzentrations- und Vernichtungslager der Nationalsozialisten. Wer dorthin kam und kräftig genug war, wurde zuerst einem Arbeitskommando zugeteilt und dort meist zu Tode geschunden. Schwache, Kranke und Schwangere tötete man sofort in Gaskammern. In Auschwitz fanden etwa eineinhalb Millionen Menschen (Jüdinnen und Juden, Roma und Sinti, viele Polinnen und Polen, russische Kriegsgefangene) den Tod. Die stärkste Opfergruppe bildeten Jüdinnen und Juden.

Kinder in Auschwitz nach der Befreiung (Foto, Jänner 1945)

Du bist dran   **Arbeite nach M1**

- Stelle mit Hilfe des Autorentextes und einer der zwölf Biografien aus Auschwitz die Lebensgeschichte einer oder eines jüdischen Jugendlichen im Nationalsozialismus dar. (https://www.bild.de/video/clip/auschwitz/die-kinder-von-auschwitz-39425512.bild.html)

Aus dem Wannsee-Protokoll

Q Unter entsprechender Leitung sollen im Zuge der Endlösung die Juden in geeigneter Weise im Osten zum Arbeitseinsatz kommen (…). Die arbeitsfähigen Juden (werden) straßenbauend in diese Gebiete geführt, wobei zweifellos ein Großteil durch natürliche Verminderung ausfallen wird. Der (…) Restbestand wird, da es sich bei diesem zweifellos um den widerstandsfähigsten Teil handelt, entsprechend behandelt werden müssen, da dieser (…) bei Freilassung als Keimzelle eines neuen jüdischen Aufbaues anzusprechen ist. (http://www.ns-archiv.de/ verfolgung/ wannsee/wannsee-konferenz.php)

Rede des SS-Führers Himmler* über die „Endlösung" (1943)

Q Wie ist es mit den Frauen und Kindern? – Ich habe mich entschlossen, auch hier eine ganz klare Lösung zu finden. Ich hielt mich nämlich nicht für berechtigt, die Männer auszurotten – sprich also umzubringen oder umbringen zu lassen – und die Rächer in Gestalt der Kinder für unsere Söhne und Enkel groß werden zu lassen. Es musste der schwere Entschluss gefasst werden, dieses Volk von der Erde verschwinden zu lassen. (In: Graml, Reichskristallnacht, 1988)

Du bist dran   **Arbeite nach M1**

- Arbeite aus den Texten heraus, wie die Nationalsozialisten den Völkermord an der jüdischen Bevölkerung organisierten.
- Schreibe in einem Tagebucheintrag auf, welche Gefühle die Rede Himmlers in dir auslöst. Siehe auch https://www.youtube.com/watch?v=fnXjk_D-tmgi

Schülerinnen und Schüler als Opfer des Nationalsozialismus

Brief einer Mutter an ein Gymnasium im 8. Wiener Bezirk vom 2. Mai 1938

Q Sehr geehrte Frau Direktor!
Wiewohl es uns unsagbar schwer fällt, muss ich Ihnen dennoch die Bitte unterbreiten, unsere Franzi morgen aus der Anstalt zu entlassen. Der Umbruch hat Zustände geschaffen, die mich zu diesem Entschluss zwingen. Ich kann nur sagen, dass wir sehr stolz und glücklich waren, weil unser Kind in einer so vorzüglichen, guten Schule lernen durfte, und wir hätten alle Opfer gebracht, um sie auch bei Ihnen maturieren zu lassen. Nun ist unser Traum zu Ende. Nachdem nun infolge der veränderten Verhältnisse nur mehr die letzten 2 Monate für den Schulbesuch in Betracht kommen, wir aber das Kind dringend zuhause brauchen, bitte ich höflichst um Ausschulung und Erteilung des Abgangszeugnisses. Durch die mehr als prekären finanziellen Verhältnisse konnten wir doch nie das volle Schulgeld entrichten – und als jüdisches Kind ist sie ja auch von einer Matura ausgeschlossen, und so müssen wir uns damit abfinden, Franzi etwas Praktisches lernen zu lassen; damit sie späterhin ihren Unterhalt sichern kann. (…) Wir dankten täglich Gott (…) in Dankbarkeit und Hochachtung Ihre Lola Baum
(Dokument aus Privatbesitz des Autors)

Kinder als Opfer Nach dem „Anschluss" 1938 änderte sich das Leben für die jüdische Bevölkerung in Österreich. Vor allem die Kinder und Jugendlichen wurden von der neuen politischen Situation und ihren Auswirkungen völlig überrascht.

Kurt, ein elfjähriger jüdischer Gymnasiast aus Wien, erinnert sich an den „Anschluss"

Q Am Montag kam ich in die Klasse und am Sonntag habe ich noch mit meinen Klassenkameraden oder Freunden auf der Gasse Fußball gespielt – und zwar Juden oder Nichtjuden, das war ja ganz egal. Und ich kam in die Klasse und es hat da so geknistert, es war … man hat gemerkt, irgendetwas kommt. Und wirklich um acht Uhr läutet es, unser Klassenvorstand – seinen Namen weiß ich nicht mehr – in SA-Uniform grüßte „Heil Hitler" und sein erster Satz war: „Juden heraustreten. Nehmt eure Schulsachen." Und wir wurden vom ersten Moment an von den nichtjüdischen Klassenkameraden getrennt. Wir sind in die Eselsbänke, in die rückwärtigen Bänke versetzt worden, und in Klassen, die nicht so stark waren wie unsere – also an Schüleranzahl – gab es zwischen den Judenbänken und den nichtjüdischen Bänken eine leere Bankreihe. Wir wurden vom ersten Moment an wie Aussätzige, wie Schwerstkranke behandelt. Es gab Strafen, es gab Schläge, es war nicht angenehm.
(Interview mit Kurt Rosenkranz, www.erinnern.at)

> **Du bist dran** **Arbeite nach M1**
> - Schildere den unterschiedlichen Alltag des elfjährigen Kurt vor und nach dem „Anschluss".
> - Recherchiere in der Schulchronik, ob auch an deiner Schule eine derartige Tafel angebracht werden sollte.

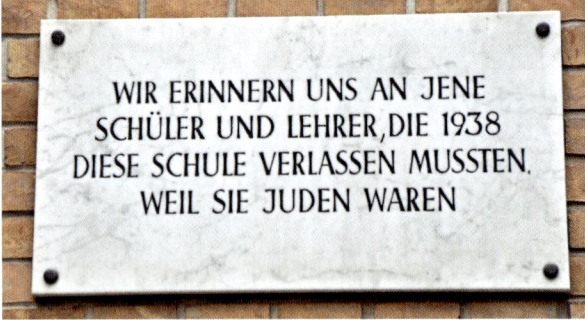

Gedenktafel am Akademischen Gymnasium in Wien (Foto 2018)

WIR ERINNERN UNS AN JENE SCHÜLER UND LEHRER, DIE 1938 DIESE SCHULE VERLASSEN MUSSTEN, WEIL SIE JUDEN WAREN

> **Du bist dran** **Arbeite nach M1**
> - Arbeite aus dem Brief der Mutter heraus, weshalb sie die Tochter von der Schule abmeldete und wie sie ihren Entschluss begründete.
> - Versetze dich in die Lage der Tochter. Schildere die Auswirkungen auf dein Leben in einem Brief an eine ehemalige Mitschülerin.

Volksschulklasse von Traudl Schmid: Die acht jüdischen Schülerinnen mussten in der eigenen Bankreihe bei der Tür sitzen (Foto, Privatbesitz, 1938)

Traudl, eine damals neunjährige protestantische Wiener Volksschülerin, berichtet

Q Die jüdischen Kinder sind plötzlich in einer eigenen Bankreihe gesessen. Wer das angeordnet hat, weiß ich nicht. Wir haben mit den Mädchen ganz normal weitergeredet, weil wir das alles gar nicht begriffen haben. Plötzlich waren sie weg. Aber kurz davor hat eine der Lehrerin erzählt, dass sie bald mit dem Schiff nach Australien fahren und sich davor fürchten würde. Die Lehrerin hat sie beruhigt und gemeint, die Schiffe seien so groß, da müsse man keine Angst haben. Etwas Politisches kam dabei nie zur Sprache. Die Hintergründe habe ich erst sehr viel später verstanden.
(Interview mit Traudl Schmid, 2018)

Du bist dran

Arbeite nach M1+M2

- Erkläre mit Hilfe der Seiten 38 bis 41, warum der zehnjährige Harry weinte, und aus welchen Gründen seine Eltern weinten.
- Beschreibe den Schulalltag von Kurt und Traudl. Stelle Gemeinsamkeiten und Unterschiede fest.
- Beschreibe, analysiere und interpretiere das Foto.

Ausgrenzung jüdischer Schülerinnen und Schüler In ganz Österreich wurde jüdischen Kindern und Jugendlichen der Besuch öffentlicher Schulen verboten. Alle Lehrerinnen und Lehrer mussten nach dem „Anschluss" Österreichs dem Nationalsozialistischen Lehrerbund beitreten.

Mitteilung des Stadtschulrates Linz an die Israelitische Kultusgemeinde 1938

Q Der Stadtschulrat Linz teilt Ihnen mit, dass in der Altstadt eine Schule für ca. 20 Kinder jüdischer Konfession und Rasse errichtet wurde. Die Schule besteht aus zwei Klassen und der Unterricht ist von 13 bis 17 Uhr festgesetzt worden. Sie werden hiemit beauftragt, die Kosten für die Erhaltung der Schule und die Besoldung der beiden an ihr bestellten Lehrkräfte aus ihren Mitteln zu tragen.
(AStL, 23.5.1938, in: http://david.juden.at)

NS-Landesschulreferent Dr. Rudolf Lenk über das „neue nationalsozialistische Erziehungsziel" bei einer NS-Lehrertagung im Mai 1938

Q Das Erziehungsproblem unterliegt nicht mehr der Ansicht, der Meinung, der Diskussion, sondern ist erb- und blutgebundene Wahrheit (...)
Ziel ist der politisch geformte wirkliche Mensch der völkischen Gemeinschaft, der Volksgenosse. Ihr (der Jugend) Stolz sind Blut und Ehre. (...)
(LVBl. vom 27.5.1938, in: http://david.juden.at)

Harry, ein zehnjähriger jüdischer Wiener Gymnasiast, erinnert sich an den Anschluss

Q Ich weinte, weil mein neuer Atlas nun wertlos war – meine Eltern weinten auch, aus anderen Gründen. (In: Martin Krist, Vertreibungsschicksale)

Du bist dran

Arbeite nach M1

- Analysiere in „Mitteilung ..." die Rahmenbedingungen, unter denen die jüdischen Schülerinnen und Schüler in Linz unterrichtet werden sollen.
- Erläutere, wie sich darin die Diskriminierung der jüdischen Bevölkerung äußert.
- Vergleiche anhand von „NS-Landesschulreferent ..." die Grundlagen nationalsozialistischer Erziehung mit heutigen Vorstellungen von Erziehung.

Täterinnen, Täter, Mitläuferinnen, Mitläufer

„Flüsterwitze"

Q Das Erzählen der unten wiedergegebenen Witze kostete einen zu Kriegsbeginn die Freiheit, ab der Niederlage in Stalingrad sogar das Leben.

- Hitler, Himmler, Göring und Goebbels sitzen im Luftschutzbunker. Ein Volltreffer. Wer ist gerettet? Das deutsche Volk.

- Treffen sich ein Internist und ein Psychiater. Der Psychiater grüßt: „Heil Hitler!" Darauf der Internist: „Heil Du ihn! Du bist doch der Irrenarzt!"

- Die Zähne werden in Deutschland zukünftig durch die Nase gezogen, weil niemand mehr den Mund aufmachen darf.

- Wie sieht der ideale Deutsche aus? Blond wie Hitler, groß wie Goebbels, schlank wie Göring und keusch wie Röhm*.

(https://www.oeh.univie. ac.at; http://www. tenhumbergreinhard.de)

Du bist dran — Arbeite nach M1

- Analysiere und interpretiere die Flüsterwitze.

Du bist dran — Arbeite nach M2

- Zwei Zuschauer der „Reibpartie" diskutieren, ob und wie sie hier eingreifen und etwas verhindern können. Schreibe das Gespräch auf.

Terrorsystem, Polizei- und Spitzelstaat Wer es wagte, an der nationalsozialistischen Herrschaft Kritik zu üben, musste mit Verfolgung im Polizei- und Spitzelstaat rechnen. Die „SA", die HJ und die „Gestapo" hatten überall ihre Spitzel. Selbst in der eigenen Familie mussten Menschen sich vor begeisterten Nationalsozialisten hüten. Eine abfällige Bemerkung am Arbeitsplatz oder in der Öffentlichkeit über das Regime konnte zur Verhaftung führen. Richterliche Haftbefehle oder ordentliche Gerichtsprozesse waren dafür nicht mehr erforderlich. Der Verhaftung folgten immer Verhöre durch die „Gestapo", die meist mit Misshandlungen verbunden waren. In sehr vielen Fällen erfolgte dann die Verhängung der „Schutzhaft"* und schließlich die Einweisung in ein Konzentrationslager (KZ).

„Reibpartie" Jüdische Bürgerinnen und Bürger werden gezwungen, die Straßen zu waschen. Teile der Bevölkerung stehen dabei und sehen zu. Diese spezielle Form der Demütigung nannte man die „Reibpartie". (Foto, Wien, März 1938)

Die „Hexe von Buchenwald" Ilse Koch war die Frau des Kommandanten des KZ Buchenwald, Karl Koch. Sie wusste von den Verbrechen, die dort geschahen. Häftlinge, die bei ihr Hausarbeiten verrichten mussten, behandelte sie besonders geringschätzig und brutal. Bereits während des Krieges wurden ihr Mann und sie von den Nationalsozialisten wegen Bestechung, Mord und Hehlerei angeklagt. Sie wurde mangels Beweisen freigesprochen, ihr Mann aber hingerichtet. Er hatte sich am Eigentum der KZ-Insassinnen und -Insassen, das in Staatseigentum übergehen sollte, bereichert. 1947 wurde Ilse Koch als einzige Frau im Buchenwald-Prozess als Kriegsverbrecherin angeklagt und zu lebenslanger Haft verurteilt. 20 Jahre später beging sie in ihrer Zelle Selbstmord.

Du bist dran — Arbeite nach M5

- Auf Youtube findest du die mdr-Dokumentation „Die Hexe von Buchenwald" aus dem Jahr 2015. Analysiere und interpretiere die folgenden Ausschnitte: Minuten 5:15 bis 8:10 und 11:15 bis 13:25.

Menschen mit Behinderungen   „Euthanasie" (griech. gut, Tod) war die Bezeichnung der Nationalsozialisten für die Ermordung von Menschen mit Behinderungen und psychisch Kranker, deren Leben sie als „unwert" erachteten. Dieses Programm wurde jedoch wegen des zunehmenden Widerstandes auch von eigenen Parteimitgliedern abgebrochen.

Heinrich Gross   Er war Arzt in der Wiener Jugendfürsorgeanstalt Am Spiegelgrund. Dort wurden Experimente an Kindern mit körperlichen und geistigen Beeinträchtigungen durchgeführt, die die Kinder oft nicht überlebten. Gross legte eine Sammlung von präparierten Gehirnen an. Er nutzte diese nach dem Krieg für seine Forschung und zum Aufbau seiner Karriere. Außerdem war er als Gerichtspsychiater tätig. Doch 30 Jahre nach Kriegsende erkannte ihn der Spiegelgrund-Überlebende Friedrich Zawrel wieder und ging damit an die Öffentlichkeit. Gross leugnete und klagte wegen übler Nachrede. Obwohl ein Gericht seine Beteiligung an den „Euthanasie"-Morden feststellte, kam es nie zu einer Mordanklage. Totschlag aber war bereits verjährt. Beweise, die für eine Mordanklage gereicht hätten, tauchten aus russischen Archiven erst 2005 auf. Im selben Jahr aber starb Gross im Alter von 90 Jahren.

Entnazifizierung   Ab Juli 1945 setzten die Alliierten eine Politik um, die darauf abzielte, die deutsche und österreichische Gesellschaft, Politik, Justiz, Wirtschaft, Presse und Kultur von allen Einflüssen des Nationalsozialismus zu befreien. Die Symbole und Organisationen des NS-Staates wurden schnell verboten. Nun versuchten viele Menschen in Deutschland und Österreich, sich als schuldlos oder als Mitläuferin oder Mitläufer darzustellen. 1946 wurde nach langen Verhandlungen mit den alliierten Mächten das Nationalsozialistengesetz für Österreich verabschiedet. Damit sollten die Täterinnen und Täter für ihre Verbrechen zur Verantwortung gezogen werden. Man unterschied dabei zwischen so genannten Belasteten, Minderbelasteten und Nicht Belasteten. Minderbelastete waren ab 1949 wieder wahlberechtigt.

Tötungsanstalt Hartheim

Hier wurden zunächst Menschen mit körperlichen und geistigen Behinderungen in Gaskammern ermordet. 30 000 Menschen sind der Anstaltsstatistik zufolge dort umgekommen. Einer der beiden leitenden Ärzte beging 1945 mit seiner gesamten Familie Selbstmord. Dem anderen gelang es zunächst unterzutauchen, er wurde jedoch 1961 verhaftet. Der Prozess gegen ihn wurde 1970 wegen seines angeblich schlechten Gesundheitszustandes endgültig eingestellt. Er starb 1997, in einem Interview vor seinem Tod zeigte er keine Reue.

Du bist dran    Arbeite nach M1+A2

- Die Nationalsozialisten sprachen bei Menschen mit körperlichen und geistigen Behinderungen von „unwertem Leben". Nimm dazu Stellung.
- Beurteile den hier geschilderten Umgang mit Täterinnen und Tätern.
- Diskutiert, ob es für die Justiz Alternativen zu diesem Vorgehen gegeben hätte.

Hartmut Dühr über seine Rolle als Mitläufer (1987)

Q (…) um das Jahr 1947 herum gab es keinen Titel, der so erwünscht, ja ersehnt war wie der des Mitläufers. Wenn man die 133 Fragen des berüchtigten „Fragebogens" zur Entnazifizierung erfolgreich beantwortet hatte, bekam man das „Diplom" im schriftlichen Verfahren – gegen Entrichtung einer Gebühr, versteht sich. (…) Hatte man den Bescheid, nur Mitläufer gewesen zu sein, ließ man das Papier schnell in der Brieftasche verschwinden. Man sprach nicht darüber. Ich auch nicht.
(In: H. Dühr, Ergebung ohne Widerstand, 1987)

Du bist dran   Arbeite nach M1+A2

- Arbeite aus der Darstellung heraus, welche widersprüchlichen Gefühle Inge Thiele dem Nationalsozialismus gegenüber empfindet.
- Definiere mit Hilfe der beiden Texte den Begriff Mitläufer.
- Diskutiert die Aussage: „Mitläufer zu sein ist leichter als zu der einen oder der anderen Seite zu gehören."

Inge Thiele (1933)

D „Das ganze Abseitssteh'n, die Reserviertheit, ich will es nicht mehr", notierte die junge Gärtnerin Inge Thiele im Herbst 1933. Als sie gemeinsam mit ihrem Chef und dessen Familie eine Hitler-Rede im Radio hörte, jubelte sie denn auch begeistert mit. „Und ich, so schnell ich begeistert bin, so schnell kühle ich ab. Warum kommen mir immer nur wieder Zweifel? Warum kann ich nicht rückhaltlos glauben?"
(In: J. Steuwer, Ein Drittes Reich, wie ich es auffasse, 2017)

Völkermord

Arbeite nach M1

Du bist dran

- Erläutere die Definition zu Völkermord am Beispiel der jüdischen Bevölkerung in der NS-Zeit (S. 36 ff.).
- Ordne die dort geschilderten Verbrechen den einzelnen Punkten unten zu.

Definition des Begriffes „Völkermord" (laut UN-Konvention, 1948)

Q Man versteht darunter die an einer nationalen, ethnischen, rassischen oder religiösen Gruppe begangenen Handlungen:
a) Tötung von Mitgliedern;
b) Verursachung von schwerem körperlichem oder seelischem Schaden;
c) vorsätzliche Auferlegung von Lebensbedingungen, die geeignet sind, ihre körperliche Zerstörung ganz oder teilweise herbeizuführen.
d) Verhängung von Maßnahmen, die auf die Geburtenverhinderung gerichtet sind;
e) gewaltsame Überführung von Kindern der Gruppe in eine andere Gruppe.
Diese Handlungen müssen in der Absicht begangen werden, die Gruppe als solche ganz oder teilweise zu zerstören.
(https://www.voelkermord-konvention.de/voelkermord-eine-definition-9158/, gekürzt)

Du bist dran

- Arbeite aus der Doppelseite mögliche gesellschaftliche Folgen von Genoziden heraus.

Was ist Völkermord?   Bereits aus der Antike sind Völkermorde, auch Genozide* genannt, belegbar. Doch erst ab dem späten 19. Jh. führten ausgeprägter Rassismus und autoritäre Herrschaftsformen dazu, dass es zu unfassbaren Grausamkeiten gegenüber Angehörigen als „minderwertig" angesehener Völker kam (siehe Zeitbilder 3, S. 44).

Genozid am armenischen Volk   Das christliche Volk der Armenier lebte in Ostanatolien. Die türkische Mehrheitsgesellschaft war muslimisch. Während des Ersten Weltkrieges ließ die türkische Regierung Armenie-rinnen und Armenier deportieren*. Viele dieser Deportationszüge wurden angegriffen oder in abgelegene Gebiete geschickt. Dabei starben nach Schätzungen bis zu eineinhalb Millionen Menschen durch Waffengewalt oder Erschöpfung. Bis heute weigert sich die türkische Regierung, dieses Vorgehen gegen das armenische Volk als Völkermord anzuerkennen.

DAS TOTSCHLAG-ARGUMENT DER DRESDNER SINFONIKER

Konzertprojekt Aghet, ein Versöhnungsprojekt der Dresdner Sinfoniker zur Erinnerung an den Genozid an den Armenierinnen und Armeniern vor 100 Jahren. Die Türkei protestierte bei der EU-Kommission gegen die EU-Förderung für das Projekt. Für die Musikerinnen und Musiker stellte dies einen Angriff auf die Meinungsfreiheit dar. (Karikatur, Schwarwel, 24.4.2016)

Arbeite nach M1+M2

Du bist dran

- Prüfe, welche Aussage des Autorentextes in der Karikatur illustriert wird.
- Analysiere, wie der Zeichner seine Kritik darstellt.

Genozid am ukrainischen Volk   Die sowjetische Führung verordnete 1932/33 eine Zwangskollektivierung der landwirtschaftlichen Betriebe (S. 27). Ernteerträge wurden für den Export beschlagnahmt. Das führte zum so genannten Holodomor (= ukrain. Tod durch Hunger). Die Zahl der Todesopfer wird auf mindestens drei Millionen geschätzt. Es ist umstritten, ob es ein Planungsfehler war oder absichtliche Bestrafung der Ukrainerinnen und Ukrainer, die nach Unabhängigkeit strebten.

Shoah/Holocaust   Diese Begriffe stehen die Ermordung von Millionen Jüdinnen und Juden durch die Nationalsozialisten.

Genozid an Roma und Sinti In der Zeit des Nationalsozialismus wurden Sinti und Roma schrittweise entrechtet, ihrer Lebensgrundlage beraubt, teilweise zwangssterilisiert und in Vernichtungslager deportiert. Viele Roma und Sinti fielen grausamen medizinischen Experimenten, Zwangsarbeit und unmenschlichen Haftbedingungen zum Opfer. Nach Schätzungen kamen etwa 500 000 Roma und Sinti ums Leben. Ziel war die vollständige Vernichtung.

Genozid an den Tutsi in Ruanda Innerhalb von drei Monaten töteten 1994 radikale Angehörige der Hutu-Mehrheitsbevölkerung aus Armee, Gendarmerie und Zivilisten ca. eine Million Tutsi und auch Hutu, die sich an diesem Völkermord nicht beteiligen wollten oder gegen ihn auftraten. Hutu und Tutsi gehören zur selben Volksgruppe und gleichen sich in Sprache und Kultur, doch hatten die Tutsi einen höheren sozialen Status. UN-Friedenstruppen waren zwar in Ruanda stationiert, griffen aber nicht ein. Der Internationale Strafgerichtshof für Ruanda erhob Anklage.

Genozid an Bosniaken 1995 töteten in Srebrenica Angehörige der serbischen Armee, Polizei und Milizen unter Ratko Mladić 8000 muslimische bosnische Männer und Buben und verscharrten sie in Massengräbern. Bis heute wird diskutiert, warum die in der Schutzzone anwesenden UN-Soldaten nicht eingriffen: Hatten sie Kenntnis von dem Massaker? Hätten sie einschreiten können? Die Hauptverantwortlichen für das Massaker wurden vom UN-Kriegsverbrechertribunal in Den Haag, dem Internationalen Strafgerichtshof für das ehemalige Jugoslawien, zu jahrzehntelangen bis lebenslänglichen Haftstrafen verurteilt.

Gedenkstätte Potocari bei Srebrenica an die Opfer des Massaker in Srebrenica vom 11. Juli 1995 (Foto, Valdrin Xhemaj, 11.7.2015)

Genozid an den Jesidinnen und Jesiden Diese Volksgruppe wird meist zu den Kurden gerechnet. Ihre monotheistische Religion beruht nicht auf der Heiligen Schrift, ähnelt aber Elementen aus anderen Religionen. 2014 überfiel die Terrormiliz IS (Islamischer Staat) das Hauptsiedlungsgebiet der Jesidinnen und Jesiden im Nordirak. Sie ermordete über 5000 Männer und Buben und entführte über 7000 Frauen und Kinder. Viele mussten zum Islam konvertieren. 400 000 flohen mit Hilfe kurdischer Milizen in die Berge und hofften auf Hilfe.

Das Sintimädchen Sintezza Settela Steinbach beim Abtransport nach Auschwitz: In der Nacht von 2. auf 3. August wurde sie mit ihrer Mutter und neun Geschwistern in der Gaskammer ermordet. (Foto 19. Mai 1944)

Arbeite nach M1+M2

Du bist dran

- Arbeite mit Hilfe der UN-Konvention heraus, warum das geschilderte Vorgehen gegen Roma und Sinti als Völkermord zu beurteilen ist.
- Versetze dich in die Lage des Mädchens Settela und erzähle ihre Geschichte.

Der Internationale Strafgerichtshof

Dieser untersteht dem Sicherheitsrat der Vereinten Nationen, ist aber keine UN-Einrichtung. Er wird gegen Einzelpersonen bei Kriegsverbrechen, Völkermord und Verbrechen gegen die Menschlichkeit (= systematische Angriffe auf die Zivilbevölkerung) tätig. Tribunale (= nach Bedarf eingerichtete Sondergerichtshöfe) verfolgen Verbrechen, die während kriegerischer Auseinandersetzungen oder als anerkannter Genozid begangen wurden.

Arbeite nach M2

Du bist dran

- Analysiere anhand des Fotos der Gedenkstätte, wie das Thema Gedenken hier umgesetzt wurde.

Holocaust/Shoah, Genozid und Menschenrechte

Auf einen Blick

- **Rassismus und Fremdenfeindlichkeit** Die im 19. Jh. entstandene und wissenschaftlich nicht haltbare „Rassenlehre" schrieb verschiedenen Menschengruppen bestimmte positive und negative Eigenschaften zu und unterschied „höhere" und „niedere" Rassen. Daraus leiteten die europäischen Mächte das Recht zur Kolonisation ab. Das NS-Regime begründete so den Genozid an der jüdischen Bevölkerung. Rassisten glauben an ihre eigene Höherwertigkeit. Fremdenfeindlichkeit ist eine Folge von Rassismus und zeigt sich bis heute im Alltagsleben.

- **Roma und Sinti** Jahrhundertelang warfen viele Menschen in Europa ihnen ihre nomadische Lebensweise vor und bezichtigten sie der Faulheit und des kriminelles Verhaltens. Das machte sie zu Außenseitern und zu Opfern in der NS-Zeit. Erst seit 1993 sind die Roma in Österreich als eigene Volksgruppe mit Minderheitenrechten anerkannt.

- **Antisemitismus** Hass oder Feindschaft gegenüber jüdischen Menschen nennt man Antisemitismus. Er kann religiöse, wirtschaftliche oder auch rassistische Gründe haben.

- **Holocaust/Shoah** Ab 1933 wurden im national-sozialistischen Deutschland jüdische Geschäfte boykottiert, es gab Berufsverbote für jüdische Menschen, die „Nürnberger Rassengesetze" verboten Mischehen, jüdischer Besitz wurde „zwangsarisiert". Jüdische Bürgerinnen und Bürger wurden vom öffentlichen Leben ausgeschlossen und hatten keinen staatlichen Schutz mehr. Das NS-Regime errichtete Gettos und Konzentrationslager für die Vernichtung der europäischen Jüdinnen und Juden. In Auschwitz, dem größten Konzentrationslager, wurden etwa eineinhalb Millionen Menschen (Jüdinnen und Juden, Roma und Sinti, Zeugen Jehovas, Polinnen und Polen, russische Kriegsgefangene) ermordet.

- **Entnazifizierung** Die alliierten Mächte verboten nach dem Ende des Zweiten Weltkrieges umgehend alle Symbole und Organisationen des NS-Staates. Menschen, die an den Gräueltaten des NS-Regimes beteiligt waren, wurden zur Verantwortung gezogen.

- **Völkermord** Völkermorde sind seit der Antike belegt. Im 20. und 21. Jahrhundert kam es zu Genoziden am armenischen Volk durch die türkische Mehrheitsbevölkerung, an Ukrainerinnen und Ukrainern durch die sowjetische Regierung („Holodomor"), am jüdischen Volk und an Roma und Sinti während der NS-Zeit, an den Tutsi in Ruanda durch die Mehrheitsbevölkerung der Hutu, an Bosniaken durch die serbische Armee und durch serbische Milizen und an Jesidinnen und Jesiden durch den Islamischen Staat.

Wir trainieren Kompetenzen

Ankunft ungarischer Jüdinnen und Juden in Auschwitz-Birkenau im Sommer 1944 am Bahnhof des Lagers. Hier erfolgte bereits die „Selektion" (= Einteilung in arbeitsfähig oder nicht), die über Leben und Tod entschied. (Foto 1944)

1. Arbeitsauftrag: Wähle eine Person aus dem Foto aus und gib ihr eine Identität. Wie heißt sie? Wie alt ist sie? Woher kommt sie? Was macht sie gerne? Was geschieht mit ihr? Welche Gedanken hat sie? Stelle deine Person der Klasse vor.

Josef Sackar wurde als jüdischer Häftling gezwungen, jüdische Frauen, Kinder und Männer in die Gaskammern zu führen. Er berichtete:

Q Ich traf am 14. April 1944 in Auschwitz ein. (…)
An den ersten Tag beim Sonderkommando erinnere ich mich gut. Man brachte uns hinter das letzte Krematoriumsgebäude, wo ich das fürchterlichste Grauen in meinem Leben sah. An dem Abend war ein kleiner Transport angekommen. Wir mussten nicht arbeiten, wir wurden nur dahin gebracht, damit wir uns an den Anblick gewöhnten. Dort gab es Gruben, um die Leichen zu verbrennen. Von den Gaskammern brachte man die zu diesen Gruben, warf sie hinein und verbrannte sie. (…)
Sobald ein Transport eintraf, waren wir (das Sonderkommando) für die ankommenden Menschen verantwortlich. Wir mussten ihnen auf Befehl der Deutschen sagen, sie sollten sich ausziehen und in die Duschen gehen. Neben dem Entkleidungsraum war die Gaskammer, die wie ein Duschraum aussah. Nachdem sich die Menschen ausgezogen hatten und in die Duschen gegangen waren, wurden sie vergast. Oft habe ich geweint, nicht nur einmal, während der Arbeit, nur ohne Tränen. Seit damals habe ich keine Tränen mehr. Dort weinten wir tränenlos.
(In: G. Greif, Wir weinten tränenlos … Augenzeugenberichte des jüdischen „Sonderkommandos" in Auschwitz, 1999)

2. Arbeitsauftrag: Arbeite aus dem Quellentext heraus, was die Aufgabe eines Sonderkommandos war.

3. Arbeitsauftrag: Josef Sackar gehört zu den wenigen Überlebenden von Auschwitz. Erzähle, wie die Eindrücke aus dieser Zeit sein Leben danach veränderten haben könnten.

Wie „Geschichte" erinnert wird

Massendemonstration vor dem österreichischen Parlament in Wien anlässlich der Ausrufung der Republik Deutschösterreich (Foto, anonym, 12.11.1918)

Die Ausrufung der Republik vor dem Parlament am 12. November 1918 (Gemälde von Rudolf Konopa (1864–1936), 1918)

Du bist dran

Arbeite nach M2+A1

- Vergleiche das Foto und das Gemälde. Stelle Gemeinsamkeiten und Unterschiede fest.
- Recherchiere die Ereignisse dieses Tages. Arbeite heraus, wie Konopa diese in seinem Gemälde umsetzte.

Abriss des Lenindenkmals Schon ein Jahr nach der Wiedervereinigung Deutschlands wurde im November 1991 in Ostberlin ein 19 Meter hohes Lenindenkmal abgerissen. Der 3,5 Tonnen schwere Kopf und 128 übrige Teile wurden danach in einer Sandgrube vergraben. (Foto 1991)

Private und öffentliche Gedenktage und -jahre

Kultur der Erinnerung Wir alle kennen Tage, an denen wir uns an bestimmte Ereignisse oder Personen erinnern. Dies können positive Anlässe wie Geburtstage, Hochzeiten oder Abschlussfeiern sein, aber auch traurige Vorkommnisse wie Todesfälle oder Katastrophen. In der öffentlichen Erinnerung gibt es ebenfalls solche Gedenktage. Diese erinnern meist an die Wiederkehr eines folgenreichen Ereignisses (zB eines Krieges, einer Revolution, politischer Umstürze, staatlicher Unabhängigkeit, …). Einige Gedenktage wurden offizielle nationale Feiertage. Jahre, in denen sich bedeutende geschichtliche Ereignisse jähren, werden zu Gedenkjahren. Ein Beispiel dafür sind in Österreich die Jahre 1848, 1918, 1938, 1968 und 1978 und die Jahre 1945, 1955 und 1995.

Denkmäler als Erinnerungszeichen Der Wunsch nach Gedenken gehört offensichtlich zur Geschichte der Menschheit. Schon in der Antike erbauten die Menschen spektakuläre Erinnerungszeichen. Auch in Österreich wurden über Jahrhunderte für Persönlichkeiten aus Politik, Kunst, Wissenschaft oder Militär Denkmäler errichtet. Erinnerung bewahrt nicht nur Vergangenes, sondern zeigt auch den gegenwärtigen Umgang damit.

Wer bestimmt, was und an wen erinnert wird? Die Bewertung historischer Ereignisse und Personen unterscheidet sich oft von Mensch zu Mensch. Wie wir Erinnerungspflege betreiben, welche Denkmäler enthüllt und welche Jubiläen gefeiert werden, sagt aber viel über unsere Gesellschaft und unsere Kultur aus. Damit wird zum Ausdruck gebracht, welche Werte und Ideen einer Gemeinschaft, einer Volksgruppe, einem Staat wichtig sind. Die Bewertung historischer Ereignisse ist aber ebenso abhängig von der jeweiligen Zeit, in der an sie erinnert wird. Auswahl und Bewertung der öffentlichen Erinnerungskultur hängen immer von den jeweiligen politischen Verhältnissen ab. So können sich Erinnerungskulturen im Laufe der Zeit zum Teil erheblich wandeln. Dies lässt sich an den Denkmälern (linkes Bild) und der Erinnerungskultur in Österreich nach 1945 aufzeigen (S. 50 – 53).

Du bist dran

Arbeite nach M1+A2

- Überprüfe den Zusammenhang zwischen dem Autorentext und dem Foto mit dem Abriss des Lenindenkmals in Berlin.

Geschichte wird genutzt

Der deutsche Historiker Bodo von Borries (2013)

 Geschichte ist nie zweckfrei, nie neutral. Sie erklärt immer – durch Erzählung über angeblich relevante (= wichtige) Geschehnisse und Wandlungen in der Vergangenheit – die Gegenwart und eröffnet dadurch Zukunft. Dieser Mechanismus schließt ein, dass der Geschichtsschreiber, ob er will oder nicht, (…) eine Absicht und ein Interesse verfolgt, eine Position und Perspektive einnimmt, eine (…) Orientierung für die Gegenwart bietet.
(http://www.bpb.de)

Du bist dran   Arbeite nach M1+A2

- Erkläre die Aussage des Historikers von Borries.
- Diskutiert die Aussage: „Geschichte ist nie zweckfrei, nie neutral."

Habsburgermythos   Der Habsburgermythos steht für eine Sehnsucht nach einer glorifizierten Vergangenheit. Besonders nach dem Zweiten Weltkrieg wurde die österreichische Geschichte absichtlich verkitscht, um eine neue Identität zu schaffen. Dazu haben vor allem der Tourismus und die Filmindustrie beigetragen. Bis heute populär sind die in den 1950-er Jahren entstandenen Sissi-Filme. Sie zeigten das Kaiserpaar in einer romantisch verklärten Liebesbeziehung. Diese Darstellung entspricht in keiner Weise den beiden historischen Persönlichkeiten.

Geschichte als Geschäft   Der Tourismus nützt die Geschichte der Habsburger (Imperial Austria) und auch ihren Mythos erfolgreich zur Vermarktung Österreichs. Zur Kulturnation Österreich gehört vor allem auch die Musik mit ihrer Geschichte. Mozart für die Klassik und Strauß für den Walzer sind weltweit Aushängeschilder, mit denen für Österreich Werbung gemacht wird.

Du bist dran   Arbeite nach M1+M2

- Arbeite die wesentlichen Aussagen aus den beiden kurzen Zitaten von Kaiserin Elisabeth heraus.
- Beschreibe den Szenenausschnitt.
- Überprüfe mit Hilfe der beiden Zitate die historische Richtigkeit der Filmdarstellung.
- Erörtere, inwieweit die Zitate und der Film den Habsburgermythos widerspiegeln.

Kaiserin Elisabeth über die Ehe:

 Ich bin erwacht in einem Kerker, und Fesseln sind an meiner Hand. Und meine Sehnsucht immer stärker. Und Freiheit! Du mir abgewandt!
(In: Elisabeth von Österreich, Das poetische Tagebuch, 8. Mai 1854)

Q Die Ehe ist eine widersinnige Einrichtung. Als fünfzehnjähriges Kind wird man verkauft und tut einen Schwur, den man nicht versteht und dann 30 Jahre oder länger bereut und nicht mehr lösen kann.
(In: B. Hamann, Elisabeth. Kaiserin wider Willen, 1981)

Der dreiteilige Sissi-Film aus den 1950-er Jahren mit Karlheinz Böhm als Kaiser Franz Joseph und Romy Schneider als Kaiserin Elisabeth trug viel zum so genannten Habsburgermythos bei. (Szenenbild aus „Sissi – Die junge Kaiserin", Regie: Ernst Marischka, Österreich 1956)

Du bist dran   Arbeite nach M1

- Gestaltet in Kleingruppen ein Werbeplakat, auf dem ihr mit der Geschichte eurer Gemeinde/ eures Bezirks/ eures Bundeslandes Touristinnen und Touristen ansprechen wollt.
- Diese Doppelseite ist eine Darstellung zum Thema Geschichtskultur. Arbeite die Fragen heraus, die darin beantwortet werden.

Österreich und seine NS-Vergangenheit

In Nürnberg und anderswo

„Er hat mir's doch befohlen!"

Karikatur (Neues Österreich, 20. Juli 1946)

Von der Opfertheorie ...

Moskauer Deklaration (1943)

Q Die Regierungen des Vereinigten Königreiches, der Sowjetunion und der Vereinigten Staaten von Amerika sind darin einer Meinung, dass Österreich, das erste freie Land, das der Angriffspolitik Hitlers zum Opfer fallen sollte, von deutscher Herrschaft befreit werden soll. (...) Sie erklären, dass sie ein freies, unabhängiges Österreich wieder errichtet zu sehen wünschen. (...) Österreich wird aber erinnert, dass es für die Teilnahme am Krieg an der Seite Hitler-Deutschlands eine Verantwortung trägt (...) und dass anlässlich der endgültigen Abrechnung Bedachtnahme darauf, wie viel es selbst zu seiner Befreiung beigetragen haben wird, unvermeidlich sein wird.
(Moskauer Deklaration, Übersetzung des Autors)

Aus der Unabhängigkeitserklärung vom 27. April 1945

Q (...) angesichts der Tatsache, dass die nationalsozialistische Reichsregierung Adolf Hitlers kraft dieser (...) Annexion des Landes das macht- und willenlos gemachte Volk Österreichs in einen sinn- und aussichtslosen Eroberungskrieg geführt hat, den kein Österreicher jemals gewollt hat (...), zur Bekriegung von Völkern, gegen die kein wahrer Österreicher jemals Gefühle der Feindschaft oder des Hasses gehegt hat, (...) erlassen die unterzeichneten Vertreter aller antifaschistischen Parteien Österreichs ausnahmslos die nachstehende Unabhängigkeitserklärung. (...)
(https://www.ris.bka.gv.at/Dokumente/BgblPdf/1945_1_0/1945_1_0.pdf)

Die Opfertheorie Darunter versteht man eine in Österreich nach dem Zweiten Weltkrieg weit verbreitete Meinung. Sie besagt, dass Österreich und seine Bevölkerung 1938 mit militärischer Gewalt in die deutsche NS-Herrschaft eingegliedert wurden. Nach dieser Theorie war Österreich ein Opfer der nationalsozialistischen Angriffspolitik. Auch habe das österreichische Volk unter der grausamen NS-Diktatur gelitten. Außerdem hätten viele Österreicher und Österreicherinnen Widerstand geleistet. Dieser Widerstand habe entscheidend mitgeholfen, die NS-Herrschaft zu beenden. Verschwiegen wurde bei dieser Geschichtsdarstellung, wie viele Österreicherinnen und Österreicher aktiv die nationalsozialistische Herrschaft unterstützt oder sich aktiv am Krieg und an Kriegsverbrechen beteiligt hatten.

... zur Anerkennung der Mitverantwortung

Der Fall Waldheim Österreichs Nachkriegsregierungen hielten lange an dieser Opfertheorie fest. Auch Bundespräsident Kurt Waldheim (1986–1992) lehnte jede Verantwortung für seinen Dienst als Offizier in der Deutschen Wehrmacht mit den Worten ab: „Ich habe im Krieg nichts

„Du bist schuld, wenn i später amal Schwierigkeiten krieg, du saublödes Viech!"
(Karikatur, Manfred Deix, 1986)

Kurt Waldheim über seine Mitgliedschaft beim NS-Reiterkorps, Juni 1986:

Ich wollte die Optik wahren. Ein paarmal mitzureiten schien mir kein Malheur, schien mir sogar nützlich.

Fred Sinowatz, damaliger Bundeskanzler, über Waldheim im Juni 1986:

Nehmen wir also zur Kenntnis, dass nicht Waldheim bei der SA war, sondern nur sein Pferd.
(In: Die Presse", 24.10.2014)

Der damalige Bundeskanzler Franz Vranitzky erklärte 1991:

Q Es ist unbestritten, dass Österreich im März 1938 Opfer einer militärischen Aggression mit furchtbaren Konsequenzen geworden war. (…) Dennoch haben auch viele Österreicher den Anschluss begrüßt, haben das national-sozialistische Regime gestützt. (…) Viele Österreicher waren an den Unterdrückungsmaßnahmen und Verfolgungen des Dritten Reichs beteiligt, zum Teil an prominenter Stelle. Über eine moralische Mitverantwortung für Taten unserer Bürger können wir uns auch heute nicht hinwegsetzen. (…) Wir bekennen uns zu allen Taten unserer Geschichte und zu den Taten aller Teile unseres Volkes, zu den guten wie zu den bösen; und so wie wir die guten für uns in Anspruch nehmen, haben wir uns für die bösen zu entschuldigen – bei den Überlebenden und bei den Nachkommen der Toten.
(Parlamentarisches Stenographisches Protokoll, S. 3282 f.)

anderes getan als hunderttausende andere Österreicher, nämlich, meine Pflicht als Soldat erfüllt!" Eine Historikerkommission stellte allerdings fest, dass Waldheim seine NS-Vergangenheit lückenhaft und teilweise verfälscht darstellte, Kriegsverbrechen konnte sie nicht beweisen.

Das Ende der offiziellen Opfertheorie   Der Fall Waldheim erregte nicht nur international Aufsehen. Er führte auch in Österreich zu vielen Diskussionen über die vermeintliche Opferrolle während der NS-Herrschaft. Im Jahr 1991 sprach erstmals ein österreichisches Regierungsmitglied, Bundeskanzler Franz Vranitzky*, offiziell über die Mitverantwortung der österreichischen Bevölkerung am Nationalsozialismus.

Entschädigung für Opfer   Im Jahr 2000 richtete die österreichische Bundesregierung für noch lebende Zwangsarbeiterinnen und Zwangsarbeiter aus dem Zweiten Weltkrieg einen Versöhnungs-fonds ein. Ein Jahr später folgte ein Entschädigungsfonds: Damit sollte die Rückgabe von enteignetem jüdischem Vermögen und eine bessere soziale Versorgung der noch lebenden Holocaust-Opfer ermöglicht werden.

Arbeite nach M2+M1

Du bist dran

- Beschreibe, analysiere und interpretiere die Karikatur.
- Erkläre, wie und weshalb der Karikaturist die Aussagen Waldheims umsetzt. Beziehe in deine Erklärung auch die Zitate von Kurt Waldheim und Fred Sinowatz mit ein.
- Arbeite die Aussagen heraus, mit denen Vranitzky der Opfertheorie widerspricht.
- Nimm Stellung zu diesen Aussagen.

Erinnern: Zweiter Weltkrieg und Holocaust

„Unseren Helden im Völkerkriege"
Schon 1921 wurde dieses Krieger-
denkmal am Ortsfriedhof St. Peter/
Graz errichtet. (Foto 2018)

Arbeite
nach M3

Du bist dran

- Beschreibe, untersuche und deute das Kriegerdenkmal.
- Ermittle, wo es in deiner näheren Umgebung Gräber/ Denkmäler für
  a) Soldaten des Zweiten Weltkrieges
  b) Gegnerinnen und Gegner oder Opfer der NS-Herrschaft gibt. Beschreibe und analysiere anschließend deren Aussehen.
- Formuliere die Fragen, die sich der Künstler für den Entwurf gestellt haben könnte.

Die Erinnerungskultur ändert sich

Die alten Gedächtnisorte   Nach dem Ersten und nach dem Zweiten Weltkrieg bildeten die Kriegerdenkmäler auf den Friedhöfen vieler österreichischer Gemeinden einen wichtigen Gedächtnisort. Die Bevölkerung gedachte dort der gefallenen Soldaten vielfach als Helden und Verteidiger der Heimat. Menschen, die aktiv gegen die NS-Herrschaft Widerstand geleistet hatten, bekamen dagegen nur wenig oder gar keine Anerkennung. Das traf besonders auf den militärischen Widerstand zu: Dieser wurde noch lange als Verletzung der Gehorsamspflicht und des Treueeids angesehen.

Bewusster Umgang mit der Vergangenheit   Das Bekenntnis von Bundeskanzler Franz Vranitzky zur Mitverantwortung war nachhaltig. Es führte in den nachfolgenden Jahren endlich zu Entschädigungszahlungen für noch lebende Opfer sowie zur Rückgabe von entwendetem NS-Raubgut, auch an Angehörige der NS-Opfer.

Neue Gedenkkultur   Parallel dazu änderte sich auch die Gedenkkultur. Besonders seit Beginn des 21. Jh. gibt es viele Gedenkveranstaltungen und Projekte, die an die Opfer des Nationalsozialismus und die Menschen im Widerstand erinnern. Breite Bevölkerungskreise, vor allem auch Schülerinnen und Schüler, nahmen bis heute daran teil.

Deserteursdenkmal
Erstmals in Österreich wurde 2014 – gegen den Widerstand von FPÖ und Österreichischem Kameradschaftsbund – in Wien ein so genanntes Deserteursdenkmal errichtet. Auf einem großen X steht die Inschrift „all alone". (Foto, Georg Hochmuth 2017)

Arbeite nach
A1+A2

Du bist dran

- Arbeite mit Hilfe der beiden Internetadressen die Entstehungsgeschichte und Aussage des Denkmals heraus (http://www.deserteursdenkmal.at/; http://www.erinnern.at/bundeslaender/oesterreich/e_bibliothek/gedenkstatten/faltblatt-zum-deserteursdenkmal-in-wien/Deutsch_Denkmal_WIEN_web.pdf).
- Diskutiert in der Klasse, ob und wann eurer Meinung nach eine Desertion* gerechtfertigt ist.

Gedenken an den Holocaust

Internationaler Tag des Gedenkens an die Opfer des Holocaust   Am 27. Jänner 1945 befreite die Rote Armee das Konzentrations- und Vernichtungslager Auschwitz-Birkenau. Am 27. Jänner 2005, dem 60. Jahrestag dieser Befreiung, forderte das Europäische Parlament, den 27. Jänner zukünftig in der gesamten Europäischen Union zum Europäischen Holocaustgedenktag zu erklären. Im selben Jahr beschloss auch die Generalversammlung der UNO den Internationalen Tag des Gedenkens an den Holocaust. Dieser Tag soll die Menschen aber nicht nur an den Holocaust und alle anderen Opfer des Nationalsozialismus erinnern. Er soll auch Auftrag sein, gegen Hass, Intoleranz, Ausgrenzung und jede Form von Rassismus aktiv aufzutreten.

Entschließung des Europäischen Parlaments zum Gedenken an den Holocaust sowie zu Antisemitismus und Rassismus, 27.1.2005

Q Das Europäische Parlament, (…) in der Erwägung, dass der 27. Januar 2005, der 60. Jahrestag der Befreiung des Todeslagers Auschwitz-Birkenau, das von Nazi-Deutschland eingerichtet wurde und in dem insgesamt bis zu 1,5 Millionen Juden, Roma, Polen, Russen und Gefangene verschiedener anderer Nationalitäten und Homosexuelle ermordet worden sind, für die europäischen Bürger nicht nur ein wichtiger Anlass ist, um des ungeheuren Schreckens und der Tragödie des Holocaust zu gedenken und sie zu verurteilen, sondern auch um das besorgniserregende Anwachsen des Antisemitismus und insbesondere antisemitischer Zwischenfälle in Europa anzusprechen und sich erneut bewusst zu machen, wie gefährlich es ist, wenn Menschen aufgrund von Rasse, ethnischer Herkunft, Religion, sozialer Zuordnung sowie politischer oder sexueller Ausrichtung unterdrückt und gequält werden, in der Erwägung, dass Europa seine Geschichte nicht vergessen darf, nämlich dass die von den Nationalsozialisten errichteten Konzentrations- und Vernichtungslager zu den abscheulichsten und schmerzlichsten Seiten der Geschichte unseres Kontinents gehören; in der Erwägung, dass die in Auschwitz begangenen Verbrechen im Gedächtnis künftiger Generationen weiterleben müssen, als Warnung vor einem solchen Völkermord, der seine Wurzeln in der Verachtung anderer Menschen, in Hass, Antisemitismus, Rassismus und Totalitarismus hat, (…) beauftragt seinen Präsidenten, diese Entschließung dem Rat, der Kommission sowie den Regierungen und Parlamenten der Mitgliedstaaten und der Beitrittsländer zu übermitteln. (http://www.europarl.europa.eu)

Der österreichische Gedenktag am 5. Mai   An diesem Tag begeht Österreich seit 1997 seinen Nationalen Gedenktag gegen Gewalt und Rassismus im Gedenken an die Opfer des Nationalsozialismus. Er soll auch an den 5. Mai 1945 erinnern, als US-Truppen das Konzentrationslager Mauthausen (Oberösterreich) befreiten.

Überlebende berichten vom Holocaust

http://www.erinnern.at/bundeslaender/oesterreich/gedenktage/27-jaenner/internationaler-holocaust-gedenktag-2013-ueberlebende-des-holocaust-berichten;

http://www.erinnern.at/bundeslaender/oesterreich/lernmaterial-unterricht/ausstellung-darueber-sprechen;

https://www.mauthausen-memorial.org/de/Wissen/ZeitzeugInnen

Du bist dran — Arbeite nach M1+A2

- Analysiere die beiden Quellentexte.
- Formuliere Fragen zur Erinnerungskultur, auf die du in den Quellentexten keine Antworten findest.
- Diskutiert die Bedeutung des Erinnerns in der Klasse.

Der Journalist Sacha Batthyany antwortet auf die Frage nach der Notwendigkeit des Erinnerns 2018

Q Nur wenn wir immer wieder erzählen, was sich früher ereignet hat, ist so etwas wie Vergangenheitsbewältigung möglich. Und nicht nur das. Der Blick zurück auf Ereignisse, die Jahrzehnte zurückliegen, hilft uns, Ereignisse im Hier und Jetzt besser einzuschätzen. Wer das Heute verstehen will, der muss verstehen, was gestern und vorgestern passiert ist.
(S. Batthyany im Interview mit D. Pichler, April 2018)

Du bist dran — Arbeite nach A1

- Unternehmt einen virtuellen Rundgang im Mauthausen Memorial. https://www.mauthausen-memorial.org/de/Besuchen/Virtuelle-Tour#map||
- Erstellt gemeinsam eine Präsentation der Gedenkstätte Mauthausen.

Du bist dran — Arbeite nach A1

- Arbeitet in Kleingruppen. Wählt aus den angegebenen Zeitzeugenberichten einen aus und analysiert diesen.
- Formuliert Fragen an die gewählte Person, die mit diesem Bericht beantwortet werden können.

Geschichtskulturen – Erinnerungskulturen – Erinnerungspolitik

Auf einen Blick

- **Erinnerungskultur** Einige Gedenktage wurden offizielle nationale Feiertage: Der österreichische Nationalfeiertag ist am 26. Oktober, dem Tag der Verabschiedung des Neutralitätsgesetzes. Es gibt aber auch Gedenkjahre, in denen ein besonderes Ereignis vor einer bestimmten Zahl von Jahren stattfand. 2018 war ein besonderes Gedenkjahr: 100 Jahre Erste Republik und 80 Jahre seit dem „Anschluss" an NS-Deutschland.

- **Erinnerungszeichen und Spiegel der Gegenwart** Man erinnert nur an etwas, zu dem man einen (positiven oder negativen) Bezug hat. Daher sagt die Auswahl, an welche Jubiläen man erinnert oder wem man ein Denkmal setzt, viel über eine Gesellschaft aus.

- **Typisch österreichisch** Die Sissi-Filme trugen viel zum (historisch nicht korrekten) Habsburgerbild bei. Der Tourismus wirbt gerne mit Mozart, Johann Strauß und Wiener Walzer.

- **Verdrängte Erinnerungen** Nach dem Zweiten Weltkrieg war in Österreich weit verbreitet, es sei Opfer der NS-Angriffspolitik geworden. Dabei gab es auch hier Menschen, die gegen, und solche, die für den Nationalsozialismus waren. Es gab sowohl Opfer als auch viele Menschen, die an Kriegsverbrechen beteiligt waren. Eine große Mehrheit duldete die nationalsozialistischen Verbrechen.

- **Versöhnungsfonds und Entschädigungsfonds** Für Menschen, die in Österreich Zwangsarbeit leisten mussten, und für die Rückgabe von enteignetem jüdischem Vermögen und eine bessere Versorgung der noch lebenden Holocaust-Opfer richtete die Bundesregierung Fonds ein.

- **Alte und neue Gedächtnisorte** Kriegerdenkmäler auf Friedhöfen laden zur Erinnerung ein. Seit der Jahrtausendwende werden aber auch immer wieder Denkmäler für Menschen, die Widerstand gegen das NS-Regime leisteten, errichtet.

- **Gedenken an den Holocaust** Am 27. Jänner 1945 befreite die Rote Armee die Gefangenen im Konzentrationslager Auschwitz-Birkenau. Das Europäische Parlament erklärte am 60. Jahrestag dieser Befreiung den 27. Jänner zum Europäischen Holocaustgedenktag. Die Generalversammlung der UNO schloss sich mit dem Internationalen Tag des Gedenkens an den Holocaust an. Am 5. Mai 1945 befreiten US-Truppen das Konzentrationslager Mauthausen. Der 5. Mai ist seit 1997 in Österreich Nationaler Gedenktag gegen Gewalt und Rassismus im Gedenken an die Opfer des Nationalsozialismus.

Wir trainieren Kompetenzen

1. Arbeitsauftrag: Unter dem Link http://orf.at/vstories/1938unddiefolgen findest du umfang-
reiches Text- und Videomaterial zum „Anschluss" Österreichs an das Deutsche
Reich sowie zu den Folgen dieses Ereignisses. Unter diesem Link https://www.mediathek.
at/unterrichtsmaterialien/vergangenheitsbewaeltigung-in-oesterreich/ findest du Texte
sowie Audio- und Videomaterial, das sich mit der Aufarbeitung der nationalsozialistischen
Politik bis in die Gegenwart beschäftigt.
Arbeit in Kleingruppen: Formuliert drei Fragen, die ihr durch die Zeitzeugenberichte gerne
beantwortet haben möchtet. Wählt aus den auf den beiden Webseiten angebotenen
Materialen pro Gruppe jeweils zwei aus. Analysiert eure gewählten Materialien. Überprüft,
ob eure Fragen beantwortet wurden. Begründet, weshalb ihr euch für gerade diese
Materialien entschieden habt.

Arbeite nach A1

2. Arbeitsauftrag: Erstellt eine Präsentation eurer Zeitzeugenberichte. Überprüfe mit Hilfe der Ergebnisse
der Präsentationen, inwieweit sie die Darstellung von Erinnerungskultur in diesem Kapitel
bestätigen oder widerlegen.

Das Projekt Stolpersteine
des Kölner Künstlers Gunter
Demnig soll der im Dritten
Reich ermordeten Jüdinnen
und Juden gedenken. Mit
seiner Aktion will der Künstler
die jüdischen Opfer ehren
und daran erinnern, dass die
jüdische Bevölkerung aus der
Mitte der Städte vertrieben
wurde. Der Künstler startete
das Projekt 1992, mittlerweile
wurden mehr als 75 000 Steine
in 24 europäischen Ländern
verlegt.
Elf dieser Pflastersteine wurden
vor den einstigen Wohnhäusern
ermordeter Klagenfurter
Jüdinnen und Juden in das
Pflaster eingelassen. Im Bild:
Der erste Pflasterstein wurde
auf dem Dr.-Arthur-Lemisch-
Platz 1 eingemauert. (Foto,
Gert Eggenberger 2014)

Arbeite nach A1

3. Arbeitsauftrag: Recherchiere, ob es in deiner Umgebung Stolpersteine gibt.
Finde heraus, wo sie sich befinden und wie die jeweilige Inschrift lautet.
An diesem Projekt wurde auch Kritik geäußert, zB von der Präsidentin der
Israelitischen Kultusgemeinde München und Oberbayern, Charlotte Knobloch.
Formuliere mögliche Argumente, die gegen die Stolpersteine sprechen könnten.
Nimm Stellung: Wie ist deine Meinung zum Projekt Stolpersteine?

1920
Die Bundesverfassung
wird beschlossen.

1924
Schilling-
währung

1926
Linzer Programm
der Sozialdemo-
kratischen
Arbeiterpartei

1934
Ständestaat/Juliputsch
und Ermordung von
Kanzler Dollfuß

1919
Friede von St. Germain

1918
Beschluss des Frauenwahlrechts

1921
Burgenland wird
Österreich zugesprochen.

1927
Schattendorf und Justizpalastbrand

Hundert Jahre
Republik Österreich

 ua57ty

Historischer Reichsratssitzungssaal im Parlament in Wien (Foto, Hans Punz 2014)

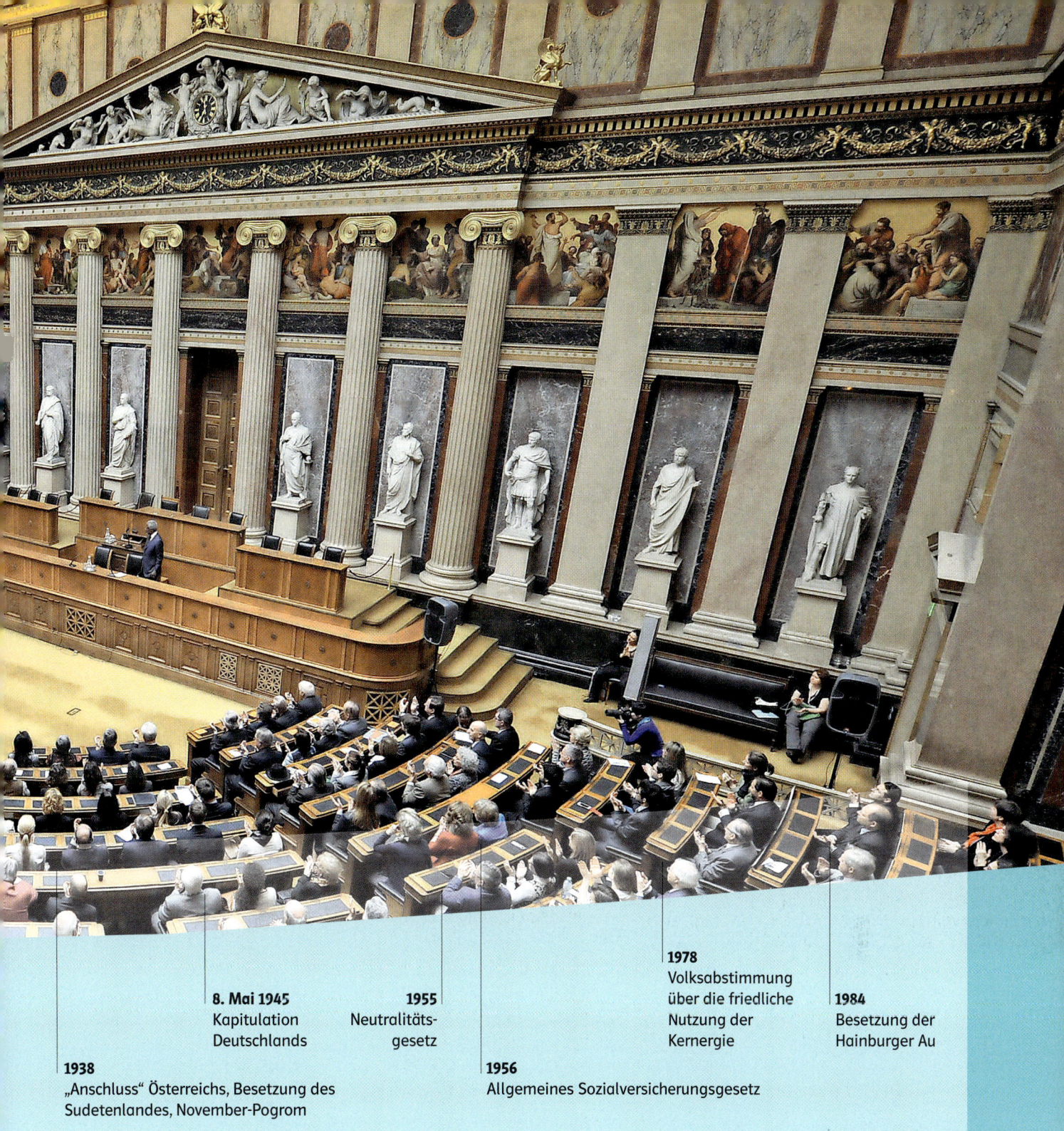

1938
„Anschluss" Österreichs, Besetzung des Sudetenlandes, November-Pogrom

8. Mai 1945
Kapitulation Deutschlands

1955
Neutralitäts-gesetz

1956
Allgemeines Sozialversicherungsgesetz

1978
Volksabstimmung über die friedliche Nutzung der Kernergie

1984
Besetzung der Hainburger Au

Nach dem Ersten Weltkrieg wurde die Republik Deutschösterreich ausgerufen. Es gelang den Parteien nicht, ihre Konflikte gewaltfrei zu lösen. Daran zerbrach die Erste Republik. Nach dem Zweiten Weltkrieg wurde die demokratische Republik wieder hergestellt. Der Wiederaufbau war erfolgreich. Heute gehört Österreich, ein Sozialstaat, zu den reichsten Ländern der Welt. Die Verfassung regelt das politische Leben. Aber auch heute noch gefährden extremistische Ideologien in Österreich und weltweit das Zusammenleben.

Auf den folgenden Seiten sollst du erfahren:
- wie die Republik Österreich entstand.
- wie es zum Bürgerkrieg kam.
- was der Ständestaat war und wie Dollfuß regierte.
- wie Österreich nach dem Zweiten Weltkrieg wieder politisch selbstständig wurde.
- was Neutralität bedeutet.
- welche Parteien es in Österreich gibt.
- was einen Sozialstaat kennzeichnet.
- wie die Staatenordnung geregelt ist.
- wie sich Extremismus heute äußert.

Österreich wird eine Republik

Aus der Verzichtserklärung Kaiser Karls I.

Q Seit meiner Thronbesteigung war Ich unablässig bemüht, Meine Völker aus den Schrecknissen des Krieges herauszuführen, an dessen Ausbruch ich keinerlei Schuld trage. (…) Nach wie vor von unwandelbarer Liebe für alle meine Völker erfüllt, will Ich ihrer freien Entfaltung Meine Person nicht als Hindernis entgegenstellen. Im Voraus erkenne Ich die Entscheidung an, die Deutschösterreich über seine künftige Staatsform trifft. Das Volk hat durch seine Vertreter die Regierung übernommen. Ich verzichte auf jeden Anteil an den Staatsgeschäften. (Wiener Zeitung, Extraausgabe, 11.11.1918)

Du bist dran
Arbeite nach M1

- Analysiere die Textquelle.
- Erläutere, wie sich Karl selbst darstellt.

Mama, ne štimajte za Jugoslavijo, kar moram ajnrukat za kralja Petra!

Das Ende der Habsburgermonarchie Als sich die Niederlage der Mittelmächte im Ersten Weltkrieg abzeichnete, begann die Auflösung der Donaumonarchie. Im Oktober 1918 erklärten Tschechen, Südslawen und Ungarn ihre Selbstständigkeit. Kaiser Karl I. verzichtete am 11. November 1918 auf jeden Anteil an den Staatsgeschäften. Schon am nächsten Tag wurde vor dem Parlament vor einer riesigen Menschenmenge die „Republik Deutschösterreich" feierlich ausgerufen.

Der Friedensvertrag – „Österreich ist, was übrigbleibt!" Der Friedensvertrag von Saint Germain* 1919 legte die neuen Grenzen Österreichs fest. Viele deutschsprachige Gebiete kamen an andere Nachfolgestaaten der Donaumonarchie: das Sudetenland an die Tschechoslowakische Republik, Südtirol und das Kanaltal an Italien und die Untersteiermark an Jugoslawien.

Österreich Alle Parteien erhofften eine Vereinigung mit Deutschland. Denn niemand glaubte, dass das kleine Österreich lebensfähig sei. Weil der Friedensvertrag diese Vereinigung verbot, musste die Bezeichnung „Deutschösterreich" auf „Österreich" geändert werden.

Kärntner Volksabstimmung Im zweisprachigen Südkärnten plante man eine Volksabstimmung. Im Frühjahr 1919 besetzte Jugoslawien Südkärnten und erhob Anspruch auf die slowenisch besiedelten Gebiete. Doch der Kärntner Abwehrkampf der Bevölkerung war erfolgreich. Die Volksabstimmung am 10. Oktober 1920 ging mit 59 % für Österreich aus. Auch viele Kärntner Sloweninnen und Slowenen hatten für einen Verbleib bei Österreich gestimmt.

Burgenland Das überwiegend deutschsprachige Westungarn kam erst 1921 zu Österreich, allerdings ohne Ödenburg (Sopron). Neue Hauptstadt des neuen Bundeslandes Burgenland wurde Eisenstadt.

Ist das kleine Österreich lebensfähig? Der Friedensvertrag forderte vom Kleinstaat Österreich, die Verpflichtungen der gesamten Monarchie zu übernehmen: Staatsschulden und Reparationsforderungen* der Siegermächte. Das war schwierig: Industriebetriebe und Kohlevorkommen lagen jetzt in der Tschechoslowakei, große Agrargebiete in Ungarn. Die Menschen hungerten, Kohle für Industrie und Verkehr fehlte. Schwarzhandel*, Arbeitslosigkeit und Inflation* nahmen zu. Österreich brauchte die Hilfe des Auslandes.

Sozialgesetze Nach dem Ersten Weltkrieg verbesserte die Koalitionsregierung sofort die Lage der Beschäftigten. Neue Sozialgesetze machten aus Österreich einen der fortschrittlichsten Sozialstaaten Europas.

Die Inflation verhindert den Wirtschaftsaufschwung Schon während des Krieges wurden Lebensmittel und andere Güter immer knapper und deshalb teurer. Die Löhne wurden nicht im selben Ausmaß erhöht. Der Staat finanzierte seine Ausgaben durch vermehrtes Gelddrucken. Das erhöhte die Inflation.

Du bist dran
Arbeite nach M2

- Beschreibe, analysiere und interpretiere das Propagandaplakat.

„Mutter, stimme nicht für Jugoslawien, sonst muss ich für König Peter in den Krieg ziehen!" (Österreichisches Propagandaplakat in slowenischer Sprache, 1920)

Hyperinflation und Hungerdemonstrationen   Nach Kriegsende stiegen die Preise täglich, manchmal stündlich. Löhne wurden jetzt täglich ausbezahlt. Die Menschen gingen am Abend mit dem Geld sofort einkaufen – am nächsten Tag war es viel weniger wert. Es kam zu Hungerdemonstrationen und Plünderungen. Unternehmerinnen und Unternehmer konnten nicht mehr in ihre Betriebe investieren, um die Produktion zu steigern. Laut dem Historiker Roman Sandgruber reichte im Jahr 1922 ein Geldbetrag, mit dem die Menschen 1914 noch ein Haus kaufen konnten, vielleicht noch für ein Mittagessen.

Völkerbundanleihe   Im Jahr 1922 konnte Bundeskanzler Ignaz Seipel* mit Hilfe einer Völkerbundanleihe den Staatshaushalt ordnen und die Inflation stoppen. An die Anleihe waren aber Bedingungen geknüpft: Keine Vereinigung mit dem Deutschen Reich, ein strenges Sparprogramm bei den Staatsausgaben und ausländische Kontrolle der Finanzen.

Der harte Schilling   1924 wurde die Schillingwährung eingeführt. Die Wertbeständigkeit des Schillings war den Regierungen wichtiger als Wirtschaftswachstum und Beschäftigung. Ein Drittel der Beamten wurde abgebaut, Löhne, Gehälter und Renten wurden gekürzt, die Steuern erhöht und neue eingeführt. Niedriger Geldumlauf sollte eine neuerliche Inflation verhindern. Das verringerte die Kaufkraft der Bevölkerung und brachte einen Produktionsrückgang. Die Wirtschaft schrumpfte, viele Betriebe schlossen. Dadurch gab es in der Ersten Republik sehr viele Arbeitslose. Die harte Währung ging auch auf Kosten der Arbeiterschaft.

Die politischen Parteien   Nach dem Ende ihrer Koalition 1920 wurde die politische Auseinandersetzung zwischen Christlichsozialen und Sozialdemokraten härter und ihre Sprache radikaler.

Rot   Die Sozialdemokratie war geteilt. Karl Renner wollte mit anderen demokratischen Parteien zusammenarbeiten, Otto Bauer* dagegen nicht mit bürgerlichen Parteien. Er vertrat die Lehre von Karl Marx: Die arbeitende Klasse werde am Ende die Macht im Staat übernehmen. So beschlossen die Sozialdemokraten auf dem Parteitag 1926 das „Linzer Programm".

Schwarz   Die Christlichsoziale Partei stellte von 1920 bis 1938 fast durchgehend den Bundeskanzler. Langjähriger Parteiobmann und Kanzler war der Priester Ignaz Seipel. Durch ein Bündnis mit anderen bürgerlichen Parteien – dem „Dritten Lager" – verhinderte die Christlichsoziale Partei eine Regierungsbeteiligung der Sozialdemokratischen Partei.

Weitere Parteien   Das nationale Lager (Großdeutsche Volkspartei, Landbund) hatte als Koalitionspartner der Christlichsozialen politischen Einfluss. Die Kommunistische Partei blieb klein und politisch bedeutungslos.

Aus dem „Linzer Programm" (3.11.1926)

Q Gelingt es der sozialdemokratischen Arbeiterpartei, die manuellen und die geistigen Arbeiter in Stadt und Land zu vereinigen, so gewinnt sie die Mehrheit des Volkes. Sie erobert durch die Entscheidung des allgemeinen Wahlrechts die Staatsmacht. Die sozialdemokratische Arbeiterpartei wird die Staatsmacht in den Formen der Demokratie ausüben. Wenn sich aber die Bourgeoisie* gegen die gesellschaftliche Umwälzung durch planmäßige Unterbindung des Wirtschaftslebens, durch gewaltsame Auflehnung, durch Verschwörung mit ausländischen gegenrevolutionären Mächten widersetzen sollte, dann wäre die Arbeiterklasse gezwungen, den Widerstand der Bourgeoisie mit den Mitteln der Diktatur zu brechen.
(Linzer Programm, 1926)

Aus dem Parteiprogramm der Christlichsozialen Partei (29.11.1926)

Q Die christlichsoziale Partei bekennt sich zum demokratischen Staate und fordert daher volle Gleichberechtigung aller Bundesbürger in der Ausübung politischer Rechte, Freiheit der Gesinnung und des Organisationswillens. Sie weist mit Entschiedenheit jeden Versuch zur Aufrichtung einer Klassendiktatur zurück.
(In: Tiroler Anzeiger, 31.12.1926)

Arbeite nach M1

Du bist dran

- Analysiere die beiden Textquellen. Arbeite die unterschiedlichen Positionen heraus.
- Erkläre, für wen die Parteiprogramme verfasst wurden.
- Erläutere mögliche Reaktionen der Parteimitglieder.

Das Ende der Ersten Republik

Diese drei Wahlplakate aus der Ersten Republik zeigen die großen Gegensätze zwischen den Parteien. Plakate waren in der Ersten Republik das bedeutendste Mittel zur Wahlwerbung. Zeitungen, in denen Parteien bereits Inserate schalteten, konnten sich viele Menschen nicht leisten.

Du bist dran

Arbeite nach M2

- Beschreibe, analysiere und interpretiere die Wahlplakate.
- Arbeite die allgemeinen Merkmale von Wahlplakaten heraus.
- Beurteile die Argumente und Feindbilder, mit denen sich die Parteien voneinander abgrenzen wollten.

Wehrverbände   Großen Anteil an der Verschärfung der Gegensätze hatten bewaffnete Wehrverbände: Die Heimwehr unterstützte die bürgerliche Regierung. Der Republikanische Schutzbund war eine Parteiorganisation der Sozialdemokratie. An Sonntagen zogen beide Gruppen durch die Straßen, um Stärke zu zeigen und zu provozieren.

Schattendorf   Im Jänner 1927 kam es in Schattendorf (Burgenland) zu einem blutigen Zwischenfall: Angehörige der rechtsstehenden Frontkämpfervereinigung erschossen einen Schutzbündler und ein Kind. Die drei Schützen wurden von einem Wiener Geschworenengericht aber freigesprochen.

Justizpalastbrand   Dieses Urteil empörte die Arbeiterschaft: Am 15. Juli 1927 geriet eine Demonstration Tausender am Wiener Ring außer Kontrolle: Demonstrantinnen und Demonstranten versuchten, das Hauptgebäude der Universität zu stürmen, warfen Steine auf Sicherheitsleute, verwüsteten eine Zeitungsredaktion und ein Wachzimmer. Schließlich steckten sie den Justizpalast in Brand und behinderten den Einsatz der Feuerwehr. Nun schoss die Polizei in die Menge. Berittene Polizei verfolgte die Flüchtenden. Die genaue Zahl der Opfer konnte nie ermittelt werden, belegt sind 89 Tote. Mehr als 600 Menschen wurden schwer verletzt.

Heimwehr   Diese Ereignisse bestärkten die Heimwehr in ihrer Angst vor der „Gefahr von links". Dabei geriet sie immer mehr unter den Einfluss des faschistischen Italien unter Mussolini, das sie mit Waffen und Geld unterstützte. Die Propaganda richtete sich nun nicht mehr nur gegen politische Gegner, sondern auch gegen die Demokratie (S. 10 f.).

Ausschaltung des Nationalrats   1932 wurde der Christlichsoziale Engelbert Dollfuß* Bundeskanzler. Er stand der katholischen Kirche und dem italienischen Faschismus nahe, lehnte Nationalsozialismus, Demokratie, Rechtsstaat und Sozialdemokratie ab. Mussolini unterstützte zu dieser Zeit noch Dollfuß gegen die österreichischen Nationalsozialisten und Hitler. Die Regierung Dollfuß hatte im Nationalrat nur eine Stimme Mehrheit. Im März 1933 traten bei einer Abstimmung alle drei Nationalratspräsidenten zurück, um als Abgeordnete mitstimmen zu können. Nun war aber niemand berechtigt, das Abstimmungsergebnis festzuhalten. Die Abgeordneten verließen ratlos den Sitzungssaal. Dollfuß verkündete daraufhin die „Selbstausschaltung" des Nationalrats. Als die Abgeordneten zur nächsten Sitzung das Parlament betreten wollten, wurden sie von der Polizei daran gehindert. Bis zum Ende der Ersten Republik wurde jetzt ohne Parlament autoritär regiert.

Auflösung des Republikanischen Schutzbundes   Noch im März 1933 befahl die Regierung die Entwaffnung und Auflösung des Republikanischen Schutzbundes. Die Führung der Sozialdemokratie setzte auf Verhandlungen. Polizei und Heimwehr führten Waffensuchaktionen in sozialdemokratischen Parteilokalen durch. Das führte am 12. Februar 1934 zum Ausbruch des Bürgerkriegs.

Bürgerkrieg in Österreich: Februarkämpfe   Gekämpft wurde vor allem in Wien um die Gemeindebauten, in den Industriegebieten der Obersteiermark und in Linz. Die Regierung setzte dabei ihre gesamte Macht ein: Polizei, Bundesheer (mit Artillerie*) und Heimwehr. Nach wenigen Tagen war der Kampf beendet. Die siegreiche Regierung ließ viele Anführer des Schutzbundes hinrichten. Die Sozialdemokratische Arbeiterpartei wurde verboten. Führende Sozialdemokraten, die nicht rechtzeitig hatten fliehen können, kamen ins Gefängnis.

Der austrofaschistische Ständestaat   1934 machte Dollfuß Österreich durch die „Maiverfassung" zu einem autoritär* regierten Staat (S. 11).

Juli-Putsch*   Die Nationalsozialistische Deutsche Arbeiterpartei war in Österreich seit 1933 verboten. Viele ihrer Anhänger flohen nach Deutschland, manche gingen in den Untergrund. Im Juli 1934 versuchten sie einen Umsturz: Nationalsozialisten drangen in das Bundeskanzleramt ein und ermordeten Kanzler Dollfuß. Dieser Putsch schlug fehl. Seine Anführer wurden hingerichtet. Hitler wagte nicht direkt einzugreifen, da Mussolini zu Österreichs Schutz Militär am Brenner aufmarschieren ließ.

„Achse Berlin-Rom" und ihre Folgen   1935 eroberte Italien Abessinien*. Die Westmächte erhoben Einspruch. Um nicht isoliert zu sein, verständigte sich Mussolini mit Hitler. Damit verlor Österreich unter Bundeskanzler Kurt Schuschnigg* seine Unterstützung gegen den immer stärker werdenden Anschlussdruck Hitlers.

Berchtesgaden   Im Februar 1938 lud Hitler zu einer Besprechung nach Berchtesgaden. Dort zwang er Schuschnigg unter Drohungen, dem Nationalsozialisten Arthur Seyß-Inquart* das Innenministerium zu übertragen. Schuschnigg setzte für den 13. März 1938 eine Volksbefragung über ein unabhängiges Österreich an. Hitler erzwang den Rücktritt Schuschniggs am 11. März 1938 und die Ernennung von Seyß-Inquart zum Bundeskanzler. Am 12. März 1938 befahl Hitler den Einmarsch in Österreich. Drei Tage später verkündete er auf dem Wiener Heldenplatz vor etwa 200 000 Österreicherinnen und Österreichern „den Eintritt meiner Heimat in das Deutsche Reich".

Mussolini und Hitler (Briefmarke 1938)

Hitler zu Schuschnigg in Berchtesgaden 1938

Q Ich sage Ihnen, ich werde die ganze so genannte österreichische Frage lösen, und zwar so oder so. (…) Wer weiß, vielleicht bin ich über Nacht einmal in Wien, wie der Frühlingssturm! Dann sollen Sie etwas erleben. (…) Glauben Sie nur nicht, dass mich irgendjemand in der Welt in meinen Entschlüssen hindern wird! Mit Mussolini bin ich im Reinen, ich bin mit Italien aufs Engste befreundet.
(In: M. Jochum, Die Erste Republik in Dokumenten und Bildern, 1983)

Die Zweite Republik – ein neues Österreich

Zerbombtes Wien: 250 000 Wohnungen wurden in Österreich im Krieg zerstört. 1,5 Millionen Menschen verloren dabei ihr Zuhause. (Foto 1945)

Arbeite nach M1+M2

Du bist dran

- Beschreibe und analysiere das Foto.
- Analysiere und interpretiere den Zeitungstext in Bezug auf die NS-Herrschaft.
- Vergleiche diese Beurteilung der NS-Herrschaft im Zusammenhang mit dem so genannten Opfermythos (S. 50 f.).

Erstausgabe „Neues Österreich", Ende April 1945

Q Die deutschen Kriegsverbrecher haben einen Trümmerhaufen zurückgelassen. Planmäßig haben sie Wien zerstört (…). Vor ihrem Abzug haben sie die Vorratslager aufgebrochen und der Plünderung preisgegeben, Getreidespeicher und Magazine in Brand gesteckt (…). Gesprengte Brücken und Bahnanlagen, zerstörte Betriebe, zerbombte Wohnungen und hinter allem das Gespenst des Hungers, das danken wir dem „Anschluss" (…). Die Adolf-Hitler-Straße hat in die größte Katastrophe aller Zeiten geführt. Jetzt heißt es: Heraus aus der Katastrophe! (…) Mit vereinten Kräften ans Werk, um Österreich wieder aufzubauen.
(Neues Österreich, 23.4.1945)

Kriegsende und Beginn der Zweiten Republik

Ende des Krieges Mit der bedingungslosen Kapitulation* Deutschlands endete am 8. Mai 1945 der Zweite Weltkrieg in Europa. Österreich hatte viele Opfer und Kriegsschäden zu beklagen. Es herrschte großer Hunger. Alliierte Soldaten, die das Land befreit hatten, hatten die Befehlsgewalt. Die Wehrmachtssoldaten und Angehörigen der „SS" fürchteten sich vor einer Gefangennahme, die Zivilbevölkerung vor Plünderungen, Vergewaltigungen und Verschleppung.

Flucht, Vertreibung und Heimkehr Obwohl die Verkehrsverbindungen zusammengebrochen waren, gab es nun große Wanderbewegungen: Die vielen Zwangsarbeiterinnen und -arbeiter sowie die hier festgehaltenen Kriegsgefangenen wollten nach Hause. Umgekehrt gab es einen enormen Flüchtlingsstrom nach Österreich, vor allem aus der damaligen Tschechoslowakei vertriebene Sudetendeutsche kamen ins Land.

Unabhängiges Österreich Nach der nationalsozialistischen Diktatur und dem Krieg waren sich auch die ehemals verfeindeten Politiker der Ersten Republik einig: Wir wollen ein neues, selbstständiges und unabhängiges Österreich.

Parteienbildung und Provisorische Staatsregierung Noch vor Kriegsende, im April 1945, wurden wieder drei Parteien gebildet: die Sozialistische Partei Österreichs (SPÖ), die Österreichische Volkspartei (ÖVP) als Nachfolgerin der Christlichsozialen Partei und die Kommunistische Partei Österreichs (KPÖ). Deren Vertreter einigten sich mit Unterstützung der Sowjetunion auf eine gemeinsame provisorische Staatsregierung. Diese erklärte die demokratische Republik Österreich für wiederhergestellt. Einige Monate später wurde diese provisorische Regierung in Wien auch von den USA, Großbritannien und Frankreich sowie den westlichen Bundesländern anerkannt.

Arbeite nach A2

Du bist dran

- Diskutiert in der Klasse mögliche Gründe, weshalb sich schon vor Kriegsende eine provisorische Staatsregierung bildete.

Vom besetzten Land zum freien Österreich

Vier Mächte kontrollieren Österreich　Nach der Befreiung war Österreich zehn Jahre lang von den Siegermächten USA, Sowjetunion, Großbritannien und Frankreich besetzt. Sie teilten das Land und auch Wien in vier Besatzungszonen auf. Gemeinsam bildeten ihre höchsten Vertreter den „Alliierten Rat". Er kontrollierte alle wichtigen politischen Entscheidungen in Österreich; alle vom Parlament beschlossenen Gesetze mussten von ihm genehmigt werden.

Österreich als Pfand im Kalten Krieg　Die österreichischen Politiker bemühten sich von Anfang an um den Abzug der Besatzungssoldaten und die Anerkennung als unabhängiger Staat. Doch seit dem Beginn des Kalten Krieges (S. 86 f.) waren die Alliierten immer weniger bereit, die Besatzung aufzugeben. Österreich war zum Pfand beider Machtblöcke geworden. Niemand wollte es aus der Hand geben.

Der österreichische Außenminister Leopold Figl zeigt den unterschriebenen Staatsvertrag auf dem Balkon des Wiener Belvedere: um ihn die Außenminister Pinay (Frankreich), Dulles (USA), Macmillan (Großbritannien) und Molotow (Sowjetunion). (Foto, Erich Lessing, 15.5.1955)

Das Neutralitätsgesetz

Q 1. Zum Zwecke der dauernden Behauptung seiner Unabhängigkeit nach außen und zum Zwecke der Unverletzlichkeit seines Gebietes erklärt Österreich aus freien Stücken seine immerwährende Neutralität. Österreich wird diese mit allen ihm zu Gebote stehenden Mitteln aufrechterhalten und verteidigen.
2. Österreich wird zur Sicherung dieser Zwecke in aller Zukunft keinen militärischen Bündnissen beitreten und die Errichtung militärischer Stützpunkte fremder Staaten auf seinem Gebiete nicht zulassen. (BVG, BGBl. Nr. 211/1955)

Neutralität als Bedingung für den Staatsvertrag　Die Sowjetunion wollte ein neutrales Österreich. Sie machte dies zur Bedingung für einen Friedens- bzw. Staatsvertrag. Die USA hätten Österreich lieber in einem westlichen Bündnis gesehen. Sie stimmten schließlich doch einem neutralen Österreich zu. Am 15. Mai 1955 unterzeichneten die Außenminister der vier Alliierten und Österreichs den Staatsvertrag im Schloss Belvedere in Wien. Wenige Wochen später löste sich der Alliierte Rat auf, die Besatzungstruppen zogen ab.

Neutralitätsgesetz und Nationalfeiertag　Am 26. Oktober 1955 beschloss der österreichische Nationalrat einstimmig das „Bundesverfassungsgesetz über die Neutralität Österreichs" – wie es der Sowjetunion versprochen war. In Erinnerung daran begehen wir diesen Tag als Nationalfeiertag. Um die Neutralität notfalls verteidigen zu können, wurde 1955 das österreichische Bundesheer eingerichtet.

Österreich – ein neutraler Staat?　Seit dem Beitritt zur EU (1995) ist Österreichs Rolle als neutraler Staat umstritten. Im gleichen Jahr trat Österreich der „NATO-Partnerschaft für den Frieden" bei. Außerdem ist Österreich als EU-Mitglied verpflichtet, im Krisenfall an militärischen Kampfeinsätzen teilzunehmen. Dennoch ist das Neutralitätsgesetz nach wie vor gültig. Da für eine Aufhebung dieses Verfassungsgesetzes eine Zweidrittelmehrheit im Nationalrat erforderlich wäre, ist eine solche derzeit nicht in Sicht (Stand 2020).

Staatsvertrag von 1955:

Q Art. 1. Wiederherstellung Österreichs als freier und unabhängiger Staat.
Art. 4. Verbot einer politischen und wirtschaftlichen Vereinigung mit Deutschland.
Art. 7. Rechte der slowenischen und kroatischen Minderheiten in Kärnten, Burgenland und Steiermark: auf Unterricht in der eigenen Sprache, auf die eigene Amtssprache, auf zweisprachige Ortstafeln.
Art. 9. Auflösung und Verbot der Tätigkeit nationalsozialistischer Organisationen;
Art. 13. Verbot von Spezialwaffen, wie Atomwaffen, Raketen etc.
(BGBl. Nr. 152/1995; gekürzt)

Du bist dran Arbeite nach M1+A2

- Analysiere die beiden Quellentexte.
- Recherchiere im Internet, welchen Standpunkt die Parteien heute zur Neutralität bzw. zum NATO-Beitritt einnehmen.

Parteien und Regierungen der Zweiten Republik

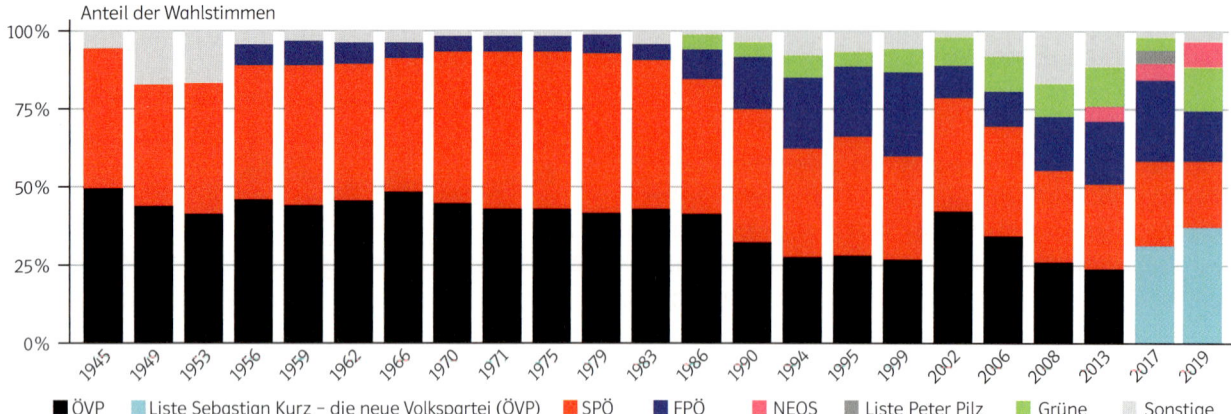

Nationalratwahl-Ergebnisse seit 1945

Arbeite nach M6

Du bist dran

- Ermittle die Anzahl der Parteien, die in der Zweiten Republik im Nationalrat vertreten waren bzw. sind.
- Vergleiche die Grafik mit dem Autorentext zur Entwicklung der Parteien und der verschiedenen Regierungsbildungen.
- Erkläre, welche anderen Regierungsbildungen seit 1986 möglich gewesen wären.

Konzentrationsregierung und Große Koalitionen

Konzentrationsregierung* Die ersten Nationalratswahlen nach Kriegsende gewann die ÖVP mit absoluter Mehrheit (mehr Mandate als alle anderen Parteien zusammen). Um die drängenden Probleme wie Wiederaufbau von Wirtschaft, Demokratie und Verwaltung lösen zu können, bildete die ÖVP gemeinsam mit SPÖ und KPÖ die Regierung.

Große Koalitionen Nach zwei Jahren trat der einzige kommunistische Minister aus der Regierung aus. Nun bildeten die beiden damaligen Großparteien ÖVP und SPÖ erstmals eine Große Koalition*. Diese Regierungsform wurde seit Bestehen der Zweiten Republik am längsten und am häufigsten ausgeübt.

Die Zeit der Alleinregierungen

ÖVP-Alleinregierung Die ÖVP erzielte 1966 wieder die absolute Mehrheit bei den Nationalratswahlen. Doch bereits nach den Wahlen 1970 wechselte die Regierung wieder.

SPÖ-Alleinregierungen Die SPÖ bildete unter Bruno Kreisky* ein Jahr lang alleine eine Minderheitsregierung. Sie verfügte nur über eine relative Mehrheit im Nationalrat. Nach Neuwahlen im Jahr 1971 folgten bis 1983 SPÖ-Alleinregierungen mit absoluter Mehrheit.

Die Ära* Kreisky Der Kanzler bezeichnete die „Demokratisierung sämtlicher Lebensbereiche" als sein politisches Ziel. Er wollte die Lebensumstände der Menschen verbessern und Armut bekämpfen. Tatsächlich gab es während seiner langen Amtszeit als Bundeskanzler einen politischen und gesellschaftlichen Wandel: Familien-, Straf-, Arbeits- und Sozialrecht wurden modernisiert. Schulen und Universitäten wurden reformiert, die Volksanwaltschaft und der Konsumentenschutz eingeführt. Neu war auch das Gleichbehandlungsgesetz: Es sieht gleichen Lohn für Männer und Frauen bei gleicher Arbeit vor. Erstmals wuchs in Österreich eine breite Mittelschicht heran.

Sozialstaat Österreich Kreiskys erklärtes Ziel war der Ausbau des österreichischen Sozialstaates. Für das Ziel der Vollbeschäftigung nahm Kreisky auch Budgetdefizite in Kauf: „Ein paar Milliarden mehr Schulden bereiten mir weniger schlaflose Nächte als hunderttausend Arbeitslose." Trotz einer Rezession ab 1973 gelang es, einen hohen Beschäftigungsgrad zu erreichen. Allerdings wuchsen die Staatsschulden.

Kleine und Große Koalitionen im Wechsel

SP-FPÖ-Koalition 1983 verlor die SPÖ ihre absolute Mehrheit im Nationalrat. Sie bildete nun – erstmals in der Zweiten Republik – eine Kleine Koalition*. Ihr Partner war die Freiheitliche Partei Österreichs (FPÖ), die erstmals einer Regierung angehörte. Doch schon bald folgten wieder 13 Jahre Großer Koalitionen.

ÖVP-FPÖ-Koalition   Zu dieser Kleinen Koalition kam es im Jahr 2000. Obwohl die ÖVP nur drittstärkste Partei wurde, stellte sie den Bundeskanzler. Erstmals in der Zweiten Republik war nun die mandatsstärkste Partei (SPÖ) nicht in der Regierung vertreten. 2005 wurde die Koalition mit der neuen Partei Bündnis Zukunft Österreich (BZÖ) fortgeführt, die sich von der FPÖ abgespalten hatte.

Von Rot-Schwarz zu Türkis-Blau   Zwischen 2006 und 2017 gab es wieder Große Koalitionen unter SPÖ-Bundeskanzlern. Bei der vorgezogenen Nationalratswahl 2017 erlangte die ÖVP unter dem Namen „Liste Sebastian Kurz – die neue Volkspartei (ÖVP)" die meisten Stimmen. Sie bildete, mit neuer Parteifarbe Türkis, unter Bundeskanzler Kurz gemeinsam mit der FPÖ eine Kleine Koalition. Diese endete im Mai 2019: Nach Bekanntwerden seiner demokratiepolitisch fragwürdigen Aussagen trat FPÖ-Vizekanzler Strache von allen politischen Funktionen zurück. Als der FPÖ-Innenminister auf Vorschlag von Bundeskanzler Kurz entlassen wurde, legten alle FPÖ-Regierungsmitglieder ihre Ämter zurück.

Übergangsregierung mit einer Bundeskanzlerin   Im Anschluss daran sprachen die Nationalratsabgeordneten von SPÖ, FPÖ und JETZT der nachbesetzten Bundesregierung das Misstrauen aus. Das musste zu ihrer Abberufung durch Bundespräsident Van der Bellen führen. Wenige Tage später beauftragte dieser mit Brigitte Bierlein erstmals eine Frau mit der Regierungsbildung. Sie leitete bis Jänner 2020 eine aus Beamtinnen und Beamten bestehende Übergangsregierung.

Türkis-Grün   Aus der vorgezogenen Nationalratswahl im September 2019 ging die „Liste Sebastian Kurz – die neue Volkspartei (ÖVP)" mit deutlichem Stimmenzuwachs neuerlich als stimmenstärkste Partei hervor. Die Grünen schafften den Wiedereinzug ins Parlament. Im Jänner 2020 wurde die Kleine Koalition Türkis-Grün unter Bundeskanzler Kurz angelobt.

Groß-, Mittel- und Kleinparteien in Österreich

Vielfalt der Parteien   Für die Nationalratswahl 2019 kandidierten 13 Parteien, darunter einige Kleinstparteien. Den Einzug ins Parlament schafften aber nur fünf.

Von Groß- zu Mittelparteien   Bis 1983 hatten neun von zehn Österreicherinnen und Österreichern immer SPÖ oder ÖVP gewählt. Seit 1986 aber verloren die Großparteien bei fast jeder Wahl Stimmen. Sie sanken bald zu Mittelparteien ab.

Von der Klein- zur Mittelpartei   Gleichzeitig wuchs die 1956 gegründete FPÖ von einer Kleinpartei zu einer Mittelpartei. Die FPÖ erhielt viele Stimmen von Protestwählerinnen und -wählern.

Grüne   Seit 1986 waren die Grünen als Kleinpartei im Nationalrat vertreten. Bei den Nationalratswahlen 2006 erreichten sie erstmals mehr als zehn Prozent der Wählerstimmen. 2017 war die Umweltpartei nicht mehr im Nationalrat vertreten. Nach der Wahl 2019 zogen die Grünen mit ihrem bisher besten Ergebnis wieder ins Parlament, seit Jänner 2020 sind sie erstmals Regierungspartei.

NEOS   Sie sind seit 2013 als liberale Kleinpartei im Parlament vertreten.

Bruno Kreisky als VOEST-Arbeiter (Wahlplakat der SPÖ von Erich Sokol (1933 – 2003), 1983)

Du bist dran   Arbeite nach M2

- Beschreibe, analysiere und interpretiere die beiden Karikaturen.
- Vergleiche ihre unterschiedlichen Aussagen und erkläre diese.
- Beurteile die Karikaturen hinsichtlich ihres Inhaltes und ihrer Wirkung auf dich.
- Erkläre anhand der beiden Abbildungen, welche Merkmale typisch für Karikaturen sind.

Sie wünschen, wir spielen ... (Karikatur Kronen Zeitung, 31.12.2017)

Österreichs Weg zum modernen Staat

60% Deiner Ration, Plakat, 1948: In den ersten Nachkriegsjahren retteten Lebensmittelspenden aus der Sowjetunion, CARE-Pakete aus den USA, Spenden der UNO und einiger Hilfsorganisationen viele Menschen in Österreich vor dem Hungertod. Erst 1953 wurden Lebensmittelmarken abgeschafft.

Wirtschaftsruin durch Marshall-plan – Wirtschaftsaufstieg durch den Wirtschaftsplan der KPÖ (Plakat 1948)

Schwieriger Wiederaufbau

Hungersnot und Lebensmittelrationierung

Heute gehört Österreich zu den reichsten Ländern der Welt. Das war nicht immer so: Laut einer Stellungnahme der UNO aus dem Jahr 1946 zählte das österreichische Volk zu jenen Völkern der Welt, die dem Hungertod am nächsten waren.

Verstaatlichung und Marshallplan

1946/47 wurden die wichtigsten Großbetriebe verstaatlicht: der Bergbau und die Erdölförderung, die Schwerindustrie und die Elektrizitätsgesellschaften sowie die Großbanken. Für einen deutlichen Wirtschaftsaufschwung sorgten zwischen 1948 und 1953 die Warenlieferungen im Rahmen des Marshall-Plans (S. 84). Mit diesem Geschenk, nach heutigem Wert etwa 7 Milliarden Euro, stellten sich bald Erfolge ein.

Proporzsystem und Sozialpartnerschaft

„Parteibuchwirtschaft" Mit der Großen Koalition entstand in Österreich das Proporzsystem*: Viele Stellen im öffentlichen Dienst und in der verstaatlichten Industrie wurden mit Mitgliedern der beiden ehemals mächtigen Großparteien besetzt. Ob jemand dafür auch geeignet war, war oft nicht so wichtig wie das richtige Parteibuch. Man spricht daher auch von „Parteibuchwirtschaft".

Die Sozialpartner Von großer Bedeutung ist bis heute die Zusammenarbeit der großen wirtschaftlichen Interessenverbände der Sozialpartner: Das sind Vertreterinnen und Vertreter von Arbeitnehmerinnen und Arbeitnehmern und Arbeitgeberinnen und Arbeitgebern. Der 1945 gegründete überparteiliche Österreichische Gewerkschaftsbund (ÖGB) wurde zur einflussreichsten Organisation der Arbeitnehmerinnen und Arbeitnehmer. Seine mehr als 1,2 Millionen Mitglieder unterstützt der ÖGB bei Arbeitskonflikten. Er führt für sie auch die Lohnverhandlungen. Daneben sind die Arbeiterkammern (AK) die zweite wichtige Interessenvertretung der Arbeitnehmerinnen und Arbeitnehmer. Die wichtigsten Vertreterinnen und Vertreter der Arbeitgeberinnen und Arbeitgeber kommen aus der Wirtschaftskammer Österreich (WKÖ) und der Vereinigung Österreichischer Industrieller (VÖI). Außerdem zählt die Landwirtschaftskammer Österreich (LKÖ), die die Interessen der Bauernschaft vertritt, zu den Sozialpartnern.

Sozialer Frieden Die Sozialpartner verhandeln alle Fragen der Wirtschafts- und Sozialpolitik freiwillig und meist partnerschaftlich miteinander. Sie geben ihre Lösungsvorschläge an die Regierung weiter. Ihre gute Zusammenarbeit trägt bis heute zum sozialen Frieden bei. Österreich zählt zu jenen Ländern Europas, in denen es seit 1945 die wenigsten Streiks gegeben hat. Der Einfluss der Sozialpartner auf die Politik ist bis heute groß. Viele ihrer Funktionärinnen und Funktionäre sind auch parteipolitisch tätig und üben wichtige politische Funktionen aus (zB Nationalrat, Ministeramt, Parteivorstand).

Arbeite nach M2

Du bist dran

- Fasse die unterschiedlichen Aussagen der beiden Plakate zusammen.
- Stelle die Aussagen gegenüber und erkläre sie.
- Bewerte diese Aussagen mit Hilfe deines (Vor-)Wissens und der Informationen aus dem Schulbuch.

Sozialstaat Österreich

Ein reiches Land Österreich ist heute eines der wohlhabendsten und sozialsten Länder der Welt. Für sehr viele Familien in Österreich ist es heute selbstverständlich, dass sie genügend Wohnraum, einen Kühlschrank, Fernseher, elektronische Geräte wie Handy oder Computer und ein Auto besitzen. Viele Menschen können sich Urlaubsreisen leisten. Für die meisten Jugendlichen ist es normal, regelmäßig Taschengeld zu bekommen.

Ausbau des Sozialstaates Ein Sozialversicherungsgesetz (ASVG) bietet seit 1956 nahezu allen Österreicherinnen und Österreichern eine Kranken-, Unfall-, Pensions- und Arbeitslosenversicherung. Neue Sozialleistungen wurden in der Ära Kreisky eingeführt, zB das Gratisschulbuch, die Schülerfreifahrt sowie die Geburtenbeihilfe. Studiengebühren wurden abgeschafft, im Jahr 2013 für bestimmte Personengruppen wieder eingeführt. 1993 wurde das Pflegegeld für pflegebedürftige Personen eingeführt.

Arbeitsrecht 1974 wurde die betriebliche Mitbestimmung der Arbeitnehmer und Arbeitnehmerinnen (Betriebsräte) erweitert. Ein Jahr später wurde die 40-Stunden-Woche eingeführt. Heute arbeiten sehr viele Menschen 38,5 Stunden. Allerdings kann die tägliche Arbeitszeit seit September 2018 zwölf und die wöchentliche bis 60 Stunden betragen. Der jährliche Urlaubsanspruch stieg von zwei Wochen im Jahr 1965 auf mindestens fünf Wochen (seit 1986). Die große Familienrechtsreform der 1970-er Jahre brachte zB den Frauen die volle Gleichberechtigung in der Ehe. Seit 1990 können Frauen und Männer nach der Geburt eines Kindes ein zweites Karenzjahr in Anspruch nehmen.

Zankapfel „Fristenlösung" Unter Kanzler Kreisky wurde das Strafrecht modernisiert. Ein Streitpunkt zwischen den Parteien blieb die so genannte „Fristenlösung". Sie besagt, dass der Abbruch einer Schwangerschaft während der ersten drei Schwangerschaftsmonate straffrei bleibt. Besonders abgelehnt wird sie bis heute von der katholischen Kirche.

Volksabstimmung über Kernkraftnutzung 1978 kam es zum Konflikt um die Inbetriebnahme des fertig gebauten Kernkraftwerks in Zwentendorf (NÖ). Schließlich siegten in einer Volksabstimmung die Kernkraftgegnerinnen und -gegner mit sehr geringem Vorsprung. Mit dem Atomsperrgesetz wurde schließlich die Produktion von Atomstrom verboten.

Arbeitslosigkeit Sie ist zum großen Problem für viele Industriestaaten geworden. Schuld daran sind nicht nur Wirtschaftskrisen, sondern auch der Wandel in der Arbeitswelt. In vielen Industriezweigen (zB in der Stahlindustrie) und in der Verwaltung gingen auch in Österreich viele tausende Arbeitsplätze verloren. Neue Arbeitsplätze entstanden vor allem im Bereich der neuen Technologien (zB Telekommunikation, IT). Stark zugenommen hat Teilzeitarbeit. Betroffen von Arbeitslosigkeit waren und sind besonders ältere Arbeitnehmerinnen und Arbeitnehmer sowie (schlecht ausgebildete) Jugendliche.

Pensionen Durch sinkende Geburtenzahlen bei gleichzeitig ansteigendem Lebensalter der Menschen gibt es immer mehr Pensionistinnen und Pensionisten im Vergleich zu den Erwerbstätigen. Damit wird auch die Finanzierung der Pensionen zu einem großen und langfristigen (Zukunfts-)Problem.

Pro und Contra Zwentendorf
(Plakate, 1978)

Arbeite nach M2

Du bist dran

- Beschreibe, analysiere und interpretiere die Plakate.
- Vergleiche ihre unterschiedlichen Aussagen und erkläre diese.
- Erläutere die Wertungen, die sie enthalten.
- Lege deine persönliche Meinung dazu dar.

Staat und Recht in Österreich

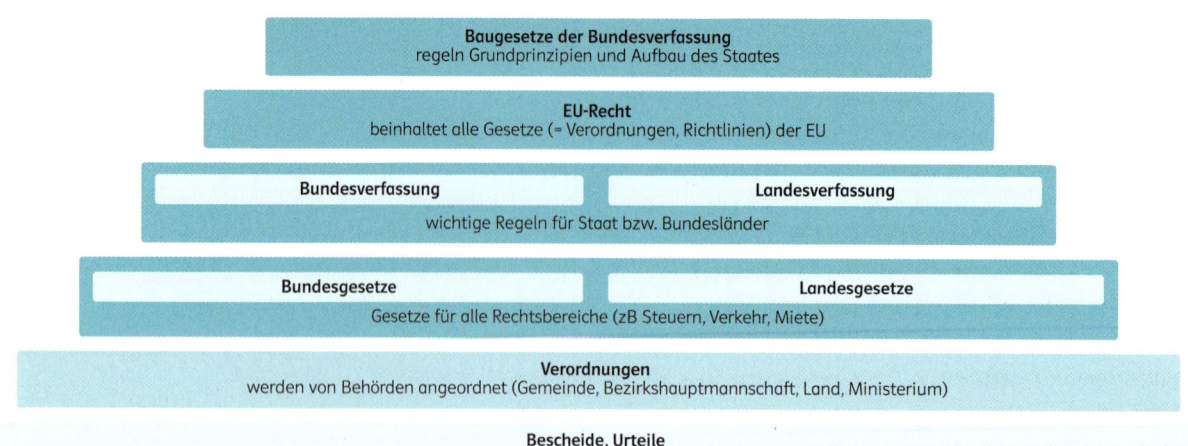

Die Grundprinzipien der Verfassung

Das demokratische Prinzip:

Es besagt, dass in Österreich das Recht vom Volk ausgeht. Es erzeugt durch gewählte Vertreterinnen und Vertreter Gesetze und Rechtsvorschriften.

Das republikanische Prinzip:

Es bedeutet, dass an der Spitze des Staates ein auf begrenzte Zeit gewähltes Staatsoberhaupt steht (= Bundespräsidentin/ Bundespräsident).

Das bundesstaatliche Prinzip:

Es bedeutet, dass Bund und Bundesländer an der Gesetzgebung und ihrer Vollziehung beteiligt sind.

Das rechtsstaatliche und das gewaltentrennende Prinzip:

Sie besagen, dass der Staat und seine Behörden nur auf Grundlage der bestehenden Gesetze handeln dürfen und die Verwaltung eines Staates streng von den unabhängigen Gerichten getrennt sein muss.

Das liberale Prinzip:

Es bedeutet, dass die Grund- und Freiheitsrechte der Bürger und Bürgerinnen geschützt werden und auch alle Gesetze im Einklang mit den Grundrechten stehen müssen.

Warum gibt es einen Stufenbau?

Dieser stellt die unterschiedliche Rangordnung der in Österreich geltenden Gesetze und Rechtsnormen (= Rechtsvorschriften) dar. Dabei gilt der Grundsatz: Keine dieser Normen oder keines dieser Gesetze dürfen den im Stufenüberbau darüber stehenden widersprechen. An oberster Stelle stehen dabei die Baugesetze unserer Verfassung.

Du bist dran

- Erkläre den Stellenwert der EU-Gesetze im Rahmen der österreichischen Gesetzgebung.
- Recherchiert in Kleingruppen Beispiele, wo EU-Recht in Österreich für (gegensätzliche) öffentliche Diskussionen sorgt.
- Sammelt zu diesen Beispielen Pro- und Contra-Argumente und diskutiert sie in der Klasse.

Die Staatsordnung unserer Republik

Eine demokratische Verfassung für den neuen Staat Der verlorene Erste Weltkrieg führte zum Ende der Habsburgermonarchie und zur Ausrufung der Republik Österreich (S. 58). Der neue Kleinstaat brauchte eine neue Staatsordnung (= Verfassung). Die unter Leitung von Hans Kelsen* erarbeitete Verfassung trat 1920 in Kraft. Ihre Grundprinzipien genießen besonderen Schutz. Sie könnten nur durch eine Volksabstimmung geändert oder gar abgeschafft werden. Das war auch 1994 notwendig, als die österreichische Bevölkerung in einer Volksabstimmung dem Beitritt zur Europäischen Union zustimmte.

Die Verfassung besteht aus vielen Rechtsquellen Die österreichische Verfassung besteht allerdings nicht nur aus dem Bundesverfassungsgesetz von 1920. Die Grund- und Freiheitsrechte stammen schon aus der Monarchie. Viele Verfassungsgesetze wurden aber erst in der Zweiten Republik beschlossen (zB das Neutralitätsgesetz, das Zivildienstgesetz oder das Datenschutzgesetz). Dazu kommen immer wieder Ergänzungen (= Novellen).

1929 – erste große Verfassungsänderung Mit ihr wurde die Stellung des Bundespräsidenten bzw. der Bundespräsidentin gestärkt. Seither wird er oder sie nicht mehr für vier Jahre von der Bundesversammlung (= Nationalrat + Bundesrat), sondern direkt vom Volk für sechs Jahre gewählt.

1934 bis 1945 Die demokratische Kelsen-Verfassung wurde 1934 durch die autoritär-faschistische Maiverfassung ersetzt (S. 11, S. 61). Von 1938 bis 1945 folgte die Eingliederung des „Ständestaates" Österreich in die nationalsozialistische Diktatur des Deutschen Reiches. Nach dem Kriegsende und der Ausrufung der Zweiten Republik 1945 trat die Bundesverfassung der Ersten Republik wieder in Kraft.

Die Gewaltenteilung Auf dieser demokratischen Verfassung beruht das politische System in Österreich. Es stützt sich auf drei Gewalten – die Legislative, die Exekutive und die Judikative (s. Grafik). Diese Teilung der Gewalten soll gewährleisten, dass keine staatliche Einrichtung und kein Amt zu viel Macht ausüben kann. Die Gewalten sollen voneinander getrennt sein und sich gegenseitig kontrollieren: Das Parlament (= die Legislative) soll die Arbeit der Regierung (= die Exekutive) kontrollieren. Die unabhängigen (Höchst-)Gerichte wiederum sollen gewährleisten, dass die Arbeit von Parlament und Regierung den Gesetzen entspricht.

Du bist dran

Arbeite nach M6

- Ermittle mit Hilfe der Grafik, welche Gerichte das Parlament bzw. die Regierung kontrollieren.
- Erkläre, wie in Österreich bzw. in Europa ein Gesetz entsteht.
- Erkläre, wie in Österreich die Regierung gebildet wird.
- Erörtere, warum die Gewaltenteilung zwischen Parlament und Regierung nicht völlig gegeben ist. Denke dabei an die Mehrheitsverhältnisse im Parlament.

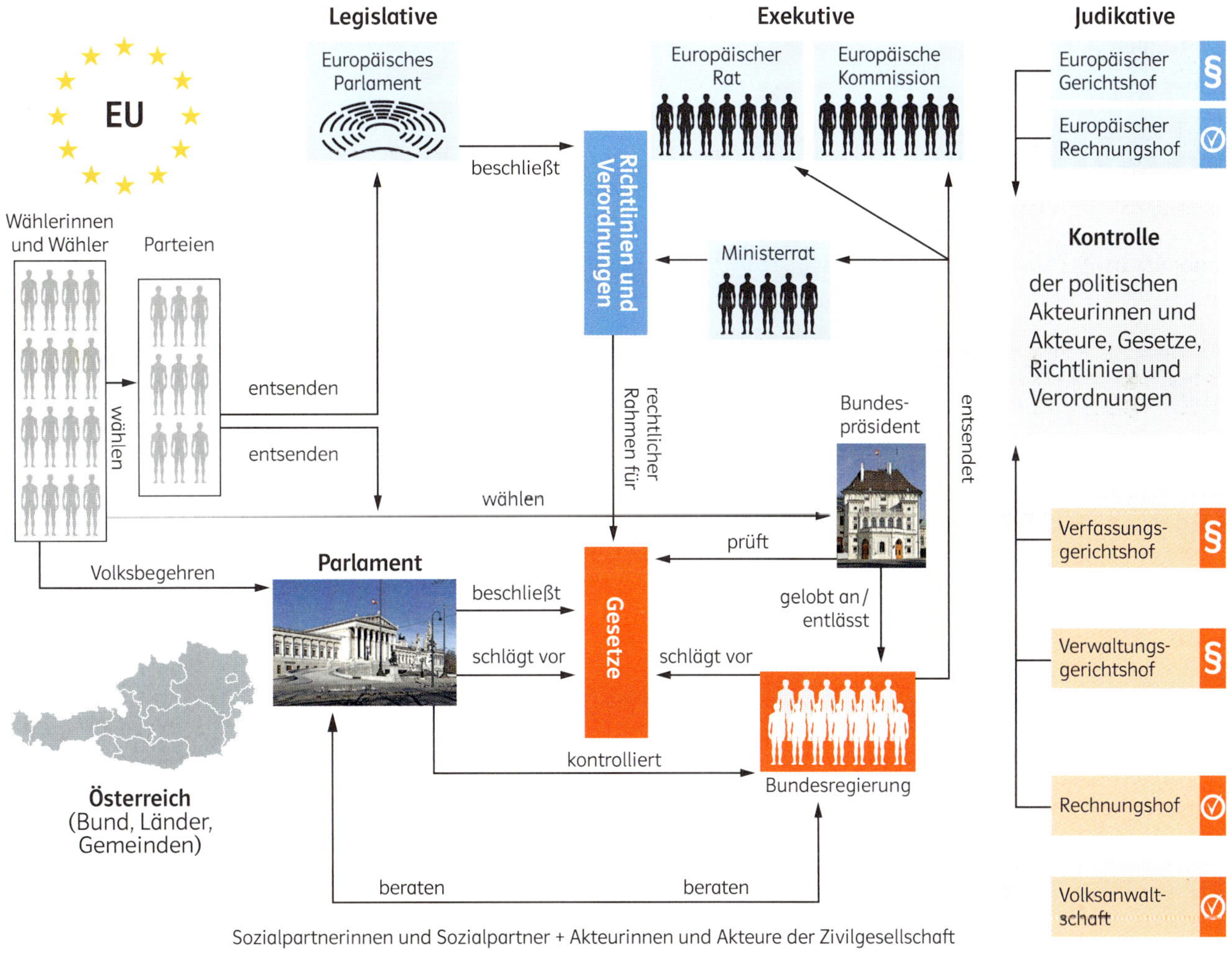

Gewaltenteilung in Österreich (Quelle: Demokratiezentrum)

Politischer Extremismus in Österreich

Arbeite nach M6

Du bist dran

- Werte die Tabellen aus.
- Erstelle aus den beiden Tabellen ein Säulendiagramm zu den Tathandlungen und Anzeigen.
- Vergleiche die Ergebnisse.

Extremistinnen und Extremisten vertreten sehr radikale Anschauungen. Das zeigt sich auf verschiedenen Gebieten:

Thema	Auswirkungen in Europa
Politik	Rechts- und Linksextremismus*
Volkszugehörigkeit/ Sprache	Gewalt gegen andere Volksgruppen, Ausländerfeindlichkeit
Antisemitismus	Angriffe auf Einzelpersonen, Organisationen
Islamfeindlichkeit	
Jihad	Terror, Selbstmordattentate

Antisemitismus In Österreich ist laut dem Forum gegen Antisemitismus in den letzten Jahren ein Anstieg an antisemitischen Drohungen, Äußerungen und tätlichen Angriffen zu verzeichnen.

Antisemitische Vorurteile bei muslimischen Jugendlichen

Q Im vergangenen Jahr hat das Zentrum für Politische Bildung an der Pädagogischen Hochschule Wien eine Befragung unter 700 Lehrlingen durchgeführt. Die Studienautoren (…) wollten wissen, wie die angehenden Köche, Tischler, Friseure und Kfz-Mechaniker Österreichs politisches System erleben und wie stark autoritäre Tendenzen ausgeprägt sind. Die Antworten (…) fielen zwischen Schülern mit Migrationshintergrund und jenen ohne sehr ähnlich aus. Für die Frage, ob sich jemand einen starken Mann im Staat wünscht, macht es keinen Unterschied, ob die Familie aus Ankara oder aus Wien stammt. Doch es gibt zwei Ausnahmen: Unter Schülern, die angaben, dass bei ihnen zu Hause Arabisch, Bosnisch, Türkisch oder Albanisch gesprochen wird, waren deutlich mehr bereit, Muslimen das Recht zuzugestehen, eigene Organisationen zu gründen. Die Hälfte der Befragten in dieser Gruppe (48 Prozent) stimmte außerdem der Aussage zu, dass „Juden in Österreich zu viel Einfluss haben". Wenn zu Hause Deutsch gesprochen wird, waren es 24 Prozent. (derstandard.at/2000059359305/Starke-antisemitischen-Vorurteile-bei-muslimischen-Jugendlichen, 17.6.2017)

Rechtsextremismus in Österreich

	Tathandlungen	Anzeigen
2008	451	835
2009	453	791
2010	580	1040
2011	479	936
2012	519	920
2013	733	1186
2014	750	1201
2015	1156	1691
2016	1313	1867
2017	1063	1576
2018	1075	1622

(Quelle: BMI, BVT, Verfassungsschutzbericht)

Linksextremismus in Österreich

	Tathandlungen	Anzeigen
2008	64	k. A.
2009	90	k. A.
2010	211	340
2011	93	138
2012	142	198
2013	182	411
2014	371	545
2015	186	312
2016	383	463
2017	211	307
2018	137	237

(Quelle: BMI, BVT, Verfassungsschutzbericht)

Arbeite nach M1+A2

Du bist dran

- Schildere anhand dieses Zeitungsberichtes, in welchem Ausmaß Lehrlinge in Österreich antisemitisch eingestellt sind und welche Rolle dabei ihre Herkunft spielt.
- Diskutiert das Ergebnis und formuliert mögliche Gegenstrategien.

Rechtsextremismus Rechtsextreme* nehmen sich die nationalsozialistische Zeit unter Adolf Hitler zum Vorbild. Ihr Weltbild ist von Fremdenfeindlichkeit, Antisemitismus und Rassismus geprägt. Viele halten eine Diktatur („ein starker Mann") für erstrebenswert. Skinheads mit ganz kurz geschorenen Haaren (skin = Haut und head = Kopf) und Neonazis (neo = neu und -nazi Kurzform für Nationalsozialist) sind sehr oft gewaltbereit.
Linksextremismus Linksextreme Gruppen nehmen für die Durchsetzung ihrer politischen Ideen und Forderungen bewusst Gesetzesbrüche und Gewalt in Kauf.

Islamfeindlichkeit

Q Beschimpfungen auf der Straße, hasserfüllte Postings im Internet oder auch tätliche Angriffe auf Menschen – Muslime in Österreich sind immer wieder Opfer von islamfeindlich motivierten Attacken. (…) Februar 2016, 1150 Wien: Eine Schulklasse und die Lehrerin, Frau T., werden von einer älteren Dame in der U-Bahn angesprochen. Die Dame kritisiert das Kopftuch mancher Schülerinnen. Davon ermutigt fängt ein Mann mittleren Alters an, Frau T. anzuschreien. Er schreit, dass man die Kinder zwingen würde, Kopftücher zu tragen und dass man die Österreicher ausnehme. Als er aussteigt, versucht er, Frau T. aus der U-Bahn mitzuziehen mit den Worten „Komm raus du Scheißmoslem." Was den Machern des Berichts aufgefallen ist: „Es sind vor allem Frauen betroffen", sagt Elif Öztürk. So seien in den Fällen, die gegen Personen gerichtet waren, zu 98 Prozent Frauen die Opfer gewesen. (https://diepresse.com/, 27.3.2017)

Du bist dran

Arbeite nach M1

- Stelle anhand des Zeitungsartikels fest, in welcher Form muslimische Menschen in Österreich Ziele von Angriffen werden.
- Arbeite heraus, wer hauptsächlich Opfer islamfeindlicher Angriffe ist.
- Ermittle häufig geäußerte islamfeindliche Argumente und widerlege diese.
- Entwickelt in Partnerarbeit Maßnahmen, die die Lebenssituation muslimischer Frauen in Österreich verbessern könnten.

Jihad/ Dschihad   Dieser arabische Begriff bedeutet „Kampf" oder „Bemühung". Oft wird er in Europa vereinfachend mit „Heiliger Krieg" übersetzt. Im Juli 2016 wurden von den österreichischen Sicherheitsbehörden 287 Personen beobachtet, weil man sie als mögliche Jihadisten ansah. 44 davon gingen nach Syrien und kamen dort bei Kampfhandlungen ums Leben. Weitere 50 wurden an der Ausreise gehindert. Die meisten der vermuteten Jihadisten waren Tschetschenen, Bosnier stellten die zweitgrößte Gruppe. Die Zahl der Menschen, die aus Österreich in den Jihad ziehen wollen, ist laut Verfassungsschutz seit 2015 rückläufig.

Du bist dran

Arbeite nach M1

- Analysiere den Bericht über die Jihad-Mädchen.
- Bewerte die Rolle der sozialen Medien.

Die beiden Wiener Jihad-Mädchen

Q Ein Experte des Anti-Terror-Komitees der UNO: „Wir haben kürzlich die Information über zwei 15-jährige aus Bosnien stammende Mädchen erhalten, die aus Österreich, wo sie in den vergangenen Jahren gelebt haben, ausgereist sind. (…) Sie wurden vom Islamischen Staat rekrutiert. Eine ist bei Kämpfen in Syrien umgekommen, die andere verschwunden." (…) Eine Bestätigung für die UNO-Angaben gibt es nicht. (…) Wie berichtet, waren die beiden Wienerinnen Samra K. und Sabina S. – ihre Eltern sind bosnische Flüchtlinge – im April verschwunden. Zuvor hatten sie Freundinnen anvertraut, in Syrien kämpfen zu wollen. Mit dem Flugzeug sollen sie zuerst nach Ankara und dann weiter ins südtürkische Adana gereist sein. Danach verlor sich ihre Spur. Es gab aber immer wieder Lebenszeichen von den beiden, doch deren Authentizität (= Echtheit) war nie geklärt. Mehrere Medien spielten dabei eine eher zweifelhafte Rolle. In einem SMS-Interview beispielsweise mit dem französischen Magazin „Paris Match" gab Sabina K. an, sie und ihre Freundin hätten zu Fuß die Grenze nach Syrien überquert und wären mittlerweile mit Kämpfern verheiratet. Ob es tatsächlich Sabina war, die da schrieb, konnte freilich nie überprüft werden. Gleiches gilt für die Social-Media-Profile der Mädchen. Wahrscheinlich bedienen sich Terrorgruppen der Identität, um Propaganda zu verbreiten. (Der Standard, 17.12.2014)

Hundert Jahre Republik Österreich

- **Ende der Habsburgermonarchie** 1918 erklärten Tschechen, Südslawen und Ungarn ihre Selbstständigkeit. Kaiser Karl I. verzichtete auf die Staatsgeschäfte. Die Republik wurde ausgerufen. Durch die Bestimmungen des Friedensvertrags von Saint Germain wurde aus dem großen Habsburgerreich neben anderen Nachfolgestaaten das relativ kleine Österreich.

- **Erste Republik und ihr Ende** Der Kleinstaat Österreich musste die Staatsschulden und Reparationszahlungen der Monarchie übernehmen. Die Menschen hungerten, die Wirtschaft lag auch durch die herrschende Inflation darnieder. Die Völkerbundanleihe und die daran geknüpften Bedingungen stoppten die Inflation. Das Sparprogramm und die Einführung des Schillings als Währung verringerten jedoch Kaufkraft und Produktion und steigerten die Arbeitslosigkeit. Die Auseinandersetzungen zwischen den beiden großen Parteien – Christlichsozialer Partei und Sozialdemokratischer Arbeiterpartei – verschärften sich zunehmend. Die Wehrverbände der beiden Parteien hatten großen Anteil daran.

- **Der austrofaschistische „Ständestaat"** Nach der Ausschaltung des Parlaments unter Bundeskanzler Dollfuß wurde Österreich autoritär regiert. Die Sozialdemokratische Arbeiterpartei wurde verboten, führende Sozialdemokraten mussten fliehen oder kamen ins Gefängnis. Im Juli 1934 versuchten damals illegale österreichische Nationalsozialisten einen Umsturz, der jedoch fehlschlug.

- **„Anschluss"** Am 12. März 1938 befahl Hitler den Einmarsch deutscher Truppen in Österreich, am 13. März 1938 wurde das „Anschlussgesetz" beschlossen, Österreich wurde Teil des Deutschen Reichs.

- **Zweite Republik** SPÖ, ÖVP und KPÖ einigten sich im April 1945 auf eine provisorische Regierung, die von der Sowjetunion und den Westalliierten anerkannt wurde. Österreich war nach der Befreiung in vier Besatzungszonen (USA, GB, F, UdSSR) geteilt. Am 15. Mai 1955 unterzeichneten die Alliierten und Österreich den Staatsvertrag. Am 26. Oktober 1955 beschloss der Nationalrat das Neutralitätsgesetz.

- **Regierungen in der Zweiten Republik** Zunächst regierten alle Parteien gemeinsam in einer Konzentrationsregierung, danach bis 1983 entweder die SPÖ oder die ÖVP in einer Alleinregierung und die beiden Parteien in einer Großen Koalition. Seit 1983 lenken sowohl Große aus auch Kleine Koalitionsregierungen (SPÖ-FPÖ, SPÖ-ÖVP, ÖVP-FPÖ (BZÖ), SPÖ-ÖVP, ÖVP-FPÖ, ÖVP-GRÜNE) die Staatsgeschäfte.

- **Sozialpartnerschaft** Vertreterinnen und Vertreter der Arbeitgeber- und der Arbeitnehmerschaft erarbeiten gemeinsam Strategien in der Wirtschafts- und Sozialpolitik und geben diese an die jeweilige Regierung weiter. Die gute Zusammenarbeit zwischen Sozialpartnern und Regierungen trägt seit 1945 zum sozialen Frieden in Österreich bei.

- **Sozialstaat Österreich** Verschiedene Versicherungen (zB Krankenversicherung) und weitere Sozialleistungen sollen für soziale Gerechtigkeit sorgen und eine größtmögliche Absicherung für alle Bürgerinnen und Bürger bieten.

- **Grundprinzipien der Verfassung** Österreich ist demokratisch, republikanisch, bundesstaatlich, rechtsstaatlich, gewaltentrennend und liberal.

- **Extremismus in Österreich** Menschen, die Ordnungen, Regeln und Normen des demokratischen Verfassungsstaates ablehnen, also Extremistinnen und Extremisten, gibt es auch in Österreich. Extremismus kann in verschiedenen Formen auftreten, zB Rechtsextremismus, Linksextremismus, Antisemitismus oder Islamfeindlichkeit.

Wir trainieren Kompetenzen

Rassismus Report 2017: Weitere Zunahme rassistischer Vorfälle – Online Hass und Hetze auf neuem Höchststand

D Mit 1.162 rassistischen Vorfällen, die ZARA – Zivilcourage und Anti-Rassismus-Arbeit 2017 dokumentiert und bearbeitet hat, hat die österreichweit tätige Organisation einen neuen Höchststand verzeichnen müssen. Zurückzuführen ist diese Entwicklung im Wesentlichen auf die weiterhin steigende Zahl an Hasspostings, die der Organisation gezielt seit der Einrichtung der Beratungsstelle #GegenHassimNetz im Herbst 2017 gemeldet werden. 2017 machten die rassistischen Artikel, Postings und Kommentare, die über Online-Portale oder soziale Netzwerke verbreitet wurden, 44 % aller von ZARA dokumentierten Fälle aus. (…) Online Hass und Hetze richten sich nach wie vor am häufigsten gegen Muslim/innen sowie Geflüchtete. Nicht selten geben Medienberichte über Straftaten den Anstoß zu Hatestorms im Netz. Die geposteten Kommentare gewährleisten einen tiefen Einblick in den Grad der Verachtung, Abscheu und Vernichtungsphantasien, die den mutmaßlichen Tätergruppen entgegengebracht werden. (…)

Der fehlende öffentliche Aufschrei sowie Pauschalverurteilungen und Verdächtigungen, die auch von Personen des öffentlichen Lebens geäußert werden, scheinen die Hassposter/innen in ihrem Verhalten zu bestätigen. Einige Täter/innen sind sich keiner Schuld bewusst, wie etwa ein pensionierter Notar, der wegen Verhetzung vom Wiener Oberlandesgericht verurteilt wurde: Die Bezeichnung „Müllsack" für traditionelle muslimische Bekleidung erachtete er als „durchaus witzig" und er verstand nicht, warum er in seinem Blog nicht schreiben darf, „dass sie (= die Muslim/innen) meine Mitbürger umbringen und dies ungestraft tun dürfen".
(https://www.zara.or.at/index.php/archiv/10729#more-10729)

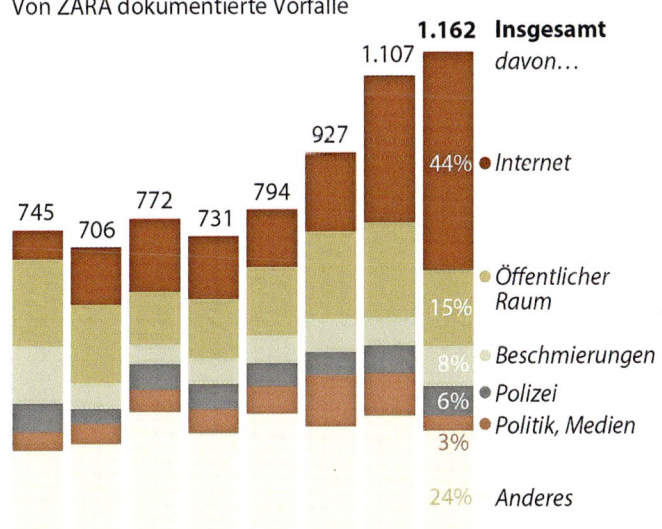

Rassismus-Report 2017
Von ZARA dokumentierte Vorfälle

1.162 Insgesamt davon…

1.107

927

794

745 706 772 731

44% ● Internet

● Öffentlicher Raum
15%

8% ● Beschmierungen
6% ● Polizei
3% ● Politik, Medien

24% Anderes

2010 2011 2012 2013 2014 2015 2016 **2017**

Grafik: © APA, Quelle: APA/ZARA

APA

Rassismus-Report 2017 von ZARA dokumentierte Vorfälle

1. Arbeitsauftrag: Analysiere den Rassismus-Report Schritt für Schritt. Die Methode M1 auf S. 160 hilft dir dabei. **Arbeite nach M1**

2. Arbeitsauftrag: Werte die Grafik aus. Stelle dar, wie sich die von ZARA dokumentierten Vorfälle zwischen 2010 und 2017 entwickelten. **Arbeite nach M6**

3. Arbeitsauftrag: Vergleiche den Text und die Grafik. Erläutere, welche der beiden Darstellungen dir genauere Informationen zu rassistischen Vorfällen liefert. Begründe deine Antwort.

4. Arbeitsauftrag: Überprüfe mögliche Bewertungen in den beiden Darstellungen.

1933		1936 – 1939		1941	Dezember 1941
Machtübernahme		Spanischer		Deutschland greift	Japan greift
Hitlers im		Bürgerkrieg		die Sowjetunion an.	Pearl Harbor an.
Deutschen Reich					

1920	1935/36	September 1939
Friede von Versailles	Achse Berlin – Rom	Deutsche Truppen greifen Polen an.

Die Welt seit dem Zweiten Weltkrieg

 **w326y7**

UNO-City in Wien (Foto Willfried Gredler-Oxenbauer, 2016)

1942 – 1943
Schlacht um Stalingrad

1944
D-Day

August 1945
Atombombenabwurf
auf Hiroshima und
Nagasaki

1947 – 1991
Kalter Krieg

1947
Truman-Doktrin,
Marshallplan

1949
Gründung der VR
China, Gründung
der NATO,
Gründung der
BRD und DDR

1950 – 1953
Koreakrieg

1955
Gründung des
Warschauer
Paktes

Politische und wirtschaftliche Ursachen führten zum Zweiten Weltkrieg, der mit der Niederlage Deutschlands und seiner Verbündeten endete. Bis 1989 bekämpften sich die zwei Supermächte USA und UdSSR in einem Kalten Krieg oder in Stellvertreterkriegen. (Bürger-)Kriege und Terrorismus, wirtschaftliche und soziale Ungleichheiten in einer globalisierten Welt sind allgegenwärtig. Die UNO ist in vielen Fällen machtlos.

Auf den folgenden Seiten sollst du erfahren:
- wie es zum Zweiten Weltkrieg kam und wie er verlief.
- wie und warum die UNO gegründet wurde.
- was der Kalte Krieg bedeutete.
- wie sich Afrika und Asien vom Kolonialismus befreiten.
- was Globalisierung bedeutet.
- wie eine weltweit vernetzte Wirtschaft funktioniert.
- wie Terrorismus die Welt bedroht.

Der Weg in den Zweiten Weltkrieg

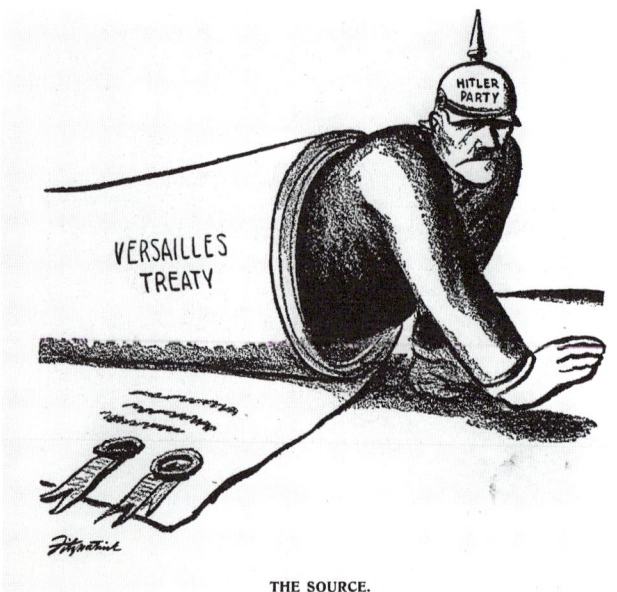

VERSAILLES TREATY

HITLER PARTY

THE SOURCE.

Karikatur (anonym, St. Louis, Missouri, USA, 1930)

Du bist dran

Arbeite nach M2

- Beschreibe, analysiere und interpretiere die Karikatur.
- Vergleiche sie mit dem ersten Absatz des Autorentextes.

LOCARNO?

Wählt deutschnational!

Wahlplakat zur Reichstagswahl 1928

Du bist dran

Arbeite nach M2

- Analysiere das Wahlplakat zur Reichstagswahl 1928.

Brüchiger Frieden Der Friedensvertrag von Versailles mit den Siegermächten des Ersten Weltkrieges wurde von vielen Menschen in Deutschland als Demütigung empfunden: Übernahme der Kriegsschuld, Gebietsabtretungen und hohe Reparationsleistungen trafen auch ihren Nationalstolz. Das schwierige Verhältnis zu Frankreich wurde noch schlechter. Daran konnten auch Versöhnungsversuche nichts ändern: Im Vertrag von Locarno* (1925) erklärten Deutschland und Frankreich, in Zukunft auf Kriege gegeneinander zu verzichten. Deutschland erkannte außerdem die Grenzziehung durch den Versailler Vertrag an. 1926 wurde Deutschland in den Völkerbund aufgenommen.

Nationalismus Vor diesem Hintergrund wurde der Nationalismus in Deutschland stärker. Nationale Parteien fanden Zulauf.

Der japanische Imperialismus Japan hatte sich bis zum Ersten Weltkrieg zur führenden Großmacht in Ostasien entwickelt. Als Siegermacht im Ersten Weltkrieg konnte es seine Machtstellung im pazifischen Raum weiter ausbauen. Damit gab sich Japan aber nicht zufrieden. Es betrieb eine gewaltsame Ausdehnungspolitik gegenüber China: 1931 eroberte Japan die rohstoffreiche Mandschurei. Als der Völkerbund dieses Vorgehen verurteilte, trat Japan aus dem Bund aus und begann den Krieg gegen China von Neuem.

Das faschistische Italien Benito Mussolini wollte das faschistische Italien durch den Erwerb von Kolonien zu einer Großmacht machen (S. 10). Er erinnerte ganz gezielt an das antike Reich der Römer rund um das Mittelmeer. Deshalb ließ er durch seine Truppen 1935/36 das Kaiserreich Abessinien (Äthiopien) erobern. Daraufhin forderte der Völkerbund seine Mitglieder auf, ihre Rohstofflieferungen an Italien einzustellen.

„Achse Berlin – Rom" Die Folge war eine Annäherung zwischen Mussolini und Hitler, der Italien mit Rohstoffen unterstützte. Noch vor Beginn des Zweiten Weltkriegs eroberten italienische Truppen auch Albanien.

Spanien Hitler und Mussolini griffen gemeinsam in den Spanischen Bürgerkrieg (1936–1939) ein. Dort unterstützten sie mit Truppen und neu entwickelten Waffen den Aufstand von General Franco gegen die demokratisch gewählte Regierung. Auf Regierungsseite kämpften Freiwillige, Sozialisten und Kommunisten aus aller Welt. Franco siegte und errichtete eine faschistische Diktatur.

Kriegsvorbereitungen im Deutschen Reich Seit der Machtübernahme (1933) sprach Hitler von seinem Wunsch nach Frieden. Doch er verfolgte nach wie vor seine Pläne zur Eroberung von „Lebensraum im Osten".

Aufrüstung Ab 1935 begann die Aufrüstung Deutschlands. Die deutschen Rüstungsausgaben bis zu Kriegsbeginn waren höher als die Ausgaben Frankreichs, Großbritanniens und der USA zusammen.

Allgemeine Wehrpflicht und die Entwicklung und Produktion von Waffen sollten Deutschland kriegstauglich machen. Dies widersprach den Bestimmungen des Versailler Vertrages. Der Völkerbund verurteilte den Vertragsbruch. Frankreich und besonders Großbritannien unter Premierminister Chamberlain begannen nun mit ihrer Appeasement-(= Beschwichtigungs-)Politik. Sie glaubten, man könne Hitler durch Zugeständnisse dazu bringen, sich an Vereinbarungen zu halten und so den Frieden in Europa sichern.

Der „Friedensredner" Hitler
(Amerikanische Karikatur, 1933)

Hitler 1935 im Reichstag

Q Das nationalsozialistische Deutschland will den Frieden aus der einfachen Erkenntnis, dass kein Krieg geeignet sein würde, das Wesen unserer allgemeinen europäischen Not zu beheben, wohl aber diese zu vermehren. Was könnte ich anderes wünschen als Frieden? Deutschland braucht den Frieden, und es will den Frieden!
(In: W. Hofer, Der Nationalsozialismus)

Eroberungspolitik Anfangs tarnte Hitler seine Eroberungspolitik als „Heimholung der Deutschen ins Großdeutsche Reich". Mit Österreich machte er 1938 den Anfang. Wenige Monate später forderte Hitler das Selbstbestimmungsrecht für die Sudetendeutschen in der Tschechoslowakei. Die tschechoslowakische Regierung lehnte dies ab. Der drohende Krieg konnte durch das Münchner Abkommen noch einmal verhindert werden: Großbritannien, Frankreich und Italien stimmten der deutschen Besetzung des Sudetenlandes zu. Im März 1939 besetzten deutsche Truppen auch die (Rest-)Tschechoslowakei.

Du bist dran   *Arbeite nach M2+A1*

- Interpretiere die Propagandapostkarte.
- Recherchiere im Internet den Text der Proklamation Adolf Hitlers an das deutsche Volk am 13. März 1938. Stelle fest, welche Aussagen in beiden zu finden sind.
- Nenne die Argumente, mit denen Hitler den Einmarsch deutscher Truppen in Österreich begründet.

Du bist dran   *Arbeite nach M1+M2*

- Beschreibe, analysiere und interpretiere die Karikatur. Achte dabei besonders auf Bildelemente, die symbolische Bedeutung haben.
- Arbeite heraus, mit welcher Begründung sich Hitler in seiner Reichstagsrede für den Frieden in Europa ausspricht.
- Vergleiche die Aussage der Karikatur mit der Rede Hitlers im Reichstag.
- Bewerte Hitlers Aussagen angesichts der im Text dargestellten Aufrüstung.

Hitler-Stalin-Pakt Frankreich und Großbritannien erkannten, dass ihre Appeasement-Politik gescheitert war. Als Hitler von Polen eine Landverbindung nach Ostpreußen forderte, versprachen sie Polen militärische Hilfe. Hitler schloss daraufhin mit Stalin (S. 8) einen Nichtangriffspakt (Hitler-Stalin-Pakt). In einem geheimen Zusatzprotokoll zu diesem Vertrag teilten sie Polen untereinander auf.
Kriegsausbruch Am 1. September 1939 griffen deutsche Truppen Polen an. Hitler glaubte, dass Großbritannien und Frankreich ihre Appeasement-Politik fortsetzen und wieder nachgeben würden.

Propagandapostkarte zur Abstimmung über den Anschluss Deutschösterreichs an das Deutsche Reich in Salzburg am 29. Mai 1921 (Wien, München, 1921)

„Blitzkriege" und Weltkrieg

Du bist dran — *Arbeite nach M2*

- Analysiere anhand von Details, dass dieses Foto höchstwahrscheinlich kein Schnappschuss, sondern eine sorgfältig inszenierte Propagandaaufnahme ist.
- Erörtere, welche Gründe die Wehrmacht für diese Bildinszenierung gehabt haben könnte.

Deutsche Soldaten bei der Demontage eines polnischen Grenzbalkens (Foto 1939)

Proklamation Hitlers, 22. Juni 1941

Q Zur Abwehr der drohenden Gefahr aus dem Osten ist die deutsche Wehrmacht am 22. Juni drei Uhr früh mitten in den gewaltigen Aufmarsch der feindlichen Kräfte hineingestoßen! Es vollzieht sich ein Aufmarsch, der in Ausdehnung und Umfang der größte ist, den die Welt bisher gesehen hat.
(In: Harald Sander, Hitler – Das Itinerar, 2017)

Du bist dran — *Arbeite nach M1*

- Arbeite aus dem Quellentext und dem Autorentext die Gründe für den Angriff auf die Sowjetunion heraus.

Du bist dran

- Recherchiere, wie das Thema dieser Doppelseite in zwei anderen Medien dargestellt wird (Sachbücher, andere Schulbücher, TV-Dokumentationen, …).

Kriegserklärungen Mit dem deutschen Überfall auf Polen begann der Zweite Weltkrieg. Zwei Tage später erklärten Großbritannien und Frankreich dem Deutschen Reich den Krieg. Ihre Aufrüstung war jedoch noch nicht so weit fortgeschritten, dass sie eingreifen konnten.

„Blitzkriege" Anfangs gelang es dem hochgerüsteten Deutschen Reich, in jeweils nur wenige Wochen dauernden „Blitzkriegen" unvorbereitete Gegner zu besiegen. Polen wurde eingenommen und geteilt. Die neutralen Staaten Dänemark und Norwegen wurden besetzt. Damit wollte das Deutsche Reich verhindern, dass sich dort britische Truppen festsetzten.

Angriff auf Frankreich Im Mai 1940 erfolgte der deutsche Angriff auf Frankreich. Dabei besetzte die Wehrmacht die neutralen Staaten Niederlande und Belgien. Auch dieser „Westfeldzug" endete mit einem Sieg Deutschlands und der Besetzung weiter Teile Frankreichs.

Kriegseintritt Italiens Nun trat Italien unter Mussolini in den Krieg ein und versuchte, im Mittelmeerraum weitere Gebiete zu erobern. Doch das italienische Militär war nicht kriegstauglich. Deutsche Truppen besetzten Jugoslawien, Griechenland und Nordafrika.

Großbritannien Die Wehrmacht plante, England zuerst durch Luftangriffe zu schwächen, um anschließend die Insel erfolgreich besetzen zu können. Der deutschen Luftwaffe gelang es zwar, in London und anderen Städten große Bombenschäden zu verursachen, eine Besetzung scheiterte jedoch am Widerstand der Royal Air Force. Dies war der erste militärische Erfolg gegen das Deutsche Reich.

Sowjetunion Im Juni 1941 befahl Hitler trotz des Nichtangriffspakts den Angriff auf die Sowjetunion: Hier wollte er „Lebensraum" für das deutsche Volk gewinnen. Drei Millionen Soldaten bildeten die über 2100 km lange Front von Finnland bis zum Schwarzen Meer. Die deutschen Armeen stießen zunächst siegreich vor. Vier Millionen Soldaten der Roten Armee* gerieten in deutsche Gefangenschaft. Doch vor Leningrad, Moskau und Stalingrad kam Anfang Dezember 1941 der Vormarsch zum Stehen. Regenfälle hatten die Lehmstraßen in tiefen Schlamm verwandelt, der einbrechende Winter wurde besonders hart. Die sowjetische Taktik der „verbrannten Erde" zerstörte alles, was den vorrückenden Deutschen als Lebensmittelvorräte, Unterschlupf oder Kälteschutz dienen hätte können. Kriegswichtige Industrieanlagen ließ Stalin abbauen und hinter den Ural verlegen. Sowjetische Partisanen* griffen immer wieder aus dem Hinterhalt an und störten den deutschen Nachschub, dessen Wege durch das Vorrücken immer länger wurden.

Kriegswende bei Stalingrad   Das heutige Wolgograd wurde zum Schauplatz einer der verlustreichsten Schlachten des Zweiten Weltkrieges. Deutsche Truppen hatten im Herbst 1942 bereits zwei Drittel der Stadt erobert, als die sowjetische Gegenoffensive einsetzte. Sowohl Hitler als auch Stalin wollten die Stadt um jeden Preis halten. Um die Jahreswende 1942/43 wurde die 6. Deutsche Armee mit fast 280 000 Mann von sowjetischen Truppen eingeschlossen. Nur ein Teil davon konnte ausgeflogen werden. Diejenigen, die nicht gefallen, erfroren oder verhungert waren, mussten sich nach erbitterten Kämpfen ergeben. Die Stadt wurde nahezu völlig zerstört.

Weltkrieg   Die USA unterstützten China gegen die japanische Eroberungspolitik. Sie verboten die Ausfuhr von Stahl und Erdöl nach Japan. Nun bereitete sich der rohstoffarme Inselstaat auf einen Krieg gegen die USA vor. 1940 schloss Japan mit Deutschland und Italien den „Dreimächtepakt". Darin erklärten sie sich auch zu den drei Führungsmächten in einer zukünftigen neuen Weltordnung.

Der Angriff auf Pearl Harbor   Am 7. Dezember 1941 griffen japanische Flugzeuge und U-Boote ohne Vorwarnung den Stützpunkt der amerikanischen Pazifikflotte in Pearl Harbor auf Hawaii an. Sie versenkten die Schiffe und zerstörten dort stationierte Flugzeuge. So konnte Japan große Eroberungen im pazifischen Raum machen. Gleich nach dem Angriff auf Pearl Harbor erklärten auch Deutschland und Italien den USA den Krieg. Damit war aus dem europäischen Krieg ein Weltkrieg geworden.

Du bist dran

Arbeite nach M1+M4

- Vergleiche den Inhalt der Feldpost mit der Darstellung des Textes über Stalingrad.
- Stelle fest, welche Probleme Hans anspricht und welche nicht.
- Erörtere, warum wesentliche Informationen über die Geschehnisse in Stalingrad in diesem Brief unerwähnt bleiben und welchen „Wunsch" er nicht nennen darf.
- Arbeite aus den beiden Karten die Machtbereiche im Zweiten Weltkrieg heraus.

Feldpost aus Stalingrad, Osten, den 17.12.42

Q Liebe kleine Erna!
(...) den Winter, den werden wir nie vergessen. Weihnachten 1942 wird für uns unvergesslich bleiben. Vor vier Wochen haben wir die Gedanken nur auf Urlaub zu fahren gehabt, aber jetzt denken wir gar nicht mehr daran. Wir haben nur noch einen Wunsch, aber den darf ich nicht schreiben. Na ja lange wird es nicht dauern, dann wird er auch in Erfüllung gehen, dann wird es uns bedeutend besser gehen als vorher. (...) ja dieser Krieg, der hat nichts Gutes in sich. Wer hätte das gedacht, dass er so lange dauern wird. Unsere Jahre gehen dahin, ohne dass man etwas davon hat. Das Leben wird, je länger der Krieg dauert, desto unerträglicher. (...) Das Wetter ist auch nicht so sehr warm. Heute haben wir hier 22 Grad Kälte und der scharfe Wind ist auch nicht zu verachten. (...)
Mache Dir keine Sorgen, es wird bald gut werden.
Sei vielmals gegrüßt und auf Wiedersehen Dein Hans
(In: Jens Ebert (Hg.), Feldpostbriefe aus Stalingrad)

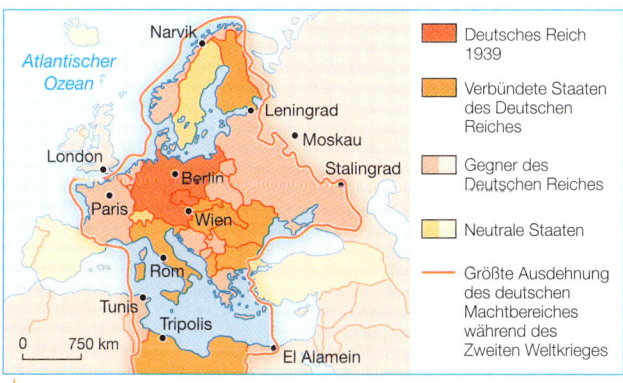

Die größte Ausdehnung des deutschen Machtbereichs im Zweiten Weltkrieg

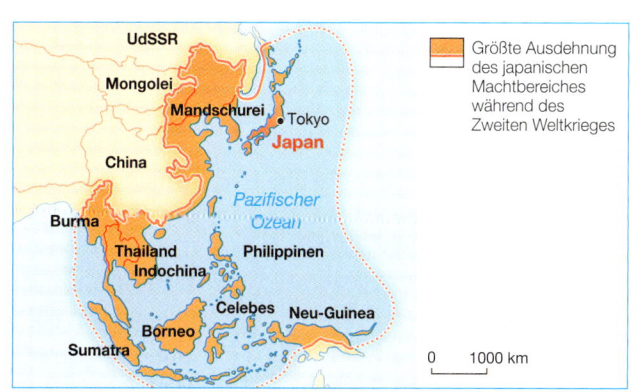

Die größte Ausdehnung des japanischen Machtbereichs im Zweiten Weltkrieg

Vom „totalen Krieg" zur totalen Niederlage

Das Mozarthaus am Makartplatz in Salzburg nach Bombentreffern (Foto, Herbst 1944)

Bombardierung Londons Nach der erfolglosen Bombardierung Großbritanniens 1940/41 setzte die Wehrmacht 1944/45 Raketen für Angriffe auf Großbritannien ein. Ein kleiner Bub sitzt im Jänner 1945 in den Trümmern des Hauses, unter denen seine Eltern begraben wurden. Den Angriffen der deutschen Luftwaffe fielen in Großbritannien etwa 43 000 Zivilistinnen und Zivilisten zum Opfer. (Foto, Toni Frissell, Jänner 1945)

Du bist dran   Arbeite nach M2

- Analysiere die beiden Fotos.
- Arbeite die Folgen der Luftangriffe auf das Leben der Menschen heraus.
- Überprüfe mit Hilfe der beiden Fotos und der Bildunterschriften die Darstellung im Autorentext.

Propagandaplakat (1943)

Du bist dran   Arbeite nach M2

- Beschreibe, analysiere und interpretiere das Plakat.
- Erörtere, welche Wirkung dieses Plakat hervorrufen sollte.
- Erkläre, was die Nationalsozialisten unter „totalem Krieg" verstanden.

Übermacht der Alliierten   Die USA unterstützten die Gegner Hitlers seit Kriegsbeginn mit Waffen und traten 1941 in den Krieg ein. Die US-amerikanische Rüstungsindustrie lieferte Flugzeuge, Panzer und Geschütze, die auf Schiffen über den Atlantik transportiert wurden. Die zu Beginn des Krieges gefürchtete deutsche U-Boot-Flotte konnte dies nicht verhindern.

Bombenkrieg   Seit 1942 flogen Briten und US-Amerikaner mit großen Bombengeschwadern Luftangriffe auf deutsche Städte. Ab 1944 begannen die alliierten Luftangriffe auf Österreich. Ziele der Luftangriffe waren wichtige Verkehrsverbindungen, Bahnhöfe und Industrieanlagen. Die Bomben zerstörten dabei aber auch Wohngebiete, etwa 600 000 Zivilistinnen und Zivilisten wurden getötet.

„Totaler Krieg"   Nach der Niederlage von Stalingrad rief Goebbels die Deutschen zum „totalen Krieg" auf. Die NS-Führung sprach zwar immer noch vom Sieg, die Menschen im Deutschen Reich erlebten jedoch durch Bombenangriffe und brennende Städte das entsetzliche Ausmaß des Krieges. Frauen wurden verstärkt zur Arbeit in „kriegswichtigen" Betrieben verpflichtet, um die Männer, die an die Front geschickt wurden, zu ersetzen. Neun Millionen Zwangsarbeiterinnen und Zwangsarbeiter aus den eroberten Gebieten mussten im Deutschen Reich arbeiten.

Deutsche Niederlagen   Die Überlegenheit der Alliierten wurde ab 1943 immer deutlicher. Die deutschen Armeen wurden an allen Fronten zurückgedrängt und geschlagen. Im Osten drang die Rote Armee vor, in Afrika kapitulierten die deutschen Truppen gegen Briten und US-Amerikaner (Mai 1943), bald danach auch Italien (September 1943).

D-Day°   Im Juni 1944 landeten US-Amerikaner und Briten in der Normandie und begannen mit der Befreiung Frankreichs. Damit war die von Stalin immer wieder geforderte „zweite Front" gegen Deutschland errichtet. Von Osten, Westen und Süden drangen nun die Alliierten gegen das deutsche Reichsgebiet vor.

Der „Volkssturm" In der letzten Phase des „totalen Krieges" griff die nationalsozialistische Führung zu verzweifelten Abwehrmaßnahmen. Alle waffenfähigen Männer von 16 bis 60 Jahren mussten gegen feindliche Soldaten kämpfen. Städte mussten unter Androhung der Todesstrafe „bis zum letzten Blutstropfen" verteidigt werden.

D-Day, 6. Juni 1944
(Foto Robert F. Sargent, 1944)

—— **14-jährige Soldaten des „Volkssturms"** nach ihrer Gefangennahme durch die US-Armee (Foto März/April 1945)

Kapitulation Während der Einnahme Berlins durch die alliierten Truppen beging Hitler Selbstmord. Am 8. Mai 1945 erklärte das Deutsche Reich seine bedingungslose Kapitulation.

Atombomben gegen Japan Der Einsatz von Atombomben beendete den Krieg im Pazifik. Um die Japaner zur Kapitulation zu zwingen, ordnete US-Präsident Truman* den Abwurf von Atombomben auf Hiroshima und Nagasaki an. Viele tausende Menschen wurden getötet oder verletzt, viele starben noch Jahre später an den Folgen der Verstrahlung. Japan kapitulierte. Damit war am 2. September 1945 der Zweite Weltkrieg beendet. 55 Millionen Menschen hatten ihr Leben verloren.

Du bist dran   *Arbeite nach M2*

- Beschreibe und interpretiere die Szene des D-Day, die der Kriegsberichterstatter auf diesem Foto festhielt. Beachte, aus welcher Perspektive das Bild entstand.

Du bist dran   *Arbeite nach M2*

- Beschreibe, analysiere und interpretiere das Foto links.
- Erörtere, wer diese Szene aus welchen Gründen fotografiert haben könnte.

Ein Überlebender schildert den Abwurf der Atombombe auf Hiroshima (5.8.2015)

D Der Schmerz war unerträglich, er riss sich die Stofffetzen vom Leib, an denen seine Haut hing. Seine Lippen schwollen an, die Ohren waren zur Hälfte verbrannt. „Ich sah nicht mehr aus wie ein Mensch", sagt Tsuboi (…), „ich war plötzlich zu einem Monster geworden, zu einem Untoten." (…) „Der Fluss Ota war voller Leichen, die Menschen waren hineingesprungen, weil sie brannten. Doch die meisten konnten gar nicht schwimmen. Wer nicht verbrannt war, der ertrank."
(https://www.welt.de/politik/ausland/article144843198/Inmitten-dieser-Hoelle-schrien-die-Menschen.html)

Hiroshima nach dem Abwurf der Atombombe 1945 (Foto 6.8.1945)

Du bist dran   *Arbeite nach A2*

- Diskutiert, inwieweit die Bombardierung der Zivilbevölkerung für ein rasches Kriegsende gerechtfertigt war.
- Überprüfe, ob dein Wissen als Grundlage für dein Urteil ausreicht. Wo könntest du weitere Informationen finden?

Die UNO – der unerfüllte Traum vom Weltfrieden

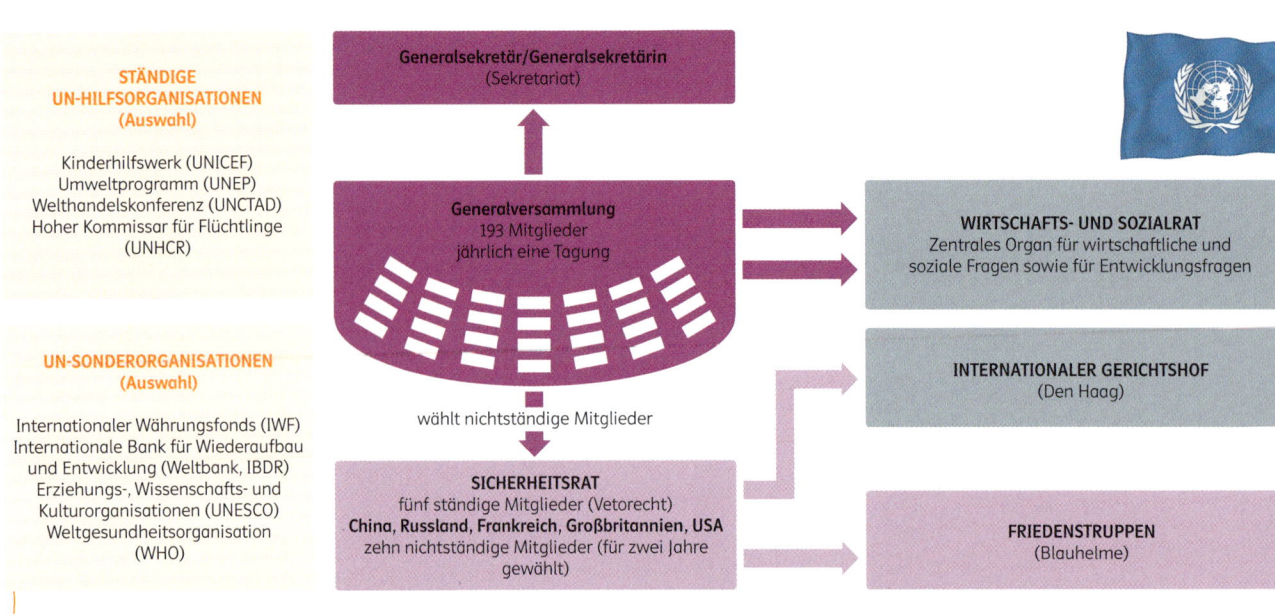

STÄNDIGE UN-HILFSORGANISATIONEN (Auswahl)

Kinderhilfswerk (UNICEF)
Umweltprogramm (UNEP)
Welthandelskonferenz (UNCTAD)
Hoher Kommissar für Flüchtlinge (UNHCR)

UN-SONDERORGANISATIONEN (Auswahl)

Internationaler Währungsfonds (IWF)
Internationale Bank für Wiederaufbau und Entwicklung (Weltbank, IBDR)
Erziehungs-, Wissenschafts- und Kulturorganisationen (UNESCO)
Weltgesundheitsorganisation (WHO)

Generalsekretär/Generalsekretärin (Sekretariat)

Generalversammlung 193 Mitglieder jährlich eine Tagung

wählt nichtständige Mitglieder

SICHERHEITSRAT fünf ständige Mitglieder (Vetorecht) **China, Russland, Frankreich, Großbritannien, USA** zehn nichtständige Mitglieder (für zwei Jahre gewählt)

WIRTSCHAFTS- UND SOZIALRAT Zentrales Organ für wirtschaftliche und soziale Fragen sowie für Entwicklungsfragen

INTERNATIONALER GERICHTSHOF (Den Haag)

FRIEDENSTRUPPEN (Blauhelme)

Organe und Aufbau der UNO

In der Einleitung der UNO-Charta von 1945 heißt es:

Q Wir, die Völker der Vereinten Nationen – fest entschlossen, künftige Geschlechter vor der Geißel des Krieges zu bewahren, die zweimal zu unseren Lebzeiten unsagbares Leid über die Menschheit gebracht hat, unseren Glauben an die Grundrechte des Menschen, an Würde und Wert der menschlichen Persönlichkeit, an die Gleichberechtigung von Mann und Frau sowie von allen Nationen, ob groß oder klein, erneut zu bekräftigen, Bedingungen zu schaffen, unter denen Gerechtigkeit und die Achtung vor den Verpflichtungen aus Verträgen und anderen Quellen des Völkerrechts gewahrt werden können, den sozialen Fortschritt und einen besseren Lebensstandard in größerer Freiheit zu fördern (https://www.unric.org/de/charta)

Der geplatzte Traum einer „Weltregierung"

„Nie wieder Krieg!" Das war ein großer Wunsch am Ende des Zweiten Weltkrieges. Nie zuvor hatte ein Krieg so viel Zerstörung angerichtet und so viele Menschenleben gekostet.

Dauerhafter Friede – aber wie? Schon während des Krieges entwickelte der US-amerikanische Präsident Franklin D. Roosevelt* die Idee von „Einer Welt". Die einzelnen Staaten mit ihren verschiedenen politischen Systemen sollten sich zu einem Staatenbund zusammenschließen. Eine Art „Weltregierung" mit Vertretern der USA, Großbritanniens, Frankreichs, der Sowjetunion und Chinas sollte diesen Staatenbund leiten und den Weltfrieden sichern. Diese Idee ließ sich aber nicht durchsetzen, weil schon mit Kriegsende großes Misstrauen zwischen den Siegermächten USA und Sowjetunion entstand (S. 86).

Gründung der Vereinten Nationen und ihre Ziele Im Juni 1945 gründeten die USA und die Sowjetunion gemeinsam mit 49 anderen Staaten die Organisation der Vereinten Nationen (United Nations Organization = UNO). Seit Beginn des 21. Jh. sind fast alle Staaten der Welt (193) Mitglieder der UNO. Ihre wichtigsten Ziele sind:
- den Weltfrieden zu sichern;
- die Gleichberechtigung aller Staaten zu garantieren;
- die Menschenrechte zu schützen;
- den allgemeinen Lebensstandard in der Welt zu verbessern.

Die Macht der UNO – Wunsch und Wirklichkeit Der Sicherheitsrat ist das wichtigste Organ der UNO. Dieser kann einen Militäreinsatz anordnen, um in (kriegerische) Konflikte einzugreifen bzw. sie zu beenden. Das setzt allerdings die Einigkeit der Großmächte voraus. Denn jede von ihnen kann mit einem Veto* einen solchen Beschluss blockieren.

Arbeite nach M1+A1

Du bist dran

- Liste die wichtigsten Organe der UNO auf.
- Ermittelt in Kleingruppen deren Aufgaben.
- Arbeite heraus, welche Möglichkeiten die UNO zur Herstellung und Sicherung von Frieden hat und welche Hindernisse es dabei gibt.

Der UN-Sicherheitsrat (Karikatur Timo Essner, 2016)

Du bist dran   *Arbeite nach M2+A1*

- Recherchiere im Internet zur Rolle der UNO unter den Stichwörtern: Jugoslawien-Krieg / Massaker von Srebrenica, Völkermord in Ruanda, Darfur-Konflikt, Syrien-Krieg, zB unter: www.bpb.de und de.wikipedia.org.
- Beschreibe, wie der Karikaturist die Mitglieder des UN-Sicherheitsrates in den vier Bildern darstellt.
- Interpretiere, was der Zeichner mit seiner Karikatur aussagen wollte.
- Bewerte mit Hilfe deiner Recherchen über die UNO diese Aussage.

Du bist dran   *Arbeite nach M1*

- Versetze dich in die Lage eines UN-Soldaten und eines Zivilisten aus Srebrenica. Verfasse mit Hilfe der Darstellung von Caroline Fetscher ein Streitgespräch zwischen den beiden.

Du bist dran   *Arbeite nach M1+A2*

- Beurteile, inwieweit sich die Überschrift dieser Doppelseite im Verfassertext widerspiegelt.
- Diskutiert, inwieweit die UNO ihre wichtigsten Ziele bisher erreicht hat.

Die Blauhelme   Die UNO verfügt über keine eigenen Streitkräfte. Diese werden von Fall zu Fall von den Mitgliedsländern gestellt. Die so genannten Blauhelme werden sowohl zur Herstellung des Friedens (peace making) als auch zu seiner Sicherung (peace keeping) eingesetzt. Auch österreichische Blauhelme waren in den letzten Jahrzehnten zur Friedenssicherung im Einsatz (zB Zypern, Golan, Libanon, Kosovo, Westafrika).

Erfolge und Misserfolge   In vielen Fällen gelang es der UNO, durch gewaltlose Vermittlung oder Militäreinsätze Konflikte (zB zwischen zwei Staaten) zu lösen oder Bürgerkriege zu beenden. Sie konnte aber nicht verhindern, dass seit 1945 mehr als 200 kleine und größere Kriege weltweit ausbrachen. Schuld daran war auch die Aufspaltung der Welt nach 1945 in zwei große Machtblöcke. Sowohl die Sowjetunion als auch die USA sicherten ihren Einflussbereich oft mit militärischen Mitteln oder ließen Stellvertreter für sich kämpfen (S. 87). Mit ihrem Vetorecht* im Sicherheitsrat verhinderten sie ein Eingreifen der UNO.

Menschenrechte   Im Jahr 1948, am 10. Dezember (= Tag der Menschenrechte), wurde von der UNO-Generalversammlung die „Allgemeine Erklärung der Menschenrechte" beschlossen. Doch bis heute werden die Menschenrechte von vielen Staaten immer wieder verletzt (S. 142).

Srebrenica: „Bosniens Wunde ist noch nicht verheilt"

Während des Bosnienkrieges war Srebrenica (…) 1993 zur Schutzzone der Vereinten Nationen erklärt worden. Ein Bataillon von 450 niederländischen Blauhelm-Soldaten sollte die Sicherheit der Bevölkerung garantieren. Das Städtchen in Ostbosnien hatte 1990 (…) etwa 6000 Einwohner. Als es zur „Schutzzone" wurde, suchten hier mehr als 40 000 Zivilisten Zuflucht. (…) De facto (= tatsächlich) hatte man ein Sammellager eingerichtet, das die „ethnische Säuberung" durch serbische Truppen nur noch einfacher machte. Mitte Juli 1995 überrannten Serben den Ort. Vor den Augen der Blauhelmsoldaten begann die systematische Aussonderung der Jungen und Männer. Sie wurden auf Felder, in Scheunen, Schulbauten außerhalb des Ortes verschleppt. Nach Massenerschießungen verscharrte man sie. (…) Srebrenica wurde auch zum Synonym (= gleichbedeutend) für die Untätigkeit der internationalen Gemeinschaft, der es an politischem Willen fehlte, einzugreifen. (…)
(In: Caroline Fetscher, Bosniens Wunde ist noch nicht verheilt, Zeit-online, 11. Juli 2010)

Der Ost-West-Konflikt

Aus der Truman-Doktrin (1947)

Q Ich bin der Überzeugung, dass die USA freien Völkern helfen müssen, die sich wehren gegen den Versuch der Unterjochung durch bewaffnete Minderheiten oder durch Druck von außen. (...) Ich bin der Auffassung, dass unsere Unterstützung in erster Linie als wirtschaftliche und finanzielle Hilfe erfolgen sollte, die Voraussetzung ist für wirtschaftliche Stabilität und geordnete politische Verhältnisse.
(In: H. Steele Commager, Documents of American History II)

Osteuropa wird kommunistisch

Errichtung der Volksdemokratien Das Anti-Hitler-Bündnis zerfiel schon bald nach Kriegsende. Gegenseitiges Misstrauen zwischen den Westalliierten und der Sowjetunion trat an seine Stelle. Bis zum Jahr 1949 wurden in den von der Roten Armee besetzten osteuropäischen Staaten (Polen, Tschechoslowakei, Ungarn, Rumänien, Bulgarien) kommunistische Volksdemokratien errichtet: Großgrundbesitzerinnen und -besitzer wurden enteignet, die Industrien verstaatlicht. Gleichzeitig sicherten sich die Kommunisten die Führungspositionen bei Polizei und Medien. Sie unterdrückten jegliche Opposition, wenn nötig auch mit Gewalt.
Der „Eiserne Vorhang" Diese kommunistischen Volksdemokratien bildeten für die Sowjetunion einen Sicherheitsgürtel vor ihrer Westgrenze. Im Westen sprach man bald vom „Eisernen Vorhang", der bis 1989 Ost- und Westeuropa trennte. Streng bewachte Grenzen mit Minenfeldern, Stacheldraht und Wachtürmen waren sein äußeres Zeichen.

USA: Eindämmungspolitik und Marshall-Plan

Die Truman-Doktrin* In dieser politischen Grundsatzerklärung (1947) legte US-Präsident Harry Truman dar, warum und mit welchen Mitteln die USA eine weitere Ausbreitung des Kommunismus in Europa und der Welt eindämmen wollten.
Der Marshallplan Trumans Außenminister, George Marshall*, wusste Bescheid über die trostlose wirtschaftliche Lage Europas und dessen Not leidende Bevölkerung. Und die USA brauchten Absatzmärkte in Europa. Sein Plan war deshalb eine Wirtschaftshilfe in Form von Sachlieferungen und Krediten. Sie betrug zwischen 1948 und 1952 rund 13 Milliarden Dollar. Damit wurden Rohstoffe und Nahrungsmittel, Maschinen für Industrie und Landwirtschaft beschafft sowie die Infrastruktur ausgebaut. Mit dieser Hilfe gelang den 15 teilnehmenden europäischen Staaten, darunter auch Österreich, ein rascher Wiederaufbau (S. 66). Auch die USA hatten ihr Ziel erreicht: Diese Staaten wurden zu politischen und wirtschaftlichen Partnern.

Arbeite nach M1+A2

Du bist dran

- Arbeite heraus, wie Truman die Unterstützung „freier Völker" begründet, und auf welche Weise sie erfolgen soll.
- Erkläre mit Hilfe des Autorentextes, was Truman unter „geordneten politischen Verhältnissen" versteht.
- Diskutiert in der Klasse, inwieweit Trumans Aussagen heute noch zutreffen.

George C. Marshall über die Bedeutung des Marshallplan (Juni 1947)

Q Unsere Politik richtet sich weder gegen ein anderes Land noch gegen eine politische Doktrin, sondern gegen Hunger, Armut, Verzweiflung und Chaos. Die Wiederherstellung einer funktionsfähigen Weltwirtschaft zur Schaffung von politischen und sozialen Verhältnissen, unter denen freiheitliche Einrichtungen gedeihen können, muss künftig die Aufgabe unserer Außenpolitik sein. (In: Harry S. Truman, Memoiren, 1956)

Die Welt ist in zwei Machtblöcke geteilt

COMECON Die vom Krieg geschwächte Sowjetunion war den USA wirtschaftlich weit unterlegen. Sie sah den Marshallplan als große Bedrohung und verbot den neuen Volksdemokratien die Teilnahme am Marshallplan. Als Gegenpol gründete sie 1949 den „Rat für gegenseitige Wirtschaftshilfe" (COMECON = Council of Mutual Economic Aid).
NATO und Warschauer Pakt Das Misstrauen zwischen den beiden neuen Supermächten entwickelte sich bald zu offener Feindschaft. Als 1949 in der UdSSR die erste Atombombe gezündet und in China die kommunistische Volksrepublik ausgerufen wurde, reagierte der „Westen" sofort: Noch im gleichen Jahr wurde unter Führung der USA die NATO (= North Atlantic Treaty Organization) als militärisches Verteidigungsbündnis gegründet. Es folgten weitere Bündnisse in Asien sowie im Pazifikraum. Daraufhin bildete auch die UdSSR mit den von ihr abhängigen Staaten ein straffes Militärbündnis, den Warschauer Pakt (1955). Damit war die Teilung der Welt in einen kommunistischen „Osten" und einen kapitalistischen „Westen" vollzogen. Mit dem Zusammenbruch der Sowjetunion (1991) löste sich auch der Warschauer Pakt auf. Damit endete der Ost-West-Konflikt.

Plakatwerbung für den Marshallplan (1948) Die osteuropäischen Staaten mussten auf Druck der UdSSR diese Hilfe ablehnen. Denn damit hätten sich die USA auch dort wirtschaftlichen und politischen Einfluss gesichert.

Du bist dran — Arbeite nach M1+M2

- Erkläre mit Hilfe des Quellentextes, des Plakats und des Autorentextes den Marshallplan.
- Beurteile die machtpolitischen Hintergründe des Marshallplans.

Du bist dran — Arbeite nach M4+M1

- Ermittle mit Hilfe der Karte, welche Staaten bis 1990 zu den einzelnen Bündnissystemen gehörten.
- Überprüfe, wie berechtigt die Bezeichnung Ost-West-Konflikt ist.

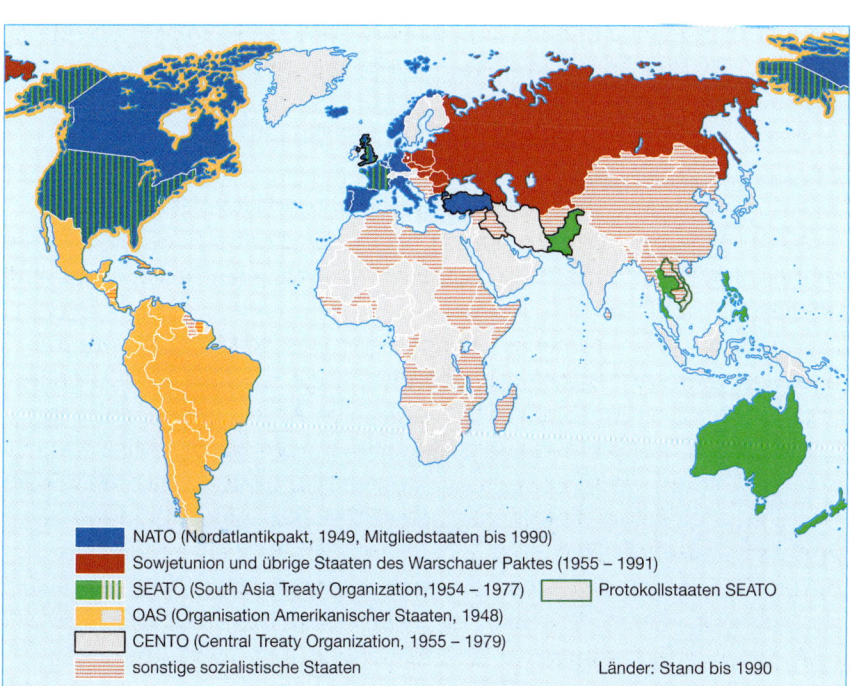

- NATO (Nordatlantikpakt, 1949, Mitgliedstaaten bis 1990)
- Sowjetunion und übrige Staaten des Warschauer Paktes (1955 – 1991)
- SEATO (South Asia Treaty Organization,1954 – 1977)   Protokollstaaten SEATO
- OAS (Organisation Amerikanischer Staaten, 1948)
- CENTO (Central Treaty Organization, 1955 – 1979)
- sonstige sozialistische Staaten   Länder: Stand bis 1990

Bündnissysteme

Kalter Krieg und Stellvertreterkriege

Die Luftbrücke: Alte US- und britische Flugzeuge, auch „Rosinenbomber" genannt, versorgten elf Monate lang Westberlin. In 280 000 Flügen wurden ca. 2,3 Millionen Tonnen Material (Lebensmittel, Medikamente, Heizmaterial, Rohstoffe) transportiert. (Foto 1948)

Du bist dran — Arbeite nach M1

- Erläutere, wie im nebenstehenden Text die Spaltung Deutschlands beschrieben wird.
- Beurteile, ob bzw. wie der Verfasser mit seiner Darstellung (Text / Bilder) diese Spaltung bewertet.

Der Kalte Krieg in Europa

Die Supermächte Die USA und die Sowjetunion standen einander von 1947 bis zum Zusammenbruch des Ostblocks (1991) feindlich gegenüber. Glücklicherweise kam es zwischen den beiden hochgerüsteten Atommächten nie zu einem direkten militärischen Konflikt. Es blieb bei gegenseitigen Drohungen. Deshalb nennt man diesen Zeitabschnitt auch Kalter Krieg.

Der Kalte Krieg um Berlin Die erste gefährliche Krise brach in Deutschland aus. Die Siegermächte hatten das Land in vier Besatzungszonen geteilt. Auch die frühere Reichshauptstadt Berlin wurde in vier Sektoren aufgeteilt. Sie war, ebenso wie Wien, rundum von der sowjetischen Zone eingeschlossen. Die Deutsche Mark wurde 1948 von den drei Westmächten ohne Einbeziehung der Sowjets als neue gemeinsame Währung in den Westzonen und auch in den drei Berliner Westsektoren eingeführt. Die Sowjets verfügten daraufhin eine totale Blockade Westberlins: Alle Verbindungswege wurden gesperrt, alle Lebensmittellieferungen aus der sowjetischen Zone eingestellt. 2,1 Millionen Menschen waren damit ohne Versorgung. Die USA und Großbritannien versorgten Westberlin Tag und Nacht über eine Luftbrücke. Erst nach elf Monaten brachen die Sowjets ihre Blockade ab.

Gründung von BRD und DDR Nach dem Ende der Blockade im Mai 1949 wurde in den westlichen Besatzungszonen die Bundesrepublik Deutschland (BRD) gegründet. Die BRD ging eine enge Bindung mit den Westalliierten ein: Sie erlebte mit dem Marshall-Plan einen raschen Wirtschaftsaufschwung und wurde NATO-Mitglied (1954). Im Oktober 1949 wurde in der sowjetischen Zone die Deutsche Demokratische Republik (DDR) ausgerufen. Dort kam die kommunistische SED (Sozialistische Einheitspartei Deutschlands) an die Macht. Die DDR schloss sich bald dem COMECON an und wurde Mitglied des Warschauer Paktes (1955).

Massenflucht und Mauerbau Bis 1961 flohen mehr als drei Millionen Menschen aus der DDR in die BRD. Deshalb war die Landgrenze zur BRD schon länger mit Minenfeldern und Stacheldraht abgesperrt. Nur in Berlin gelang die Flucht noch relativ leicht. Unangekündigt ließ die DDR-Regierung daher im August 1961 quer durch ganz Berlin eine Betonmauer errichten. Damit war der letzte Fluchtweg in den Westen versperrt. Bis 1989 blieb die Berliner Mauer das traurige Symbol für die geteilte Stadt, für ein geteiltes Deutschland und für ein geteiltes Europa.

Dieser DDR-Volkspolizist flüchtet am 13. August 1961 über den Stacheldraht von Ost- nach Westberlin. Für 136 Personen endete so ein Fluchtversuch tödlich. (Foto 1961)

Weltweite Stellvertreterkriege der Supermächte

Keine direkte Auseinandersetzung   Der Konflikt zwischen Ost und West brach auch in anderen Teilen der Welt aus. In die bewaffneten Auseinandersetzungen waren Stellvertreter verwickelt oder höchstens eine der beiden Supermächte, zB im Koreakrieg (1950–1953; S. 92), bei den Nahostkriegen (1948–1973), in Vietnam (1946–1975) oder in Afghanistan (1979–1989).

Vietnam: Teilung und Krieg   Die ehemals französische Kolonie wurde 1954 in ein kommunistisches Nord- und ein von den USA unterstütztes Südvietnam geteilt. Gegen die diktatorische Regierung in Südvietnam bildete sich eine kommunistische Widerstandsbewegung – der Vietcong. Dieser führte gemeinsam mit Soldaten aus Nordvietnam, mit Waffenhilfe aus China und der Sowjetunion, einen Guerillakrieg* gegen die südvietnamesischen Regierungstruppen. Diese wurden von den USA ab 1964 mit mehr als 500 000 Soldaten unterstützt.

Niederlage für die USA und Wiedervereinigung   Dennoch konnten sie den Vietcong in diesem Dschungelkrieg nicht besiegen. Die USA zogen nach einem Waffenstillstand ihre Truppen ab (1973). Danach wurde Südvietnam endgültig besiegt und mit dem Norden zur Sozialistischen Republik Vietnam vereinigt.

Kubakrise   In der Kubakrise allerdings drohte eine direkte Auseinandersetzung der beiden Supermächte. Die Welt stand am Rande eines Atomkrieges. Auf der Karibikinsel Kuba führte 1959 eine Befreiungsarmee unter Fidel Castro* eine sozialistische Revolution durch. 1962 entdeckten US-Spionageflugzeuge von den Sowjets errichtete Raketenabschussrampen auf der Insel. Außerdem nahmen sowjetische Schiffe mit Raketen und Kriegsmaterial Kurs auf Kuba. Präsident Kennedy* befahl sofort eine Seeblockade gegen Kuba und drohte mit dem Einsatz von Atomwaffen. Nach hektischen Verhandlungen konnte die Krise am 28.10.1962 beendet werden. US-Streitkräfte waren weltweit in Alarmbereitschaft. Auch die Truppen des Warschauer Paktes waren einsatzbereit.

Chruschtschow und Kennedy (Karikatur, Daily Mail, London, 29.10.1962)

Präsident Kennedy in einer Rede am 23.10.1962

Q Ich appelliere an Ministerpräsident Chruschtschow*, diese heimliche, unbesonnene und provokatorische Bedrohung des Weltfriedens (…) zu beenden. Ich appelliere ferner an ihn, dieses Streben nach Weltherrschaft aufzugeben und (…) das Wettrüsten zu beenden. (…) Er hat jetzt eine Gelegenheit, die Welt vor dem Abgrund der Vernichtung zu bewahren, indem er sich (…) besinnt, dass keine Notwendigkeit für die Stationierung von Raketen außerhalb des eigenen Territoriums besteht. (In: Frankfurter Allgemeine Zeitung, 24.10.1962)

Staatchef Chruschtschow an Kennedy am 28.10.1962

Q Sie sind wegen Kuba beunruhigt (…), weil es 90 Seemeilen von der Küste der USA entfernt liegt. (…) Sie halten sich also für berechtigt, für Ihr Land Sicherheit und die Entfernung jener Waffen zu fordern, die Sie als offensiv bezeichnen, erkennen aber uns dieses Recht nicht zu. Sie haben doch zerstörende Raketenwaffen, die Sie offensiv nennen, in allernächster Nähe von uns, in der Türkei stationiert. (…) Dies ist keinesfalls miteinander zu vereinbaren. (In: Frankfurter Allgemeine Zeitung, 29.10.1962)

Arbeite nach M1+M2

Du bist dran

- Vergleiche die unterschiedlichen Sichtweisen bzw. Argumente von Kennedy und Chruschtschow zur Kubakrise.
- Bewerte die beiden Standpunkte.
- Beschreibe, analysiere und interpretiere die Karikatur.
- Vergleiche ihre Aussage mit dem Autorentext.
- Erörtere, wie der Karikaturist die beiden Politiker bewertet.
- Vergleiche die Darstellung der Kubakrise mit Darstellungen in mindestens zwei anderen Schulbüchern.

Der Kalte Krieg und sein Ende

Neil Amstrongs erste Worte auf dem Mond (1969)

Q Dies ist ein kleiner Schritt für einen Menschen, aber ein riesiger Sprung für die Menschheit (https://de.wikipedia.org/wiki/Neil_Armstrong)

Du bist dran

Arbeite nach M1+A1

- Beurteile den Ausspruch Amstrongs aus heutiger Sicht.
- Gegenwärtig planen Raumfahrtagenturen der USA, Europas und Russlands eine bemannte Marslandung. Diskutiert, welchen Nutzen so ein Projekt der Menschheit bringen könnte.

Olympische Spiele in München, 1972, Kommentar der sowjetischen Partei-zeitung „Prawda"

Q Die großartigen Siege der Sowjetunion und ihrer Bruderländer sind ein klarer Beweis dafür, dass der Sozialismus das zur körperlichen und geistigen Vollendung bestgeeignete System darstellt. (In: P. Marchand, Kapitalismus und Kommunismus)

Du bist dran

Arbeite nach M1

- Nimm aus heutiger Sicht Stellung zu diesem Kommentar.

Mondlandung Zwischen 1969 und 1972 landeten US-amerikanische Astronauten sechsmal auf dem Mond. Das Bild zeigt Harrison Schmitt und die Landefähre Challenger bei der letzten Mondlandung mit der Apollo 17-Mission. (Foto 1972)

Der Rüstungswettlauf Mit dem Atombombenabwurf über Japan (S. 81) bestätigten die USA ihre Rolle als militärische Führungsmacht in der Welt. Doch 1949 zündete auch die Sowjetunion ihre erste Atombombe. Wenige Jahre später waren beide Supermächte im Besitz der Wasserstoffbombe mit einer 250-mal größeren Sprengkraft als die Hiroshima-Bombe. Die Angst, unterlegen zu sein, führte zur Entwicklung von neuen, zerstörerischen Waffensystemen.

Overkill-Capacity Beide Staaten hätten mit ihren tausenden Atomsprengköpfen die Welt mehrfach vernichten können. Selbst bei einem Überraschungsangriff hätte der Gegner noch immer genügend Zeit für einen alles zerstörenden Vergeltungsschlag gehabt. Dieses Risiko wollte keine Seite eingehen. Es herrschte ein Gleichgewicht des Schreckens. So erhöhten sich die Rüstungsausgaben Jahr für Jahr.

Wettlauf im All – der Sputnik-Schock 1957 schickten die Sowjets einen ersten unbemannten Satelliten (Sputnik) ins All. 1961 umkreiste der Russe Juri Gagarin* als erster Mensch die Erde. Das war ein Schock für die US-Amerikaner. Sie hatten geglaubt, in der Weltraumforschung führend zu sein.

Das Apollo-Projekt Präsident Kennedy erklärte nun eine bemannte Mondlandung zum großen Ziel der USA: Am Apollo-Projekt* arbeiteten fast eine halbe Million Menschen und mehr als 20 000 Firmen. Die Mondlandung erfolgte am 20. Juli 1969: Neil Armstrong betrat als erster Mensch den Mond, 500 Millionen Menschen waren vor den TV-Geräten live dabei.

Große internationale Raumstation Nach dem Ende des Kalten Krieges arbeiteten russische und US-amerikanische Forscherinnen und Forscher gemeinsam in einer russischen Raumstation. Seit dem Jahr 2000 wird in 400 km Höhe eine große internationale Raumstation (ISS) durchgehend von Astronautinnen und Astronauten bewohnt.

Ost-West-Wettstreit beim Sport Auch dabei wollten beide Seiten beweisen, dass ihr System das bessere sei. Dazu wurde der Sport noch politisch eingesetzt: 1980 boykottierten die USA und etliche westliche Staaten die Olympischen Sommerspiele in Moskau. Vier Jahre später blieben die meisten Länder des Ostblocks den Spielen in Los Angeles fern.

Wirtschafts- gegen Sportmacht Erbittert geführt wurde der Kampf der Systeme vor allem zwischen der BRD und der DDR. Während die BRD zur Wirtschaftsgroßmacht wuchs, entwickelte sich die DDR zur großen, international erfolgreicheren Sportnation: Dazu wurden Talente schon vom Kindergarten an gefördert und betreut. Allerdings wurde schon damals in einigen Sportarten planmäßig Doping* zur Leistungssteigerung eingesetzt, zum Teil auch ohne Wissen der Athletinnen und Athleten.

—— **Wandel im Ost-West-Verhältnis**
US-Präsident Ronald Reagan und der sowjetische Parteichef Michail Gorbatschow bei ihren ersten Gipfelgesprächen in Genf 1985 (Foto 1985)

Du bist dran `Arbeite nach M2`

■ Begründe, weshalb Zeitungen dieses Foto oft auswählten, um die Wende im Verhältnis der Großmächte darzustellen.

Das Ende der Sowjetunion

Ost-West-Teilung Europas   Seit dem Ende des Zweiten Weltkriegs war Europa geteilt. Der Eiserne Vorhang und die Berliner Mauer trennten westliche Demokratien von den kommunistischen Ländern Osteuropas.
Breschnew-Doktrin   1968 verkündete der sowjetische Parteichef Leonid Breschnew*, dass die sozialistischen Staaten des Ostblocks nur eingeschränkte Souveränität (= Selbstbestimmungsrecht) hätten. Wenn in einem dieser Staaten der Sozialismus bedroht sei, dann hätten die anderen Staaten das Recht militärisch einzugreifen. Dabei legte die sowjetische Führung fest, wann in einem anderen Staat eingegriffen werden müsse.
Perestroika (= Umgestaltung) und Glasnost (= Offenheit)   Michail Gorbatschow* wurde 1985 zum kommunistischen Parteichef der Sowjetunion. Er setzte sich zum Ziel, den Sozialismus im Land zu reformieren, um die Sowjetunion als Weltmacht zu erhalten. Er wollte das Land wirtschaftlich, politisch und gesellschaftlich umgestalten, die Lebensqualität der russischen Bevölkerung verbessern und die Korruption* verringern. Zum ersten Mal in der Sowjetunion durfte die Presse frei berichten, die Gründung anderer Parteien wurde erlaubt. Bald forderten einige Teilrepubliken der Sowjetunion völlige Unabhängigkeit von der Moskauer Zentralregierung. Die schlechte Versorgungslage trug einiges dazu bei. Bereits 1990 erklärten sich die baltischen Staaten (Estland, Lettland, Litauen) für unabhängig.
Das Ende der Sowjetunion und des Warschauer Pakts   Elf von 15 (ehemaligen) Teilrepubliken schlossen sich 1991 zur „Gemeinschaft Unabhängiger Staaten" (GUS) zusammen. Alle Republiken erhielten das grundsätzliche Recht auf Selbstständigkeit und Unabhängigkeit.
Russische Republik   Russland selbst erhielt das Recht, im UNO-Sicherheitsrat und allen anderen internationalen Organisationen den Sitz der früheren UdSSR einzunehmen. Neuer Präsident der Russischen Republik wurde der Exkommunist Boris Jelzin*. Die russische Wirtschaft wurde nun privatisiert.

Aus Gorbatschows Buch „Perestroika" (= Umbau) (1987)

Q Unsere Gesellschaftsform hat Vollbeschäftigung garantiert und für soziale Sicherheit gesorgt. Gleichzeitig aber hat sie versäumt, den wachsenden Bedarf an Wohnungen und Nahrungsmitteln zu decken. Mit verblüffender Genauigkeit fliegen unsere Raketen zur Venus. Aber viele sowjetische Haushaltsgeräte sind von armseliger Qualität. Die Bedürfnisse und Meinungen der einfachen Werktätigen wurden ignoriert. (In: Michail Gorbatschow: Perestroika)

Du bist dran `Arbeite nach M1+A2`

■ Arbeite die Argumente, mit denen Gorbatschow den Zustand der kommunistischen Sowjetunion kritisiert, heraus.
■ Diskutiert anhand des Autorentextes und der Materialien, welche der beiden Großmächte als „Sieger" des Kalten Krieges angesehen werden kann. Begründet eure Meinung.

Die Welt bleibt ein Pulverfass

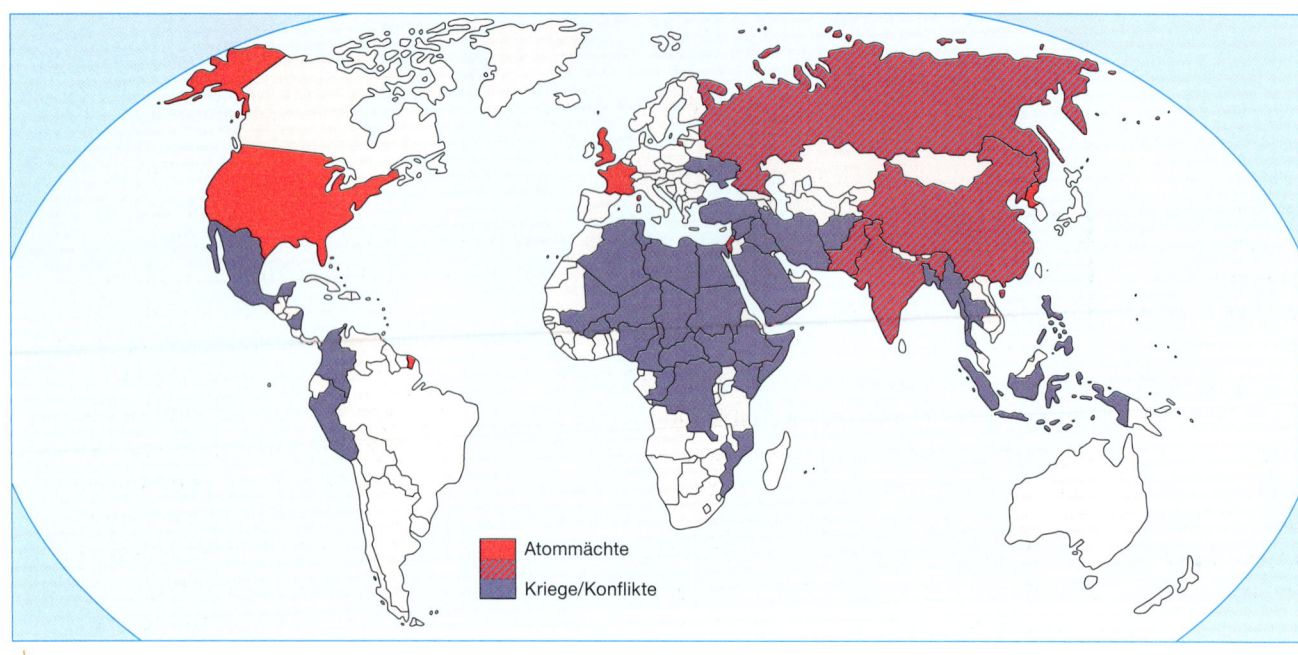

Atommächte

Kriege/Konflikte

Krisenherde und Atommächte 2018

Vom Frieden durch Angst zum Frieden durch Vernunft

Atomsperrvertrag und Abrüstungsverträge   Um eine Aufrüstung mit Atomwaffen zu verhindern, wurde 1968 ein Atomwaffensperrvertrag beschlossen. Er verbietet die Weitergabe von Kernwaffen und wurde bisher von 191 Staaten unterzeichnet (Stand: 2020). Nordkorea trat 2003 aus dem Vertrag aus und scheint mittlerweile Atomwaffen zu besitzen. Von 1972 an folgten mehrere Abkommen zwischen den USA und der Sowjetunion über Rüstungsbegrenzungen (Vernichtung aller Mittelstreckenraketen, Verringerung atomarer Sprengköpfe, Verringerung der Truppenstärken in Europa).

Konferenz für Sicherheit und Zusammenarbeit in Europa (KSZE*)
Nach jahrelangen Verhandlungen unterzeichneten 1975 die Vertreter der NATO, des Warschauer Paktes und der übrigen europäischen Länder die „Schlussakte von Helsinki". Darin verpflichteten sie sich zur friedlichen Beilegung von Konflikten, zur Anerkennung der bestehenden Grenzen, zur Nichteinmischung in innere Angelegenheiten der Staaten sowie zur Einhaltung der Menschenrechte. Das Ende des Kalten Krieges wurde durch die KSZE und vor allem durch die Politik des sowjetischen Staatschefs Gorbatschow herbeigeführt. Beim Gipfeltreffen der KSZE in Paris 1990 wurde die Teilung Europas offiziell für beendet erklärt.

Organisation für Sicherheit und Zusammenarbeit in Europa (OSZE)
Sie ist eine Nachfolgeorganisation der KSZE und hat ihren Sitz in Wien. Sie umfasst 57 Mitglieder und elf außereuropäische Partnerstaaten. Ihre wichtigsten Ziele sind Frieden und Sicherheit in Europa.

Du bist dran — **Arbeite nach M4+A2**

- Ermittle aus der Karte die Atommächte und Krisenherde und liste sie auf.
- Diskutiert mögliche Auswirkungen dieser Krisenherde auf euer Leben.

Du bist dran — **Arbeite nach M1+M4**

- Arbeite die im Autorentext dieser Doppelseite genannten Konflikte heraus.
- Überprüfe mit Hilfe der Karte, ob es diese Konflikte bis heute gibt.
- Erörtere mögliche Gründe, weshalb in bestimmten Regionen der Erde mehr oder weniger Konflikte auftreten.

Du bist dran — **Arbeite nach A2**

- Diskutiert in der Klasse die Bedeutung der Schlussakte von Helsinki und des Gipfeltreffens der KSZE in Paris sowie deren Auswirkungen bis heute.

Neue Kriege und Bedrohungen im 3. Jahrtausend

Die neue Weltordnung – aber ohne Frieden   US-Präsident George Bush sen.* verkündete nach dem Ende des Kalten Krieges eine neue Weltordnung. Unter der Führung der USA sollten alle Staaten der Welt in Frieden und Freiheit existieren können. Diese Hoffnungen erfüllten sich jedoch nicht. Nach 1990 gab es jährlich weltweit 20 bis 35 kriegerische Konflikte, in denen viele Millionen Menschen getötet oder vertrieben wurden. Im Jahr 2018 waren es 28 bewaffnete Konflikte.

Neue Bedrohungen der internationalen Sicherheit   Die USA haben nach 1990 mehrmals die Rolle als „Weltpolizist" übernommen. Unter ihrem Kommando führte die NATO auch ohne Zustimmung der UNO einen Luftkrieg gegen Serbien (1999). Als islamistische Terroristen am 11. September 2001 das New Yorker World Trade Center zum Einsturz brachten (9/11), riefen die USA zum Krieg gegen den Terror auf (S. 104). Anschließend wurde im Auftrag der UNO das Taliban-Regime in Afghanistan gestürzt. Im Jahr 2003 führten die USA ohne UNO-Zustimmung einen weiteren Krieg gegen den Irak und stürzten Saddam Hussein. Die Gegner der USA bekämpfen diese wiederum in so genannten asymmetrischen Kriegen (S. 104).

Unsere Welt – ein teures Pulverfass!   Alle diese Kriege kosten Milliarden von Dollar. Die Militärausgaben betrugen im Jahr 2018 weltweit mindestens 1820 Mrd. Dollar, etwa 2,5 % des Welt-Bruttoinlandsprodukts. Davon gaben allein die USA 649 Mrd. Dollar aus. China liegt mit 250 Mrd. an zweiter Stelle. Die Entwicklung neuer Waffensysteme oder die Lagerung und Entsorgung von Atomwaffen verursachen riesige Kosten. Für die Industriestaaten ist die Waffenproduktion aber auch ein gutes Geschäft. Denn überall, wo Krieg geführt wird, werden auch Waffen gekauft. Vor allem in Afrika, im Nahen Osten, aber auch in Osteuropa nahmen die Militärausgaben im 3. Jahrtausend deutlich zu.

Muster bewaffneter Konflikte, 2006–2015

Q (Es) stieg die Zahl offener bewaffneter Konflikte von 41 im Jahre 2014 auf 50 in 2015. Dies lag v.a. daran, dass sich der Islamische Staat (IS) in zwölf Staaten weiter ausbreitete. Von den 50 offenen Konflikten wird nur einer (Indien – Pakistan) zwischen Staaten ausgetragen. Alle anderen sind innerstaatliche Konflikte (…). Das Gewaltniveau bewaffneter Konflikte liegt heute aber immer noch deutlich niedriger als zu Zeiten des Kalten Krieges, was u.a. daran liegt, dass die internationale Gemeinschaft bessere Mechanismen entwickelt hat um damit umzugehen. (Sipri Yearbook, 2016)

Du bist dran   *Arbeite nach M1*

- Arbeite aus dem Quellentext heraus, wie die Rolle der internationalen Gemeinschaft bewertet wird.

Du bist dran   *Arbeite nach M2*

- Beschreibe, analysiere und interpretiere die Karikatur.

Karikatur (Schwarwel, April 2018)

Das Ende des Kolonialismus

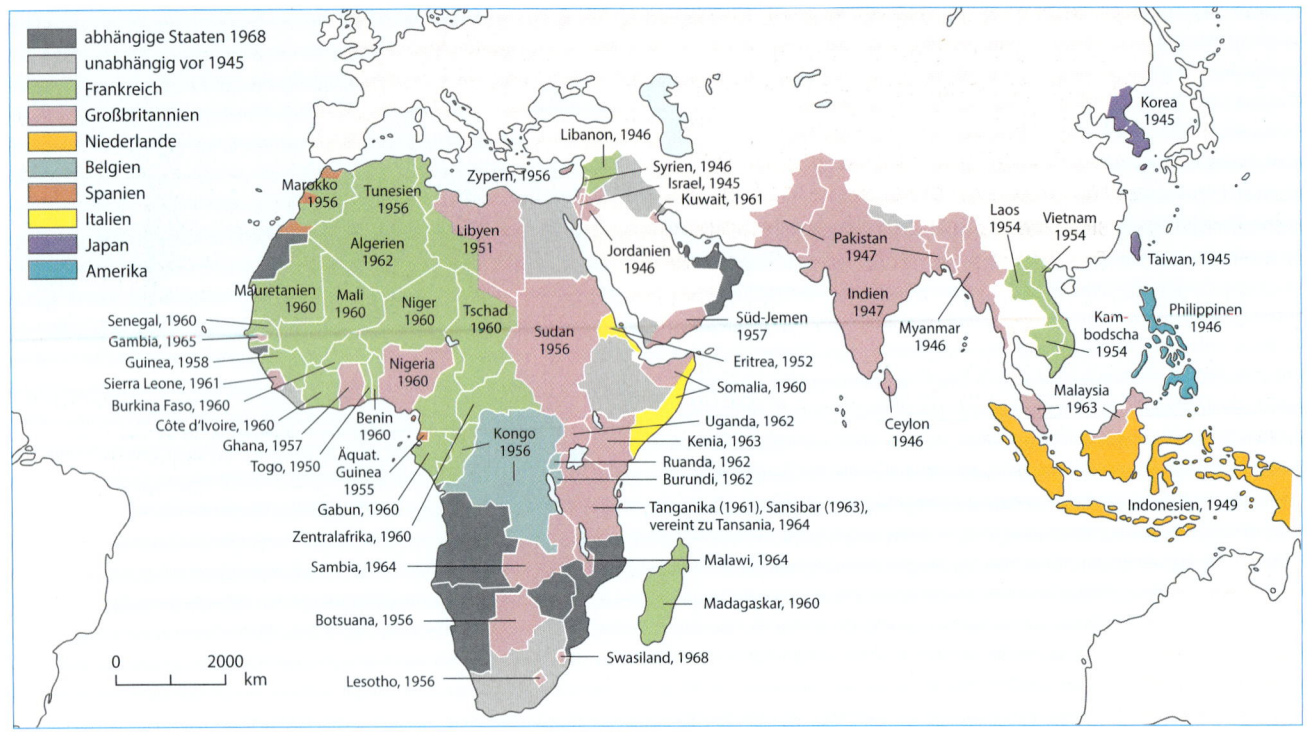

abhängige Staaten 1968
unabhängig vor 1945
Frankreich
Großbritannien
Niederlande
Belgien
Spanien
Italien
Japan
Amerika

Marokko 1956
Tunesien 1956
Algerien 1962
Libyen 1951
Zypern, 1956
Libanon, 1946
Syrien, 1946
Israel, 1945
Kuwait, 1961
Jordanien 1946
Korea 1945
Mauretanien 1960
Mali 1960
Niger 1960
Tschad 1960
Sudan 1956
Süd-Jemen 1957
Eritrea, 1952
Pakistan 1947
Laos 1954
Vietnam 1954
Taiwan, 1945
Senegal, 1960
Gambia, 1965
Guinea, 1958
Sierra Leone, 1961
Burkina Faso, 1960
Côte d'Ivoire, 1960
Ghana, 1957
Togo, 1950
Nigeria 1960
Benin 1960
Äquat. Guinea 1955
Gabun, 1960
Zentralafrika, 1960
Kongo 1956
Somalia, 1960
Uganda, 1962
Kenia, 1963
Ruanda, 1962
Burundi, 1962
Indien 1947
Myanmar 1946
Ceylon 1946
Kambodscha 1954
Philippinen 1946
Malaysia 1963
Sambia, 1964
Tanganika (1961), Sansibar (1963), vereint zu Tansania, 1964
Malawi, 1964
Madagaskar, 1960
Indonesien, 1949
Botsuana, 1956
Swasiland, 1968
Lesotho, 1956

0   2000 km

Entkolonialisierung ab 1945

Du bist dran   Arbeite nach M4

- Arbeite aus der Karte die schrittweise Entkolonialisierung heraus.
- Ermittle, welche Kolonialmächte mit welchen Kolonien davon betroffen waren.
- Vergleiche die beiden größten Kolonialmächte Frankreich und Großbritannien. Finde heraus, wessen Kolonien zuletzt unabhängig wurden. Bilde Hypothesen über die Ursachen dafür.
- Erkläre anhand der Karte, weshalb das Jahr 1960 als „Afrikanisches Jahr" gilt.

Du bist dran   Arbeite nach M1

- Nenne stichwortartig die Gründe, die die Entkolonialisierung in Gang setzten.

Die Entkolonialisierung

Das Streben nach Selbstständigkeit   Lange zogen die Europäer großen Nutzen aus ihren Kolonien in Afrika und Asien. Im Laufe des 20. Jh. aber wurde die Herrschaft der Kolonialmächte immer stärker in Frage gestellt. Nach dem Zweiten Weltkrieg standen die Chancen für die Befreiung vom Kolonialismus gut: Europa war politisch und wirtschaftlich geschwächt.

Kämpfe um die Unabhängigkeit   In manchen Kolonien kam es zu Verhandlungen zwischen Kolonialmacht und Kolonie. Dies führte dann zu einer einvernehmlichen Entkolonialisierung. Meist aber war die Ablösung mit langen politischen Auseinandersetzungen verbunden. Manche Kolonien wurden erst nach bewaffneten Kämpfen durch Befreiungsbewegungen unabhängig. An ihrer Spitze standen oft Männer und Frauen, die in europäischen und amerikanischen Schulen und Universitäten ausgebildet worden waren. Als erstes Land konnte sich Indien von der Kolonialherrschaft befreien. Wenig später erfassten die Freiheitsbestrebungen Afrika.

Schweres Erbe der Kolonialherrschaft   In vielen Ländern, vor allem in Afrika, gibt es bis heute immer wieder blutige Kriege. Die neuen afrikanischen Staaten waren meist in den Grenzen entstanden, die die europäischen Mächte im 19. Jh. willkürlich festgelegt hatten. Rücksicht auf religiöse und kulturelle Unterschiede der verschiedenen Völker wurde dabei nicht genommen. Oft übernahmen einheimische Diktatoren die Macht. Wirtschaftliche Probleme und Armut gehören bis heute zu den Problemen in vielen afrikanischen Ländern.

Ein anderes Erbe – der Koreakrieg   1948 waren auf der koreanischen Halbinsel zwei voneinander unabhängige Staaten gegründet worden: Die von den USA unterstützte Republik Korea, meist als Südkorea bezeichnet, und die Demokratische Volksrepublik Korea, das kommunistische

Nordkorea. Im Juni 1950 überschritten nordkoreanische Truppen die Grenze zu Südkorea, die entlang des 38. Breitengrades verläuft. Nordkorea kontrollierte bald fast die gesamte Halbinsel. Nun griffen UNO-Truppen, bestehend aus 16 UN-Mitgliedern, angeführt von den USA, in den Konflikt ein. Sie drangen bis an die chinesische Grenze vor. Darauf mischten sich auch China und die Sowjetunion ein. Kommunistische Truppen stießen weit in den Süden vor, UN-Truppen schlugen sie wieder zurück. Erst 1953 kam es zu einem Waffenstillstand. Korea war völlig verwüstet worden, 4,5 Millionen Menschen hatten ihr Leben verloren. Seither kam es immer wieder zu Spannungen und Grenzkonflikten zwischen Nord- und Südkorea. Heute noch sind US-Truppen in Südkorea stationiert. Nordkoreas Diktator Kim Jong Un und die USA bedrohen einander mit Atomwaffen.

Der nordkoreanische Diktator Kim Jong Un versucht seine kommunistische Herrschaft nach außen zu sichern, indem er den USA mit Atombomben droht. (Foto zum 65. Jahrestag der Gründung Nordkoreas am 9.9.2013)

Arbeite nach A1+A2

Du bist dran

- Recherchiere die derzeitige politische Situation in Nordkorea.
- Diskutiert, mit welchen Mitteln ein Konflikt wie der zwischen Nordkorea und den USA friedlich beigelegt werden könnte.

Südafrika　Ab 1948 wurde das System der Apartheid gesetzlich festgeschrieben. Es bedeutete die völlige Trennung aller Lebensbereiche der ca. drei Millionen „weißen" von den etwa zwölf Millionen „schwarzen" Südafrikanerinnen und Südafrikanern. Die „Weißen" konnten sich durch die Politik der Apartheid eine lange Vorherrschaft sichern. Ab 1990 wurden die Apartheidsgesetze schrittweise verboten.

Nelson Mandela (1918–2013) verbrachte wegen seines Kampfes gegen die Apartheid 27 Jahre im Gefängnis. Von 1994 bis 1999 war er der erste „Schwarze" Präsident Südafrikas. Unermüdlich setzte er sich dafür ein, dass Südafrika zu einer toleranten „Regenbogen-Nation" heranwachse. (Foto, Kim Ludbrook, 12.7.2006)

Arbeite nach M1+A2

Du bist dran

- Fasse den Quellentext mit eigenen Worten zusammen.
- Schildere, warum es ein schwarzes Kind in Südafrika schwerer als ein weißes hat, eine gute Ausbildung zu bekommen.
- Erörtere weitere Gründe für die Chancenungleichheit von schwarzen und weißen Kindern.
- Diskutiert in der Klasse das Thema „Ausgrenzung". Bezieht auch eigene Erfahrungen mit ein.

Die Studentin Malaika Wa Azania über Südafrika (2017)

Q　In den Augen der Welt galt Südafrika in den vergangenen Jahren als Vorzeigeland des Kontinents. Die Wirtschaft wuchs, Menschen jeder Hautfarbe sollten friedlich miteinander leben. Das war die Idee der Regenbogen-Nation des ersten schwarzen Präsidenten Südafrikas, Nelson Mandela. Doch von den Problemen des Landes bekam die Öffentlichkeit wenig mit: Das südafrikanische Bildungssystem ist europäisch und für viele Studenten unbezahlbar. (…) Ein Studium, das im Jahr zwischen 3000 und 4000 Dollar kostet, können sich viele nicht leisten. Deshalb besuchen auch nur 17 Prozent der Schwarzen eine Uni, aber fast 50 Prozent der Weißen. Außerdem umfassen die Lehrpläne kaum afrikanische Geschichte und Literatur. Wir lernen hauptsächlich Stoff von europäischen und amerikanischen Gelehrten. (…) Das muss sich ändern. (18. Jänner 2017, ZEIT Campus Nr. 1/2017)

Indien – Großmacht mit Widersprüchen

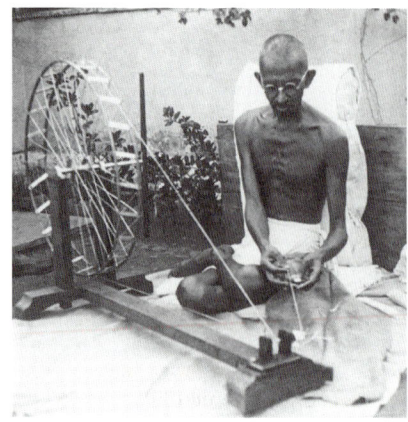

Mahatma Gandhi Das Foto von 1930 zeigt ihn mit einem Spinnrad. Für ihn war es ein Symbol für die wirtschaftliche Unabhängigkeit von den Briten.

Gandhi über seine Vorstellung von passivem Widerstand (1941)

Q Passiver Widerstand ist eine Methode der Erringung von Rechten durch persönliches Leiden: Er ist das Gegenteil von bewaffnetem Widerstand. Ich weigere mich, etwas zu tun, was gegen mein Gewissen geht. Es ist eine Tatsache, dass die indische Nation im Allgemeinen den passiven Widerstand in den verschiedensten Lebensbereichen angewandt hat. Wir arbeiten mit unseren Herrschern nicht zusammen, wenn es uns zuwider ist. Das ist passiver Widerstand. Ich kann mich an einen Fall erinnern: Als in einem kleinen Fürstenstaat einige Bauern sich durch einen Befehl ihres Fürsten beleidigt fühlten, zogen sie aus ihrem Dorf aus. Der Fürst war betroffen, entschuldigte sich bei seinen Untertanen und widerrief den Befehl.
(In: D. Rothermund, Der Freiheitskampf Indiens, 1960)

Mahatma – die „Große Seele" So nannte das Volk Gandhi*. Er war die Symbolfigur für die Befreiung Indiens von der britischen Kolonialherrschaft. Großbritannien hatte Indien zur abhängigen und ausgebeuteten Kolonie gemacht. Gandhi führte von 1920 bis 1948 die Freiheitsbewegung in seinem Land an. Die Unabhängigkeit Indiens wollte er durch gewaltlosen Widerstand erreichen. Den Einsatz von Waffen und jegliche Form von Gewalt lehnte er strikt ab.

Passiver Widerstand Gandhi zog mit seinen Anhängerinnen und Anhängern von Dorf zu Dorf und rief die Menschen dazu auf, nicht mehr mit den britischen Kolonialherren zusammenzuarbeiten. Sie sollten auch keine britischen Waren mehr kaufen, keine Steuern bezahlen, indische Kinder nicht mehr auf britische Schulen schicken. Immer mehr Menschen schlossen sich seinem passiven Widerstand an. Bei Zusammenstößen wurden viele Inderinnen und Inder, ohne dass sie sich wehrten, von den Briten eingesperrt, verprügelt, getötet. Gandhi selbst wurde wiederholt verhaftet. Mit Hungerstreiks erzwang er immer wieder seine Freilassung. Im Falle seines Todes befürchteten die Briten nämlich einen großen Aufstand.

Teilung und Bürgerkrieg Blutige Kämpfe zwischen Hindus und Moslems führten dazu, dass die Kolonie Britisch-Indien in die zwei Staaten Indien und Pakistan geteilt wurde. Sie erhielten 1947 ihre Unabhängigkeit. Vor und nach der Teilung kam es zu Flüchtlingsbewegungen und zu einem Bürgerkrieg zwischen Hindus und Moslems. Über eine Million Menschen wurde dabei getötet. Fast 26 Millionen mussten aus ihrer Heimat fliehen, um ihr Leben zu retten. Es war die größte Migrationsbewegung in der Geschichte der Menschheit. Noch heute betrachten sich die beiden Atommächte Indien und Pakistan mit Misstrauen.

Indien – ein Hightech-Standort Indische Computerspezialistinnen und -spezialisten sind in aller Welt gefragt. Das Land exportiert mehr Software als alle EU-Staaten zusammen. Auch in anderen Branchen, zB in der Pharmazie, hat das Land längst internationales Niveau erreicht. (Foto, Manjunath Kiran, Bangalore 2017)

Arbeite nach M1+A2

Du bist dran

- Fasse die Vorstellung Gandhis vom passiven Widerstand in eigenen Worten zusammen.
- Diskutiert, bei welchen Konflikten heute Gandhis Ideen eventuell umgesetzt werden könnten.

Indien – Land der Gegensätze   Heute ist Indien nach China das bevölkerungsreichste Land der Welt (ca. 1,3 Milliarden, 2017). Die Menschen in Indien sind stolz auf die demokratische Grundordnung. Aufgrund des großen wirtschaftlichen Aufschwungs hat sich das Land zu einer globalen Wirtschaftsmacht entwickelt. Der Wirtschaftsboom brachte Millionen indischer Haushalte eine deutliche Verbesserung ihres Lebensstandards. Weit fortgeschritten ist auch die Digitalisierung: Internet und Smartphones gehören zum Alltag von hunderten Millionen Menschen. Andererseits sind immer noch viele Menschen von bitterster Armut betroffen. Das durchschnittliche Jahreseinkommen liegt bei nicht einmal 1000 Euro im Jahr (2017). Zu den ungelösten riesigen Problemen gehören die hohe Arbeitslosenrate, die Korruption, der hinduistische Nationalismus. Dramatisch sind auch die Umweltschäden und -belastungen, zB die extrem schlechte Luftqualität in den indischen Städten.

Die Schriftstellerin Urvashi Butalia 2007 über Frauenrechte

Q Zumindest auf dem Papier stehen Indiens Frauen besser da als ihre Geschlechtsgenossinnen in vielen anderen Ländern. Die Verfassung garantiert ihnen Gleichheit. Abtreibung ist legal. Zudem gibt es Gesetze, die ihre Rechte schützen. (…) Bei Kommunalwahlen (gilt) eine 33-Prozent-Quote für Frauen. Über eine Million wichtige Positionen in Stadt- und Gemeindeverwaltungen konnten dadurch bereits von Frauen besetzt werden. Tausende junge und weniger junge Frauen arbeiten heute in den indischen Zweigstellen multinationaler Konzerne. Sie profitieren von neu geschaffenen Jobs – etwa in den zahlreichen Call Centers, die erst in den letzten Jahren entstanden – und entwickeln durch ihre so gewonnene finanzielle Unabhängigkeit ein neues Selbstbewusstsein. Nicht wenige Frauen haben einflussreiche Posten in der Geschäftswelt inne. (…) Vorurteile (sind aber) noch immer tief in der Gesellschaft verwurzelt. Mehr noch: Frauen müssen weiterhin schlimmste Diskriminierungen und Gewalt über sich ergehen lassen. (…) Ob im Ehe- und Sorgerecht, bei Erbschaften und sogar am Arbeitsplatz – die Gesetzgebung bewertet Frauen nicht als unabhängig, sondern als Personen, die den Familien oder dem Mann unterstehen. So sprachen bis vor kurzem praktisch alle Ehegesetze Männern mehr Rechte zu als Frauen. Indiens Statistik bei Gewalttaten gegen Frauen ist erschreckend. (…) Verbrechen gegen Frauen sind weiterhin an der Tagesordnung. Alle drei Minuten wird in Indien eine Straftat an einer Frau begangen. Alle neun Minuten wird eine Frau von ihrem Ehemann oder Verwandten gequält, und die Zahl von Vergewaltigungen ist in den vergangenen Jahren massiv in die Höhe geschnellt.
(http://www.bpb.de/)

Umweltprobleme in indischen Städten Die zunehmende Urbanisierung führt vielfach zu extremer Smogbelastung. Im November 2017 überstieg die durchschnittliche Feinstaubkonzentration in Neu-Delhi das 47- beziehungsweise 75-Fache der Höchstwerte, die laut Weltgesundheitsorganisation im Jahresdurchschnitt für die Gesundheit noch unbedenklich sind. (Foto, Sajjad Hussain, 8.11.2017)

Bollywood-Filme Indien besitzt die größte Filmproduktion der Welt. Inzwischen gibt es eine Fan-Gemeinde vor allem im asiatischen und afrikanischen Raum. Gedreht wird weltweit. Auch Österreich ist zum beliebten Drehort geworden. Dies fördert auch den Tourismus: In den letzten Jahren erhöhte sich die Zahl der Inderinnen und Inder, die sich Auslandsreisen leisten können. (Dreharbeiten zum Bollywood-Film „The King will Come", Foto, Alexander Tuma, 7.10.2010)

Du bist dran   Arbeite nach M1+M2

- Erörtere anhand der Doppelseite die Aussage „Indien – Land der Gegensätze".
- Beurteile die Situation der Frauen in Indien.

Weltmacht China

„Lang lebe der Sieg der Revolution des Vorsitzenden Mao" Wie bei anderen diktatorischen Politikern entstand auch um Mao (1893–1976) ein Personenkult. (Plakat 1968)

Du bist dran — Arbeite nach M2

- Beschreibe das Plakat rechts.
- Erkläre, wie Mao dargestellt wird und warum man von Personenkult sprechen kann.
- Vergleiche die Darstellung mit denen anderer historischer Personen, die einen Personenkult inszenierten (S. 8, S. 12 ff., S. 26).

毛主席革命路线胜利万岁

Der Erste Vorsitzende Mao empfängt persönlich jugendliche Mitglieder der Roten Garden
Die Roten Garden waren eine 1966 gegründete Jugendorganisation, mit der Mao die „Große Proletarischen Kulturrevolution" durchsetzen wollte. (Chinesisches Plakat 1967)

China wird zu einer kommunistischen Diktatur Der Aufstieg Chinas zur Weltmacht ist eng verbunden mit Mao Zedong*. Unter seiner Führung gelang es den Kommunisten 1949, die Macht zu erlangen. Die Volksrepublik China wurde ausgerufen. Nach sowjetischem Vorbild begannen die Kommunisten mit der Umgestaltung des Landes: Großgrundbesitzer, Angehörige der Oberschicht und Gebildete wurden hingerichtet oder zur Umerziehung in Lager geschickt, Industrie, Handel, Banken und Landwirtschaft wurden verstaatlicht. Volkskommunen* wurden eingerichtet, Privatleben und Privateigentum gab es nicht mehr. Es kam aber zu einer wirtschaftlichen Katastrophe, in der viele Millionen Chinesinnen und Chinesen verhungerten. In der „Großen Proletarischen Kulturrevolution"* (1966–1969) ermordeten die Roten Garden* auf Maos Befehl viele seiner wirklichen oder vermeintlichen Gegnerinnen und Gegner. Auch wertvolle Kulturgüter wurden vernichtet. 1969 beendete Mao die Kulturrevolution durch den Einsatz der Armee.

China – ein Global Player Seit Ende der 1970-er Jahre dürfen Chinesinnen und Chinesen eigene private Firmen gründen. Ebenso können auch ausländische Unternehmen in China tätig sein. Der Lebensstanddard für viele Millionen Menschen in China stieg seither enorm an. Heute ist China, das bevölkerungsstärkste Land der Welt (ca. 1,4 Milliarden Menschen, 2018), eine wirtschaftliche Supermacht.

Es ist für Menschen in aller Welt heute selbstverständlich, in China hergestellte Kleidung, Schuhe und elektronische Geräte zu besitzen. Auch lassen sich globale Fragen heute nicht mehr ohne Beteiligung Chinas lösen. Entscheidungen und Entwicklungen in China wirken sich auf andere Länder aus. China investiert und handelt auf allen Kontinenten, in den letzten Jahrzehnten sehr stark auch in Afrika.

Probleme und Schattenseiten Der rasante Wirtschaftswandel brachte China Wohlstand und großen politischen Einfluss weltweit, aber auch viele Probleme. Dazu gehören die wachsenden Unterschiede zwischen Arm und Reich, Stadt und Land. Ebenso die hohe Arbeitslosigkeit und mangelnde soziale Absicherung, vor allem auch bei den vielen Millionen Wanderarbeiterinnen und Wanderarbeitern. Korruption und Menschenrechtsverletzungen der allein regierenden kommunistischen Partei führen immer wieder zu Protesten. Besonders groß sind die Umweltprobleme, vor allem die schlechte Luftqualität in den vielen Millionenstädten.

Die Neue Seidenstraße So wird ein Megaprojekt genannt, das China seit 2013 betreibt. Unter dem Titel „One Belt, One Road" soll der weltweite Handel, vor allem auch zwischen Asien und Europa, vertieft werden. Dazu wird die Infrastruktur (neue Autobahnen, Zuglinien, Stromnetze, Öl- und Gaspipelines und Internet-Netze) im Bereich der historischen Seidenstraße massiv ausgebaut. China investiert in dieses Projekt große Summen, plant und errichtet auch viele Einzelprojekte. Die „Neue Seidenstraße" verläuft momentan (2019) von China nach Osteuropa. Sie umfasst verschiedene Wirtschaftsräume, darunter China, Russland, Singapur, Iran und Türkei. Nach dem vollständigen Ausbau dieser Route soll die Neue Seidenstraße 65 Länder in Asien und Europa verbinden.

Postings über mögliche Auswirkungen der Neuen Seidenstraße

Q **sebaestschn … 3 27. November 2017, 07:17:14**
Ich verstehe den negativen Beigeschmack nicht. Ich bin im Handel tätig und bin durchaus froh schon heute Ware per Zug hereinholen zu können, wenn es per Schiff zu lange dauert. Sollten die Chinesen sich da verspekulieren, wird das Ding von sich aus implodieren (= in sich zusammenfallen). Am Ende des Tages wird auch in Zentralasien dadurch globalisiert und das dient auch dem Frieden – ist ja keine Einbahnstrasse.

Nestor1 26. November 2017, 21:17:05
Solange wir den Chinesen nicht das Familiensilber verkaufen, besteht keine Gefahr. Aber genau das wollen sie. Wir sind gut beraten dafür vorzusorgen, dass weder Grund und Boden, nationale Ressourcen* wie zB Wasser, nationale Infrastruktur wie zB elektrische Energie, Verkehrswege, Telekommunikation, Gesundheitswesen etc. in die Hände von Finanz- oder politischen Investoren fallen. Leider ist das teilweise bereits geschehen und wir zahlen bereits für unsere Fehler. Heimische Industrien sollten durch gezielte Investitionsanreize besser als Pensionsvorsorge in die Hände unserer Bürger gelangen, denn internationalen Investoren überlassen werden. (…)
(http://derstandard.at/2000068525428/Wie-sich-China-mit-gigantischen-Investitionen-Einfluss-in-Europa-erkauft)

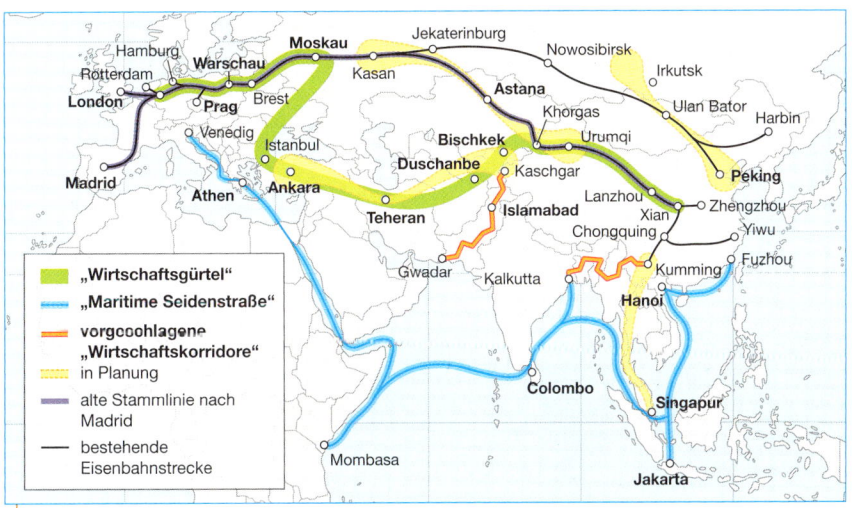

Globales Projekt Neue Seidenstraße Auch in Österreich gibt es politische und wirtschaftliche Bestrebungen, Teil der chinesischen Neuen Seidenstraße zu werden. (Quelle: Mercator Institute for China Studies)

Legende:
- „Wirtschaftsgürtel"
- „Maritime Seidenstraße"
- vorgeschlagene „Wirtschaftskorridore"
- in Planung
- alte Stammlinie nach Madrid
- bestehende Eisenbahnstrecke

Chinesische Investitionen in Afrika: China ist seit Jahren Afrikas größter Handelspartner. Es investierte viele Milliarden Dollar. Viele afrikanische Länder beliefern China mit Eisenerz, Kupfer, Mineralien, Kohle und Erdöl. Europäische Industrieländer und die USA sehen dies teilweise mit Misstrauen. (Foto, Habib Kouyate, Bamako, Mali, 2009)

Arbeite nach M1

Du bist dran

- Fasse die Meinungen der beiden Postings über die Neue Seidenstraße zusammen.
- Erläutere die positiven Aspekte und die Befürchtungen, die mit dem chinesischen Projekt nach Meinung der beiden Verfasser verbunden sind.
- Bewerte die Chancen und Risiken für Europa.
- Formuliere in einem offenen Brief an die österreichische Regierung, in welcher Weise sie das Projekt Neue Seidenstraße mitgestalten soll.

Du bist dran

- Deine Eltern stehen vor der Entscheidung, aus beruflichen Gründen nach Indien oder China zu ziehen. Beurteile, inwieweit die Informationen dieser beiden Doppelseiten für eine Entscheidung ausreichen oder ob Fakten fehlen. Begründe deine Entscheidung.

Weltweit vernetzte Wirtschaft

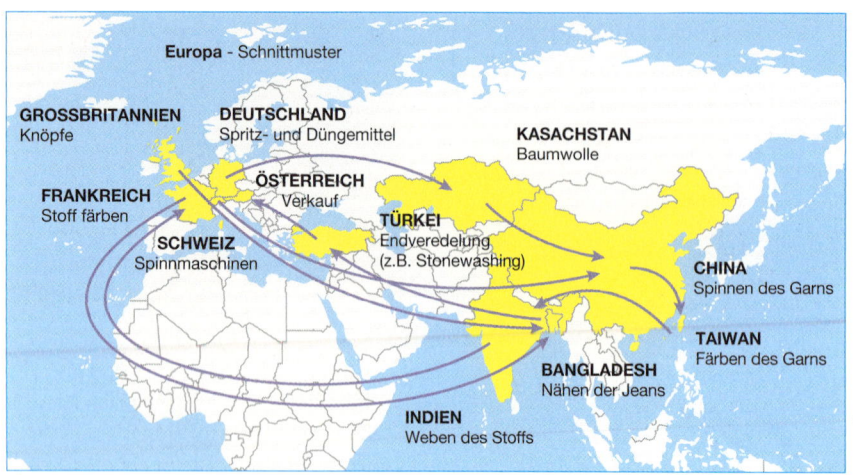

Die Reise einer Jeans (Quelle: www.stepmap.de, eigene Recherchen)

Arbeite nach M4+A2

Du bist dran

- Erkläre die internationale Arbeitsteilung am Beispiel der Jeans.
- Diskutiert die möglichen Vor- und Nachteile dieser arbeitsteiligen Produktionsart und der weltweiten Vernetzung der Wirtschaft.

Eine vernetzte Welt Fernhandel gibt es schon seit Jahrtausenden. Erst ab etwa 1960 wird für den sprunghaft angestiegenen Welthandel der Begriff Globalisierung verwendet. Damit wird die zunehmende internationale Verflechtung der Wirtschaft, Kultur, Politik, Umwelt und weiterer Bereiche bezeichnet. Die wichtigste Voraussetzung dafür sind die technischen Fortschritte bei den Kommunikations- und Transportmitteln. Auch durch die Ausbreitung von Internet, E-Mail, günstigen internationalen Telefondiensten, Mobiltelefonen und elektronischen Konferenzen ist die Welt immer enger zusammengerückt. Zudem begünstigten politische Entscheidungen wie geringere Zölle die Globalisierung.

Unterschiedliche Entwicklung der Wirtschaftsräume In den letzten Jahrzehnten entwickelten sich drei große Wirtschaftsräume: die NAFTA (Freihandelszone zwischen Kanada, den USA und Mexiko), die EU und Ostasien (Japan, Taiwan, Südkorea, Hongkong, Singapur). Im Zuge des Aufstiegs Chinas werden auch oft USA, EU und China als die drei größten globalen Wirtschaftsräume genannt. Noch nie in der Geschichte wurden weltweit derart viele Waren und Produkte hergestellt und gehandelt wie heute.

Globalisierung – Gewinner und Verlierer Zwischen den Industriestaaten und den Entwicklungsländern gibt es einen großen Unterschied im Wohlstand. Ursachen für die ungleiche Verteilung des Wohlstandes sind unter anderem der unterschiedliche Grad der Globalisierung, der Industrialisierung und der Teilhabe an Ressourcen. Auch die politischen Rahmenbedingungen in der jeweiligen Wirtschaftsregion spielen eine große Rolle. Zu den Gewinnern der Globalisierung gehören in erster Linie die Industriestaaten. Entwicklungsländer mit niedriger Globalisierung können sich meist nicht stark entwickeln.

Globalisierung „Fressen oder gefressen werden?" (Horst Haitzinger, 1997)

Arbeite nach A2

Du bist dran

- Beschreibe, analysiere und interpretiere die Karikatur.
- Erläutere, auf welchen Vorgang im Globalisierungsprozess der Karikaturist hinweist.

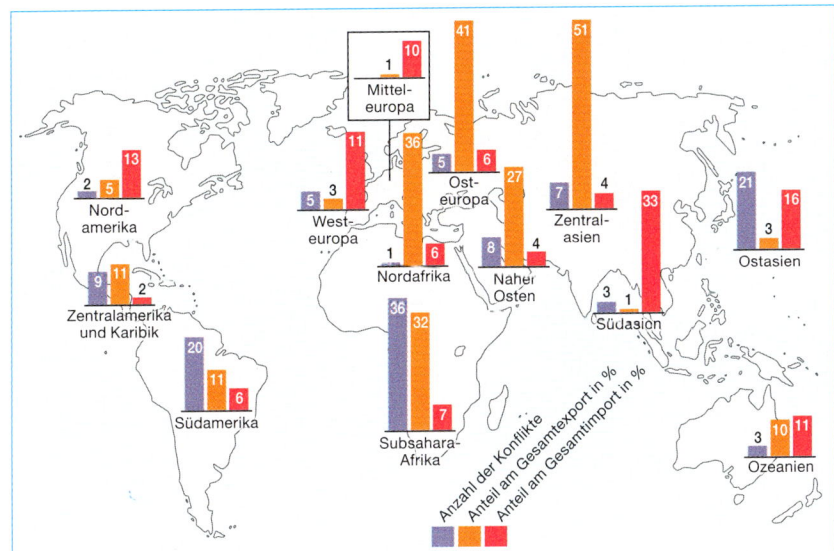

Arbeite nach M6

Du bist dran

- Beschreibe mit Hilfe des Schaubildes, welche Rohstoffkonflikte es in welchen Weltregionen 2013 gab.

Du bist dran

- Analysiere, wie die Autorin dieser Doppelseite die weltweit vernetzte Wirtschaft darstellt. Verwende dazu alle Materialien sowie den Autorentext.

Rohstoffkonflikte und Konfliktrohstoffe 2013 Die Grafik stellt die ökonomische Bedeutung von Erdgas, Erdöl, Diamanten, Kakao, Palmöl und Tropenholz sowie die Anzahl der aktuellen Rohstoffkonflikte von 13 Regionen der Welt in 2013 gegenüber. (Quelle: Bundeszentrale für Politische Bildung)

Ungleiche Verteilung der Rohstoffe Die Verteilung und der Verbrauch von Rohstoffen ist sehr ungleich. Die Menschen in den industrialisierten Staaten (Nordamerika, Europa, Japan) machen ca. 20 Prozent der Weltbevölkerung aus. Sie verbrauchen etwa 80 Prozent der weltweiten Rohstoffe und 70 Prozent der Energie. Der Verbrauch steigt in China und in vielen Entwicklungs- und Schwellenländern*. Dazu kommt, dass für die Herstellung von Computern und Smartphones selten vorkommende Rohstoffe (zB Seltene Erden) benötigt werden. Diese sind inzwischen knapp und sehr begehrt.

Die Bundeszentrale für Politische Bildung über die Folgen der ungleichen Verteilung von Ressourcen (2013):

D Die ungleiche Verteilung von Vorkommen und Reserven hat seit jeher Interessenkonflikte hervorgerufen. Je fairer Handel und Abkommen hierüber gestaltet sind, desto friedlicher und letztlich auch nachhaltiger lassen sich die damit verbundenen Probleme lösen. Nichtsdestotrotz ist das gegenwärtige Konfliktpotential groß. Gestritten wird – meist diplomatisch, aber manchmal auch militärisch – um den Zugang zum Rohstoff, um die Kontrolle und seine Verteilung an die beteiligten Akteure. Es kann – etwa durch Raubüberfälle oder illegale Entnahme – zu kriminellen Aktivitäten kommen. Oft geht die Rohstoffförderung mit Ausbeutung und Menschenrechtsverletzungen Hand in Hand. Schließlich dient ihre Gewinnung in manchen Ländern (zB Demokratische Republik Kongo) direkt der Finanzierung von bewaffneten Konflikten – Stichwort Blutdiamanten. (http://sicherheitspolitik.bpb.de)

Arbeite nach M1+M2+A2

Du bist dran

- Analysiere die Textquelle.
- Formuliert wirtschaftliche, soziale und politische Pro- und Contra-Argumente zum Abbau von Seltenen Erden. Diskutiert darüber in der Klasse.

China als Marktführer beim Abbau von Seltenen Erden: Beim Abbau entstehen hochgiftige Rückstände. Folgen davon sind daher eine Vergiftung der Umwelt und die Zerstörung von Lebensräumen. Das Foto zeigt Arbeiter in einer Mine für Seltene Erden in der Jiangxi-Provinz im Südosten von China. (Foto, Jie Zhao 2010)

Globalisierter Alltag, globalisierte Kultur

Kritik und kulturelle Konvergenz bei McDonald's (2017)

D Auch wegen seiner Größe und seines Bekanntheitsgrads war und ist der Konzern Ziel von Protestaktionen von Globalisierungskritikern sowie Umwelt- und Verbraucherschützern. (…) Gleichzeitig ist McDonald's auch ein Beispiel für kulturelle Konvergenz (= gegenseitige Annäherung), da der Konzern den Auftritt und die Produktpalette je nach Region den kulturellen Gegebenheiten anpasst. So wird etwa in israelischen Niederlassungen lediglich koscheres Essen angeboten, und entsprechend der jüdischen Tradition bleiben die Restaurants am Sabbat geschlossen. Wiederum werden in Indien keine Rindfleischgerichte verkauft und auch in islamisch geprägten Ländern werden die jeweiligen Speisevorschriften eingehalten.
(http://www.bpb.de/)

Du bist dran

- Beurteile, wie sich die kulturelle Globalisierung in deinem Alltag und Lebensstil auswirkt. Denk dabei an die Bereiche Essen und Trinken, Musikkultur, Kleidung, digitale Medien etc.
- Nimm Stellung zur Befürchtung mancher Kritikerinnen und Kritiker, dass lokale Besonderheiten verschwinden und eine globale „Einheitskultur" entsteht.

Globalisierte Kommunikation In Entwicklungsländern sind Smartphones heute selbstverständlich. (Foto, Gilles Barbier 2015)

Internet, Smartphones & Co. Die Straßenszenen überall auf der Welt ähneln sich: Menschen nutzen Smartphones, tragen Jeans, essen Burger und hören die gleiche Musik über ihre Headsets. Heute sind wir mit Menschen auf der ganzen Welt vernetzt. Informationen, Trends und Neuerungen verbreiten sich blitzschnell. Diesen weltweiten Austausch ermöglichen Internet, Fernsehen und Telefon. In allen Regionen der Welt ist es daher zu einer kulturellen Globalisierung gekommen. Für die globale Vernetzung ist kein anderes Medium so prägend wie das Internet. Im kulturellen Bereich hat es großen Einfluss auf Inhalte und Form von Kommunikation.

McDonaldisierung der Welt Mit mehr als 36 000 Filialen in mehr als 110 Staaten der Welt und täglich 70 Millionen Kundinnen und Kunden (2017) ist McDonald's die wohl bekannteste Fast-Food-Kette der Welt. Das Foto von Zhou Jianping aus dem Jahr 2016 zeigt eine Filiale in der chinesischen Stadt Yichang City.

King of Pop wird der US-amerikanische Sänger, Tänzer und Komponist Michael Jackson (1958–2009) genannt. Aufgrund seiner 300 bis 400 Millionen verkauften Tonträger gilt Jackson als bisher erfolgreichster Entertainer der Welt. (Foto, Fryderyk Gabowicz 1996)

Popkultur Bei diesem Begriff denken die meisten an Popmusik. Popkultur (lat. populus = Volk, Menge) meint aber eigentlich populäre Kultur, die sich nicht nur auf Musik, sondern auch auf Malerei, Literatur, Fotografie etc. bezieht. Auch Sport und Alltagspraktiken, wie zB der Umgang mit neuen Medien, gehören dazu. Diese Art von Popkultur verbreitete sich in den letzten Jahrzehnten als Massenkultur. Voraussetzung dafür waren die technische Entwicklung und Verbreitung von Massenmedien.

Globale Verwestlichung oder kulturelle Verschmelzung? Die meisten kulturellen Erzeugnisse und Praktiken der Popkultur haben ihren Ursprung in westlichen Ländern, vor allem in den USA. Dies trifft auch auf viele international agierende Konzerne zu. Mit ihren Markenprodukten erweitern sie zwar das Angebot, verdrängen damit aber teilweise auch lokale und regionale Produkte. Für viele Menschen bedeutet der Besitz westlicher Waren auch Sozialprestige. Kritikerinnen und Kritiker dieser Entwicklung bemängeln, dass der westliche Lebensstil und das westliche Konsumverhalten weltweit zu einem kulturellen Einheitsbrei führen. Sie befürchten, dass örtliche Traditionen verschwinden. Manche sehen diese Entwicklungen nicht negativ: Sie sprechen von kultureller Konvergenz, dh einer Vermischung nationaler und internationaler Einflüsse. Diese Verschmelzung von Kulturen kann auch positive Folgen haben.

Chatsprachen und Social Networks Längst beeinflusst die englische Sprache unser Alltags- und Arbeitsleben: In vielen Betrieben, auch in Österreich, ist Englisch zur Arbeitssprache geworden. Wir verwenden Ausdrücke wie sale, chatten, surfen, chillen etc. völlig selbstverständlich. Vor allem in den Sozialen Netzwerken haben sich neue Wörter und eigene Sprachstile (Chatsprachen) gebildet, zB 4u und cu.

Gleiche Mode überall? Heute sind Menschen, die spezielle lokale Kleidung und Frisuren tragen, eher selten geworden. Internationale Stars und Topmodels setzen weltweit Trends für Kleidung und Frisuren. Sie treten oft als Werbeträger und Werbeträgerinnen für internationale Unternehmen auf. Modeketten wie H&M, Zara, … unterhalten in vielen Ländern der Welt Filialen und beschäftigen hunderttausende Menschen. Auch der Online-Handel trägt zur Vereinheitlichung der Kleidung und Frisuren bei.

Um die französische Sprache und Kultur vor allzu großer Globalisierung zu schützen, fördert Frankreich die eigene Film- und Fernsehproduktion und hat eine strenge Quotenregelung im Musikbereich

D (Frankreich bemüht sich) die Vielfalt der eigenen Musikszene und weniger bekannte Künstler und Newcomer zu fördern. Bereits 1994 hatte die französische Regierung ein solches Gesetz eingeführt. Es verpflichtet die Radiosender dazu, zu 40 Prozent französischsprachige Musik zu senden. (…) Sender mit jüngerem Publikum können die Quote bis auf 35 Prozent beschränken, wenn sie dafür zu 25 Prozent Titel neuer Talente ausstrahlen. (…) Seit 1994 stieg der Anteil der französischen Musik deutlich. (…) Der Verkauf französischer Musik im Ausland stieg ebenfalls spektakulär.

(Andrea Klingsieck, Vorbild Frankreich? Hören nach Quoten, FAZ, 17.8.2002)

Arbeite nach M1+A2

Du bist dran

- Fasse zusammen, was Frankreich unternimmt, um die französische Sprache und Kultur vor zu vielen internationalen Einflüssen zu schützen.
- Diskutiert den Weg Frankreichs im Bereich der Musik.

Umwelt und Klima betreffen alle

Ökologische Herausforderungen
(Grafik des russischen Grafikers kotoffei
(Künstlername), 2016)

Plastikmüll im Meer 2016

Q Jährlich verenden etwa 1 000 000 Seevögel und 100 000 Meeressäuger durch den Kontakt mit unserem Plastikmüll.
In weiten Teilen des Meeres gibt es mittlerweile 6-mal mehr Plastik als Plankton.
Eine Plastikflasche benötigt 450 Jahre im Meer, um sich zu zersetzen.
(Plastikmüll Statistik 2016)

Herausforderung: Umweltschutz Das Eingreifen des Menschen in Natur und Umwelt ist nichts Neues. Seit der Industrialisierung haben Raubbau und die teilweise Zerstörung der Natur jedoch dramatisch zugenommen. Das starke Wirtschaftswachstum in den Industriestaaten, aber auch in Schwellenländern wie China und Indien, geht auf Kosten der Umwelt. Einige Staaten haben nur sehr wenige Umweltgesetze oder haben diese wieder gelockert. Internationale Konzerne können dort – ohne Rücksicht auf die Umwelt – billiger produzieren. Es werden so Bodenschätze geplündert und ganze Landstriche zerstört, Gewässer verseucht, Wälder abgeholzt. Dies alles hat globale Folgen für Mensch und Klima.
Globaler Klimawandel Die durchschnittliche Temperatur auf der Erde nimmt seit der Mitte des 19. Jh. zu. Extreme Wetterereignisse häufen sich, der Meeresspiegel steigt.

Plastikmüll in den Weltmeeren Jährlich gelangen neun Millionen Tonnen Plastikmüll in die Meere. Seevögel, Schildkröten und Fische verenden oft qualvoll daran. Das Foto zeigt Umweltschützerinnen und Umweltschützer, die am Strand von Manila (Philippinen) Müll sammeln. (Foto, Ezra Acayan 2015)

Der Klimarat IPCC veröffentlicht wissenschaftlich gesicherte Erkenntnisse zum Klimawandel (2013)

Q Die Aktivitäten des Menschen sind mit großer Sicherheit die Hauptursache des aktuellen Klimawandels. Natürliche Faktoren wie Schwankungen der Sonnenaktivität oder Vulkanausbrüche haben auf die langfristige Erwärmung gegenwärtig nur einen geringen Einfluss. Hauptursache der Erwärmung ist die Freisetzung von Treibgasen, insbesondere von Kohlendioxyd. Dessen Konzentration ist in der Atmosphäre heute so hoch wie noch nie zuvor in den zurückliegenden 800 000 Jahren. Bliebe die derzeitige Emissionsrate (Emission = Ausstoß von Schadstoffen) unverändert, dann wäre schon Mitte dieses Jahrhunderts so viel Kohlendioxyd in die Atmosphäre emittiert, dass die globale Mitteltemperatur über 2°C gegenüber dem vorindustriellen Niveau ansteigen würde. (…) Vielfältige und deutliche Veränderungen wären zu erwarten, wie etwa bei Niederschlägen, Eis und Schnee, einigen Extremwetterereignissen, Meeresspiegelanstieg und Versauerung der Ozeane. Alle Regionen der Erde wären betroffen. (5. Sachstandsbericht des Weltklimarates IPCC, September 2013, http://www.de-ipcc.de/de/200.php, vom 27.9.2013)

Zunehmende Urbanisierung – Verstädterung Schon jetzt lebt mehr als die Hälfte der Weltbevölkerung in Städten. Etwa 70 Prozent des weltweiten Ausstoßes von Treibgas entstehen in den Städten. Die meisten Menschen in Städten atmen daher Luft ein, die ihre Gesundheit gefährdet. Schon jetzt kämpfen die meisten Städte mit Mangel an Wohnraum, Staus und gefährdeter Wasser- und Energieversorgung. In den nächsten Jahrzehnten wird die Urbanisierung voraussichtlich noch zunehmen. Um eine gute Lebensqualität in urbanen Räumen ermöglichen zu können, müssen daher viele Probleme gelöst werden: Die Infrastruktur (zB leistungsfähiger und umweltfreundlicher öffentlicher Verkehr) muss verbessert und ausgebaut, Umweltzerstörung und Luftverschmutzung wirkungsvoll bekämpft werden. Der Einsatz moderner Technologien und neue Entwicklungen sind dafür notwendig. Aber auch die Menschen, die in Städten leben, sollten sich durch ein bewusstes und nachhaltiges Verhalten diesen Herausforderungen stellen.

Städtebau der Zukunft? Die beiden Wohntürme „Bosco Verticale" (Mailand, Italien) sind mit 900 Bäumen und 20 000 Pflanzen begrünt worden. Dies entspricht einer Waldfläche von 7000 m². So kann innerhalb der Stadt eine größere Vielfalt an Flora und Fauna erhalten werden. Die Bepflanzung reduziert zudem Lärm und Hitze und absorbiert den Staub der Großstadt. (Foto, Miguel Medina 2016)

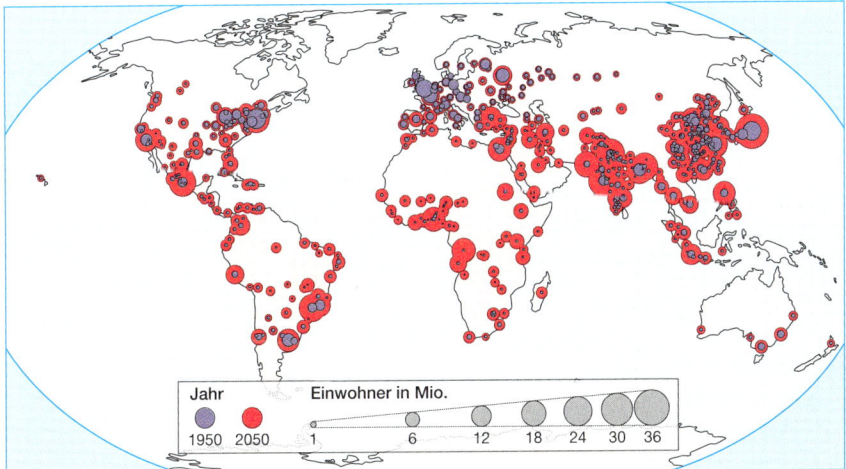

Urbanisierung Bis 2050 sollen laut Prognosen der UNO rund 70 Prozent der Menschen in städtischen Ballungsräumen leben. (Quelle: Deutsche Stiftung Weltbevölkerung)

Internationaler Terrorismus

Definition und Merkmale von Terrorismus

D **Schrecken verbreiten**
Das Wort „Terror" stammt aus dem Lateinischen und heißt „Schrecken". Terroristen sind also Menschen, die Schrecken verbreiten. Sie verüben Anschläge, bei denen oft viele Menschen ums Leben kommen. Sie wollen sich mit Gewalt gegen den Staat durchsetzen. Und sie wollen den anderen Menschen zeigen, dass sie mächtig sind und ihren Willen durchsetzen können. Meistens behaupten Terroristen oder ihre Hintermänner, dass sie aus politischen oder religiösen Gründen handeln. Sie sagen dann, dass ihre Ziele es rechtfertigen, dass andere Menschen dafür sterben.

Selbstmordattentate
Manche Terroristen verüben Selbstmordattentate. Dabei setzen die Terroristen das eigene Leben ein, um ihre Ziele zu erreichen. Oft bekennen sich andere Gruppen oder Personen nach einem Selbstmordattentat zu der Gewalttat.

Kampf für Unabhängigkeit
In manchen Ländern, zB in Spanien, im Nahen Osten oder einigen südamerikanischen und südostasiatischen Staaten, bezeichnen sich Terroristen als „Widerstandskämpfer" oder „Befreiungskämpfer". Manchmal wollen sie die Unabhängigkeit eines Landesteils erkämpfen. Dafür scheint ihnen fast jedes Mittel recht zu sein.
(In: Gerd Schneider/ Christiane Toyka-Seid, Das junge Politik-Lexikon, 2017)

„Nine eleven" Der Terroranschlag vom 11. September 2001 erschütterte die Weltmacht USA. Das World Trade Center, das Zentrum der Weltwirtschaft, stürzte nach dem Terrorangriff in sich zusammen. Etwa 3000 Menschen kamen dabei ums Leben. (Foto, Seth McCallister 2001)

11. September 2001 An diesem Tag wurden die USA Ziel des bislang schwersten Terrorangriffes: Zwei Passagierflugzeuge flogen in die Zwillingstürme des World Trade Centers in New York, eines in das Verteidigungsministerium in Washington. Verantwortlich dafür war das Terror-Netzwerk Al Qaida (arab. Basis). Es operiert in zahlreichen Staaten und führt einen „Heiligen Krieg" gegen den Westen. Sein Ziel ist die Errichtung eines alle islamischen Gebiete umfassenden Gottesstaates*.

Islamisten* So nennt man die Anhänger der Idee eines Gottesstaates. Die allermeisten Muslime verurteilen die Taten der islamistischen Terroristen. Al Qaida beging seit 2001 in europäischen, vor allem aber in islamischen Ländern viele blutige Terrorakte. 2011 wurde ihr Anführer Osama Bin Laden* in einer Kommandoaktion der USA in Pakistan aufgespürt und getötet. Obwohl Al Qaida geschwächt ist, gehen von zahlreichen selbstständig operierenden islamistischen Splittergruppen große Gefahren aus.

Terrorismus als asymmetrischer Krieg Die Terrorattentate der letzten Jahrzehnte stellen eine neuartige Bedrohung dar: Kriege führten in der Vergangenheit vor allem Staaten und Militärbündnisse gegeneinander. In Kriegen sollten die Regeln des Völkerrechtes (Zeitbilder 3, S. 132) gelten. In asymmetrischen Kriegen (Terrorismus) halten sich die Beteiligten nicht an diese Regeln. Ein Gegner ist meist dem anderen militärisch deutlich unterlegen. Daher stellt er sich nicht einem offenen Kampf. Er versucht vielmehr, durch kleinere, aber völlig überraschende Angriffe den Feind zu schlagen.

Arbeite nach M1

Du bist dran

- Analysiere, wie die Darstellung des jungen Politik-Lexikon über das Phänomen Terrorismus aufgebaut ist.
- Bewerte, inwieweit die Erklärungen zum Thema Terrorismus im Politik-Lexikon und im Autorentext deine Fragen zum Thema beantworten.
- Formuliere deine Fragen zu Aspekten des Terrorismus, die hier für dich offen bleiben.

Selbstmordattentate   Die Attentäter halten sich meist bis zu ihren Anschlägen verborgen. Sie suchen sich belebte Ziele aus und versuchen, so viele Menschen wie möglich zu töten. Dabei nehmen sie häufig ihren eigenen Tod in Kauf. Nach dem Anschlag bekennt sich meist die Terrororganisation dazu. Mit ihren Taten wollen die Terroristen ihre Macht demonstrieren und die Bevölkerung in dem betreffenden Land schockieren.

IS – der so genannte Islamische Staat   Er ist eine seit 2003 aktive terroristische Organisation. Anfangs bekannte sie sich zu Al Qaida, löste sich aber später davon. Die Mitglieder des IS sind radikale sunnitische Islamisten. Sie werben Mitglieder für Bürgerkriege und für Terroranschläge an. Der Terrororganisation werden Kriegsverbrechen, Völkermord sowie Zerstörung von kulturellem Erbe der Menschheit zur Last gelegt. Der IS eroberte ein zusammenhängendes Gebiet im Nordwesten des Irak und im Osten Syriens. 2014 rief der IS dort ein Kalifat* aus. Auf das Konto des IS gehen tausende getötete nicht-muslimische und muslimische Menschen. Ende 2017 wurde das IS-Kalifat durch eine internationale Militäroffensive besiegt und aufgelöst, die IS-Kämpfer vertrieben.

Globale Unsicherheit   Es ist zu befürchten, dass der IS nach seiner Zurückdrängung weiter Terroranschläge verüben wird. Auch andere terroristische Gruppen könnten eine globale Bedrohung bleiben. Es gibt unterschiedliche Ansätze, den Terrorismus zu bekämpfen. Viele Staaten setzen auf eine verstärkte internationale Zusammenarbeit von Polizei und Geheimdiensten. Bürgerrechtlerinnen und Bürgerrechtler warnen in diesem Zusammenhang jedoch vor einem Abbau von bürgerlichen Freiheiten und Grundrechten (zB durch besondere Überwachung der Bürgerinnen und Bürger durch den Staat). Expertinnen und Experten weisen aber auch darauf hin, dass die jeweiligen Ursachen des Terrorismus behoben werden sollten. Das sind häufig große Armut, Perspektivlosigkeit und politische und soziale Ungerechtigkeiten.

Zerstörung und Armut   Auch Kinder sind Opfer von Gewalt und Terror. Das Foto zeigt eine Szene aus dem irakischen Mossul nach der Vertreibung des IS. (Foto, Ahmad Al-Rubaye 2017)

Du bist dran   Arbeite nach M1+A2

- Fasse zusammen, was man unter asymmetrischen Kriegen versteht.
- Erläutere, warum Terrorismus so schwer zu bekämpfen ist.
- Diskutiert, welche Maßnahmen gegen Terrorismus euch zielführend erscheinen.

Weiche Ziele   werden in der Terrorismusbekämpfung ungeschützte oder schwer zu schützende Ziele genannt. Dies sind meist Orte des öffentlichen Lebens mit vielen Menschen oder mit wichtiger Infrastruktur. Das Foto zeigt den Berliner Weihnachtsmarkt an der Gedächtniskirche nach dem Terror-Anschlag vom 19. Dezember 2016. Ein IS-Anhänger verübte ihn. Er steuerte einen Lkw in eine Menschenmenge. Zwölf Menschen wurden dabei getötet, über 70 verletzt. (Foto, Bernd von Jutrczenka 2016)

Die Welt seit dem Zweiten Weltkrieg

- **Zweiter Weltkrieg** Der Friedensvertrag von Versailles stärkte nationalistische Parteien in Deutschland. Japan baute seine Machtstellung im pazifischen Raum aus. Mussolini wollte das faschistische Italien zur Großmacht machen, seine Truppen besetzten Libyen, Äthiopien und Albanien. Ab 1935 begann Hitler entgegen den Bestimmungen des Versailler Vertrags mit der Aufrüstung Deutschlands. Mit dem Angriff auf Polen am 1. September 1939 begann der Zweite Weltkrieg. In „Blitzkriegen" besetzten deutsche Truppen Polen, Dänemark, Norwegen und einen Teil Frankreichs. Die Royal Air Force fügte der deutschen Luftwaffe in der Luftschlacht um England erstmals große Verluste zu. Im Sommer 1941 griff die deutsche Wehrmacht zunächst erfolgreich die Sowjetunion an. Die Kälte und der mangelnde Nachschub an Nahrung und Ausrüstung sowie Angriffe sowjetischer Partisanen schwächten die deutschen Truppen, militärische Fehlentscheidungen führten schließlich 1942 zur Niederlage bei Stalingrad, die eine Wende im Krieg darstellt. Nach dem Angriff japanischer Kampfflieger auf Pearl Harbor traten die USA in den Krieg ein. 1944 landeten britische und US-amerikanische Truppen in Frankreich. Im Mai 1945 kapitulierte Deutschland, im September 1945 Japan.
- **UNO** Nach dem Ende des Zweiten Weltkriegs war die Welt in zwei Machtblöcke geteilt: in den kommunistischen „Osten" unter Führung der Sowjetunion und in den kapitalistischen „Westen" unter dem Einfluss der USA. In einem Kalten Krieg und in Stellvertreterkriegen gerieten die beiden Supermächte immer wieder miteinander in Konflikt, in der Kubakrise stand die Welt kurz vor einem Atomkrieg. Der Wettstreit zwischen Ost und West erfolgte sowohl auf militärischem Gebiet als auch im Sport, in der Wirtschaft oder in der Weltraumforschung. Mit dem Ende der Sowjetunion und des Warschauer Pakts endete dieser Konflikt. Trotz verschiedener Abrüstungsverträge betragen die Militärausgaben der Großmächte auch heute noch viele Milliarden Dollar.
- **Entkolonialisierung** Nach dem Zweiten Weltkrieg erlangten viele Kolonien in Afrika und Asien ihre Unabhängigkeit.
- **Indien und China** Die Kolonie Britisch-Indien erhielt 1947 ihre Unabhängigkeit und wurde nach einem blutigen Bürgerkrieg in die heutigen Staaten Indien und Pakistan geteilt. Heute ist Indien auf dem Weg zu einer globalen Wirtschaftsmacht. 1949 wurde China unter Mao zu einer kommunistischen Diktatur. Seit den 1970-er Jahren entwickelt sich das bevölkerungsreichste Land der Erde zu einer wirtschaftlichen Supermacht.
- **Globalisierung** Moderne Kommunikations- und Transportmittel vernetzen weltweit Wirtschaft, Politik und Kultur. Eine Herausforderung in der globalisierten Welt ist der Schutz der Umwelt und die Eindämmung des Klimawandels.
- **Terrorismus** Weltweit kam und kommt es immer wieder zu Terroranschlägen, die zu einer globalen Unsicherheit führen.

Wir trainieren Kompetenzen

Klimagipfel (Tobias Wieland, 26.11.2012)

1. Arbeitsauftrag: Analysiere die Karikatur Schritt für Schritt.

2. Arbeitsauftrag: Du bist eine Verfechterin oder ein Verfechter der UNO. Verfasse eine politische Rede, in der du deine Haltung erörterst.

Kinderarbeit Eine 13-jährige Näherin arbeitet in Myanmar für internationale Konzerne. (Foto, Gethin Chamberlain 2016)

3. Arbeitsauftrag: Du bist Redakteurin oder Redakteur einer Tageszeitung. Verfasse einen Kommentar zu dem Foto.

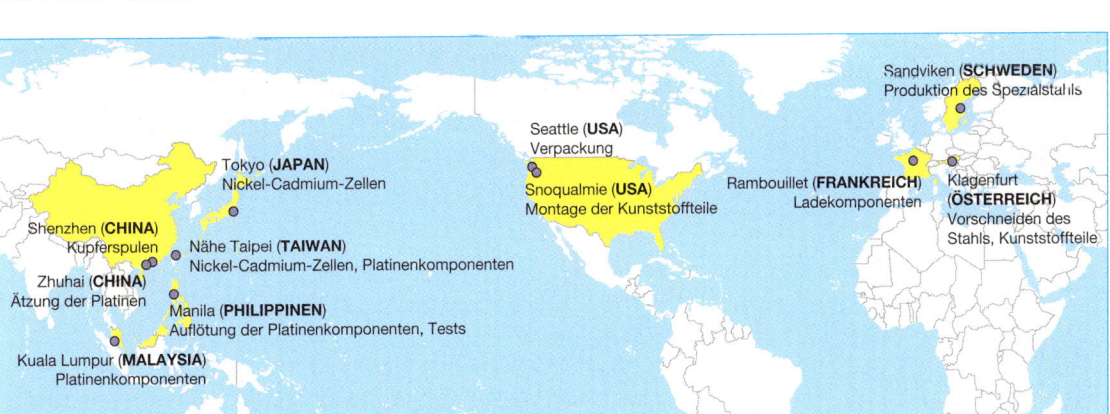

Produktions- und Zulieferorte für eine elektrische Zahnbürste (Quelle: Der Spiegel)

4. Arbeitsauftrag: Analysiere die Darstellung. Begründe, warum es für Unternehmen sinnvoll sein kann, Teile für ein Produkt in verschiedenen Ländern herzustellen. Erläutere deine Meinung zu dieser Form von Produktion.

5. Arbeitsauftrag: Prüfe, in welchen Kapiteln dieses Schulbuches globale Themen behandelt werden. Begründe deine Auswahl.

1951
EGKS – Europäische
Gemeinschaft für
Kohle und Stahl

1957
EWG – Europäische
Wirtschaftsgemeinschaft

1957
Römische Verträge

1985
Schengener
Abkommen

ab 1985
Perestroika und Glasnost

1989
Fall der
Berliner Mauer

Das Projekt:
Gemeinsames Europa

 ci7n96

Jugendliche halten die Fahne der Europäischen Union. (Foto 2016)

2017
CETA

1992
Vertrag von
Maastricht

1995
Beitritt
Österreichs zur EU

2009
Vertrag von
Lissabon

2016
Abstimmung
über den Brexit

1991
Ende der Sowjetunion

2002
Einführung des Euro

2014
Beginn des Krieges in der Ukraine

In Europa sind derzeit noch 28 Staaten zur EU zusammengeschlossen. Am Beginn der EU standen Bestrebungen, Beziehungen auf politischer und vor allem auch auf wirtschaftlicher Ebene zu vereinfachen und zu verbessern. Daraus entstand die EU als übergeordnete Organisation mit einer gemeinsamen Außen- und Sicherheitspolitik. Die Entwicklungen nach 1989 veränderten ganz Europa. Krisen und Auseinandersetzungen stellen große Herausforderungen für die EU dar.

Auf den folgenden Seiten sollst du erfahren:
- wie die EU entstand.
- wie die EU aufgebaut ist und welche Institutionen es hier gibt.
- welche Möglichkeiten sich durch die EU für den Einzelnen oder die Einzelne eröffnen.
- wie sich der Zerfall der Sowjetunion auf Europa auswirkte.
- wie es zum Ende der DDR kam.
- welche Krisen und Herausforderungen die EU zu bewältigen hat.

Auf dem Weg zu einem gemeinsamen Europa

Griechische 2-Euro-Münze
(Foto, Hans Ringhofer 2015)

Die Entführung Europas Skulptur vor dem Europaparlament in Straßburg. Die Skulptur war ein Geschenk Kretas an das Europäische Parlament.
(Nikos und Pandelis Sotiriadis 2005, Foto, Helmut Meyer zur Capellen 2015)

Du bist dran
Arbeite nach M1+M2

- Beschreibe, analysiere und interpretiere die Sage und die beiden Darstellungen dazu.
- Formuliere mögliche Fragen, die sich der Gestalter der Euromünze und der Skulptur gestellt haben könnten.
- Erörtere mögliche Gründe für das Geschenk Kretas an das Europäische Parlament.

Was Europa alles sein kann

- Friedensprojekt
- Wirtschaftsgemeinschaft
- politische Union
- historisch-kulturelle Einheit
- „Europa der Vielfalt"

Du bist dran
Arbeite nach M2

- Nenne mindestens fünf Begriffe, was Europa für dich bedeutet.
- Diskutiert in der Klasse eure unterschiedlichen Europakonzepte. Bezieht dazu auch die Aussagen aus der Textquelle mit ein.
- Entwickelt ein gemeinsames Konzept für Europa.

Was ist Europa?

Wie Europa zu seinem Namen kam

D Der Sage nach war Europa eine Prinzessin aus Phönizien. Zeus verliebte sich in sie und verwandelte sich in einen zahmen Stier. Er nahm Europa auf seinen Rücken und entführte sie über das Meer nach Kreta. Dort verwandelte er sich wieder in seine ursprüngliche Gestalt. Der Kontinent wurde nach ihr benannt.
(http://www.europa-im-unterricht.ktn.gv.at, gekürzt)

Europa bedeutet für mich ...

Q „Ein vereintes, auf Menschenrechten fußendes Europa ist ein Gegenmodell zu einem Europa der Abschottung und des Nationalismus, der in der Vergangenheit unsägliches Leid über die Menschheit gebracht hat."
Norbert Kittenberger, Asyl in Not (13.10.2018)

„Die Freiheit, der Frieden und die Vielfalt in Europa sind eine große Errungenschaft der letzten Jahrzehnte und gleichzeitig eine große Selbstverständlichkeit für die Bürgerinnen und Bürger, die das leben und erleben dürfen. Vieles funktioniert und vieles funktioniert auch nicht. Jede Generation muss dieses Projekt behutsam weitertragen und entwickeln. Ich glaube, dass Europa nie fertig oder perfekt sein wird. Es ist die Absicht und das Versprechen ein friedliches und sicheres Miteinander zu entwickeln. Die Aufklärung und die Menschenrechte sind dabei unsere Leitsterne."
Katharina Stemberger, Schauspielerin (13.10.2018)

„Wir in Europa bilden einen kunterbunten Haufen, mit all unseren verschiedenen Sprachen, Kulturen, Erlebnissen und Nationalitäten. Wir sind wie viele einzelne Puzzlesteine – und es liegt an uns, gemeinsam jenes bunte europäische Bild zu schaffen, das wir uns wünschen!"
Julia Haas, Völkerrechtsbüro, BMEIA (20.10.2018)

Der Vertrag von Maastricht

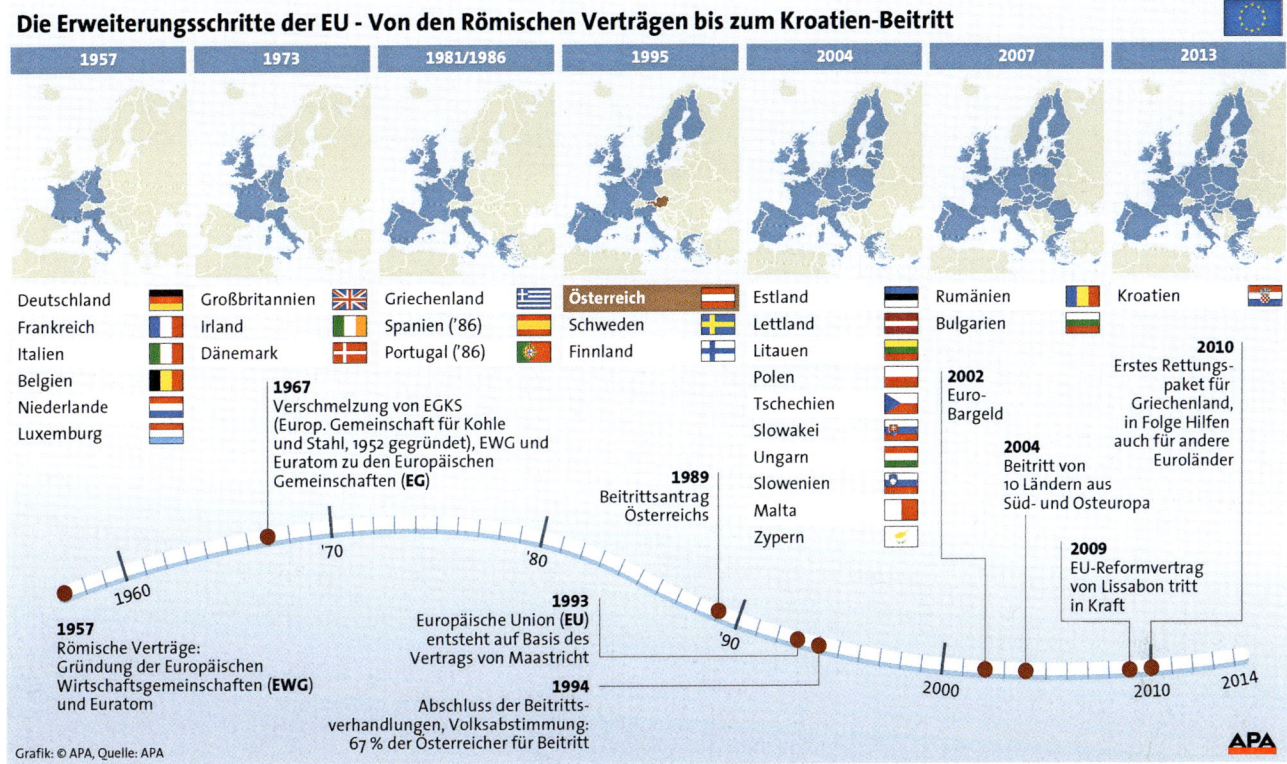

Die Erweiterungsschritte der EU - Von den Römischen Verträgen bis zum Kroatien-Beitritt

| 1957 | 1973 | 1981/1986 | 1995 | 2004 | 2007 | 2013 |

Deutschland
Frankreich
Italien
Belgien
Niederlande
Luxemburg

Großbritannien
Irland
Dänemark

Griechenland
Spanien ('86)
Portugal ('86)

Österreich
Schweden
Finnland

Estland
Lettland
Litauen
Polen
Tschechien
Slowakei
Ungarn
Slowenien
Malta
Zypern

Rumänien
Bulgarien

Kroatien

1967
Verschmelzung von EGKS
(Europ. Gemeinschaft für Kohle
und Stahl, 1952 gegründet), EWG und
Euratom zu den Europäischen
Gemeinschaften (**EG**)

1989
Beitrittsantrag
Österreichs

2002
Euro-
Bargeld

2004
Beitritt von
10 Ländern aus
Süd- und Osteuropa

2010
Erstes Rettungs-
paket für
Griechenland,
in Folge Hilfen
auch für andere
Euroländer

2009
EU-Reformvertrag
von Lissabon tritt
in Kraft

1960

1957
Römische Verträge:
Gründung der Europäischen
Wirtschaftsgemeinschaften (**EWG**)
und Euratom

1993
Europäische Union (**EU**)
entsteht auf Basis des
Vertrags von Maastricht

1994
Abschluss der Beitritts-
verhandlungen, Volksabstimmung:
67 % der Österreicher für Beitritt

'70   '80   '90   2000   2010   2014

Grafik: © APA, Quelle: APA   APA

Die Erweiterungsschritte der EU – von den Römischen Verträgen bis zum Kroatien-Beitritt

Europäische Union (EU)   1992 schlossen die Mitglieder der Europäischen Gemeinschaft (EG) den Vertrag von Maastricht. Die EG sollte mehr als ein reines Wirtschaftsbündnis sein. Die Mitglieder wollten auch in Umweltfragen und bei sozialpolitischen Themen (zB Arbeitsmarktpolitik) zusammenarbeiten.
Der Vertrag von Maastricht begründete aber auch die Europäische Union (EU) als übergeordnete Organisation. EG, EGKS und EAG haben eine gemeinsame Außen- und Sicherheitspolitik. Polizei und Justiz der Mitgliedstaaten arbeiten zusammen. Man spricht auch von den drei Säulen der Europäischen Union.
Währungsunion   Seit 1. Jänner 2002 gilt der Euro in zwölf EU-Staaten als gemeinsame Währung und löste die nationalen Währungen ab. Heute sind 19 EU-Staaten Teil der Eurozone.

Du bist dran   **Arbeite nach M2**

- Erstelle einen Zeitstrahl zu den Stationen der europäischen Einigung.
- Nenne die wesentlichen Inhalte des Maastricht Vertrages.
- Erläutere die Bedeutung des Vertrages von Maastricht für die Entwicklung Europas.

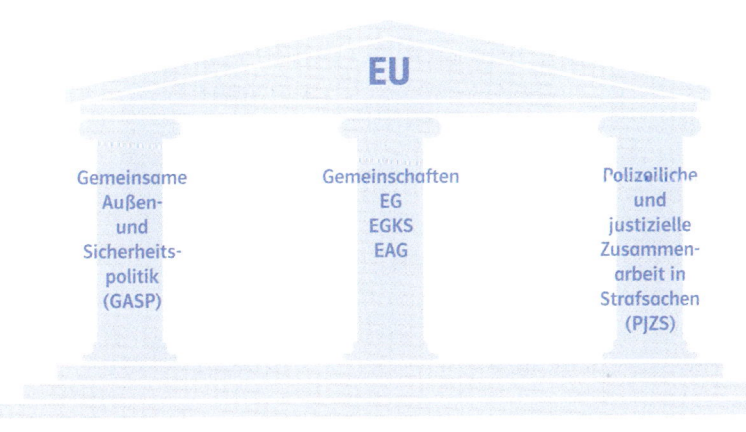

EU

| Gemeinsame Außen- und Sicherheits- politik (GASP) | Gemeinschaften EG EGKS EAG | Polizeiliche und justizielle Zusammen- arbeit in Strafsachen (PJZS) |

Drei Säulen der EU

Europaflagge   Sie zeigt zwölf (= Symbol der Vollkommenheit und Einheit) goldene fünfzackige Sterne in einem Kranz vor blauem Hintergrund. Ursprünglich die Flagge des Europarates war sie seit 1986 die der Europäischen Gemeinschaft. Heute ist sie Symbol der Europä-ischen Union. (Foto 2012)

Der Vertrag von Lissabon

Die EU ist keine Dachorganisation mehr.	Justizielle Zusammenarbeit in Strafsachen	EU-Gesetzgebung
Sie übernimmt die Aufgaben der Europäischen Gemeinschaft mit. Die EG wird aufgelöst.	Mit dem Vertrag von Lissabon wurde eine solidere Grundlage für die Entwicklung eines Raums der Strafgerichtsbarkeit geschaffen und dem Europäischen Parlament neue Befugnisse eingeräumt.	Die Parlamente der Mitgliedstaaten haben nun mehr Einfluss.
Direkte Demokratie: Europäische Bürgerinitiative	**neu: EU-Ratspräsident/Ratspräsidentin**	**mächtiger: EU-Außenbeauftragte/ Außenbeauftragter**
Eine Million EU-Bürgerinnen und Bürger muss binnen eines Jahres in mindestens 25% der Mitgliedstaaten eine Unterstützungserklärung unterschrieben haben. Dann muss die Europäische Kommission das gewünschte Thema diskutieren.	Er bzw. sie leitet die Sitzungen der europäischen Staats- und Regierungschefs (= Europäischer Rat). Seine/Ihre Amtszeit beträgt 2,5 Jahre, eine Wiederwahl ist möglich.	Er bzw. sie leitet den Europäischen Auswärtigen Dienst (EAD), ist für außenpolitische Beziehungen der EU, humanitäre Hilfe und Handelsbeziehungen zuständig. Außerdem ist er bzw. sie stellvertretende Vorsitzende bzw. stellvertretender Vorsitzender der Europäischen Kommission.
Neu geregelt: Europäischer Auswärtiger Dienst	**EU-Grundrechtecharta**	**Austritt aus der EU**
Fünf Regionalabteilungen (Asien, Afrika, Russland und Balkan, Naher Osten, Amerika) regeln die gemeinsame Außen- und Sicherheitspolitik. Sie betreiben Krisenmanagement und beschäftigen sich auch mit globalen Fragen.	Grund- und Menschenrechte sind schriftlich festgehalten und dienen als Grundlage für Verfassungen der Mitgliedstaaten und Entscheidungen des Europäischen Gerichtshofes.	Ein Austritt aus der EU wird nun geregelt: 2016 stimmte die Mehrheit der Menschen in Großbritannien für den Brexit (= Britannien + exit = Austritt).

Die Bestimmungen des Vertrags von Lissabon 2009 legten die damals 27 Mitgliedstaaten Änderungen des Vertrags von Maastricht fest.

Du bist dran **Arbeite nach M1+M2**

- Liste die Inhalte des Vertrags von Lissabon auf.
- Prüfe, auf welchen Punkt des Vertrags von Lissabon die Karikatur Bezug nimmt.

Du bist dran **Arbeite nach M2**

- Begründe eine Vermutung, weshalb das Autorenteam diese Karikatur gewählt hat.
- Erkläre die symbolische Bedeutung der Frau, ihres Reittiers und des Mannes.
- Erläutere die Forderung des Mannes.
- Beurteile die Meinung des Zeichners zum Brexit.

Brexit und Zollunion (Karikatur von Harm Bengen 2017)

Die Struktur der EU

Die Organe der EU   Die EU muss immer wieder zwischen national-
staatlichen Interessen ihrer Mitgliedsländer und gesamteuropäischen
Interessen vermitteln. Folgende fünf Organe sind für Gesetzgebung,
Umsetzung der EU-Verordnungen, Kontrolle der Umsetzung und
Streitschlichtung verantwortlich:

Europäisches Parlament	Direkt gewählte Abgeordnete vertreten die europäischen Bürgerinnen und Bürger und verabschieden Gesetze.
Europäischer Rat	EU-Staats- und Regierungschefs formulieren politische Zielsetzungen. Der Rat kann keine Gesetze erlassen.
Rat der Europäischen Union	Die Regierungen der Mitgliedsländer vertreten die Interessen ihrer Länder und verabschieden Gesetze. Der Ratsvorsitz wechselt halbjährlich unter den Mitgliedstaaten.
Europäische Kommission	Mitglieder werden von den Regierungen der Mitgliedstaaten entsandt und vertreten allgemeine Interessen der EU. Sie erarbeitet Gesetzesvorschläge. Außerdem überprüft sie die korrekte Umsetzung der EU-Rechtsvorschriften in den Mitgliedsländern und verwaltet den EU-Haushalt.
Gerichtshof der Europäischen Union Europäischer Gerichtshof (EuGH)	Er dient als Kontrolle, ob die EU-Verordnungen und Richtlinien in den einzelnen Mitgliedsländern in gleicher Weise umgesetzt werden. Er urteilt bei Konflikten zwischen nationalen Regierungen und EU-Institutionen. Auch Einzelpersonen, die sich durch Entscheidungen von EU-Institutionen geschädigt fühlen, können sich an ihn wenden.

Weitere Einrichtungen unterstützen diese fünf EU-Organe bei der
Umsetzung ihrer Beschlüsse und die Nationalstaaten bei der Wahrung
ihrer Interessen. Einige davon sind:

Europäische Zentralbank (EZB)	Sie ist für die europäische Währungspolitik und für die Stabilität des Euro verantwortlich.
Europäischer Rechnungshof	Er prüft die Ausgaben der EU.
Europäischer Auswärtiger Dienst (EAD)	Er regelt die gemeinsame Außen- und Sicherheitspolitik der EU.

Du bist dran

- Ordne einzelne Institutionen jeweils einer der drei Staatsgewalten zu. Kennzeichne sie mit der entsprechenden Farbe. (Nicht alle Institutionen können zugeordnet werden.)

  Legislative – blau
  Judikative – rot
  Exekutive – grün

Arbeite nach M1+M2

Du bist dran

- Analysiere den Aufbau dieser Logos.
- Ordne die Logos den hier vorgestellten EU-Institutionen zu. Begründe deine Zuordnung.

Der europäische Wirtschaftsraum

alleinige Zuständigkeiten der EU	geteilte Zuständigkeiten von EU und Mitgliedstaaten	Zuständigkeiten der Mitgliedstaaten (EU unterstützt nur)
• Zollunion • Wettbewerbsregeln • Währungspolitik (für Mitglied mit Euro) • Erhalt der Meeresschätze • Handelspolitik	• Binnenmarkt • Sozialpolitik • wirtschaftlicher, sozialer, territorialer Zusammenhalt • Landwirtschaft und Fischerei • Verbraucherschutz • Verkehrspolitik, Telekommunikation • Energiepolitik • Forschung • Freiheit, Sicherheit, Recht	• Gesundheit • Industrie • Kultur • Tourismus • Bildung, Jugend, Sport • Katastrophenschutz • Verwaltung

Alleinige und geteilte Zuständigkeiten der EU

Freier Personenverkehr	Freier Dienstleistungsverkehr	Freier Warenverkehr	Freier Kapitalverkehr
• Wegfall der Grenzkontrollen • Harmonisierung der Einreise-, Asyl-, Waffen- und Drogengesetze • Niederlassungs- und Beschäftigungsfreiheit für EU-Bürgerinnen und -Bürger • verstärkte Außenkontrollen	• Liberalisierung der Bank- und Versicherungsdienstleistungen • Harmonisierung der Banken- und Versicherungsaufsicht • Öffnung der Transport- und Telekommunikationsmärkte	• Wegfall der Grenzkontrollen • Harmonisierung oder gegenseitige Anerkennung von Normen und Vorschriften • Steuerharmonisierung	• größere Freizügigkeit für Geld- und Kapitalbewegungen • Schritte zu einem gemeinsamen Markt für Finanzdienstleistungen • Liberalisierung des Wertpapierverkehrs

Vier Freiheiten in der EU: Als EU-Bürgerinnen und -Bürgern steht uns der gesamte EU-Binnenmarkt offen.

Du bist dran

- Arbeite aus den Zuständigkeiten der EU die Bereiche heraus, in denen sie den Alltag der Menschen bestimmen.
- Nenne zu jeder der vier Freiheiten ein Beispiel aus deiner Lebenswelt.

- Gemeinsam oder einsam? Ihre Meinung zählt.
- Wohlstand oder Stillstand? Ihre Meinung zählt.
- Mehr Sicherheit. Mehr Exportchancen – neue Arbeitsplätze. Billiger und reichhaltiger einkaufen.
- Nein zur grenzenlosen Kriminalität.
- Super Job durch EG-Beitritt? Das Glück trifft nur wenige. Und Hunderttausende sind arbeitslos.
- Nein zur Abschaffung des Schilling.

Österreich und die EU

Volksabstimmung Am 12. Juni 1994 sprachen sich bei einer Wahlbeteiligung von ca. 82 Prozent 66,6 Prozent der Österreicherinnen und Österreicher für einen Beitritt Österreichs zur Europäischen Union aus. Am 1. Jänner 1995 wurde Österreich Mitglied der EU. Die Volksabstimmung war nach der Abstimmung über die Inbetriebnahme des AKW Zwentendorf 1978 (S. 67) die zweite Volksabstimmung in der Geschichte Österreichs. Notwendig war sie, da der EU-Beitritt Österreichs zu einer Änderung der Verfassung führte. Der Volksabstimmung ging eine intensive Werbekampagne der österreichischen SPÖ-ÖVP-Bundesregierung voraus, die 1989 den Antrag auf die EU-Mitgliedschaft gestellt hatte. Im Vorfeld der Abstimmung sprachen sich SPÖ und ÖVP auch auf ihren Plakaten für ein „Ja zu Europa" aus. Sie versuchten die Österreicherinnen und Österreicher zu einer positiven Stimmabgabe zu bewegen. Die Oppositionsparteien FPÖ, Grüne und KPÖ lehnten den Beitritt ab.

Arbeite nach M1+A2

Du bist dran

- Ordne zu: Welche Aussagen stammen von den Regierungsparteien, welche von den Oppositionsparteien?
- Nimm Stellung zu den Argumenten für bzw. gegen den EU-Beitritt.
- Diskutiert anschließend in der Klasse.

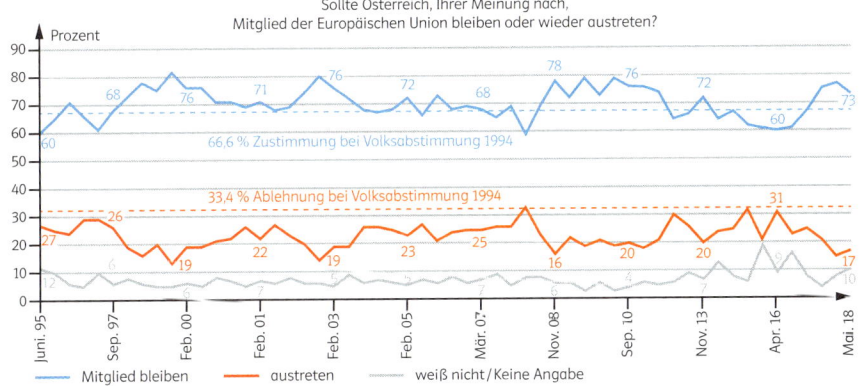

Zustimmung zur EU von Juni 1995 bis Mai 2018 (Quelle: Österreichische Gesellschaft für Europapolitik)

Zustimmung zur EU   Laut Eurobarometer-Umfrage vom Juni 2018 fühlen sich 77 Prozent der Österreicherinnen und Österreicher als EU-Bürgerinnen und -Bürger. 54 Prozent der Österreicherinnen und Österreicher sind der Meinung, dass Österreich von der Mitgliedschaft profitiert hat. Die Zustimmung zur EU beträgt laut dieser Umfrage allerdings nur 45 Prozent. 59 Prozent sind der Meinung, dass ihre Stimme in der EU zählt.

> **Du bist dran**   *Arbeite nach M1+M6*
>
> - Arbeite die Fragen, die in der Grafik und im Autorentext beantwortet werden, heraus.

Die EU und ich

Erasmus+   Dieses Programm fördert bis 2020 Bildung, Jugend und Sport. Bis zu vier Millionen junge Menschen und Erwachsene bekommen so die Möglichkeit, in einem anderen EU-Land oder einem außereuropäischen Partnerland die Schule oder eine Universität zu besuchen, zu arbeiten oder eine Freiwilligentätigkeit auszuüben.

Erasmus+ bringt Menschen zusammen
83% fühlen sich durch **Hochschulbildung** mehr als Europäerinnen und Europäer.
85% sagen, sie seien sich durch den **Europäischen Freiwilligendienst** der gemeinsamen europäischen Werte jetzt besser bewusst.
94% sind durch den **Jugendaustausch** toleranter geworden.
88% der Schülerinnen und Schüler konnten durch **Schulpartnerschaften** ihre sozialen Kompetenzen verbessern.
(Europäische Kommission)

> **Du bist dran**   *Arbeite nach M1+A2*
>
> - Arbeite aus Marlies Auers Bericht heraus, wie sie von ihrer Teilnahme am Erasmus-Programm profitiert hat.
> - Vergleiche ihre Darstellung mit der Einschätzung der Europäischen Kommission.
> - Diskutiert, wie ihr die Chancen und Risiken, eine Zeit lang im Ausland in die Schule zu gehen, bewertet.

- Mehr Chancen für die Jugend. Grenzenloser Umweltschutz. Stimme und Gewicht für Österreich.
- Sicherheit durch EG-Beitritt? Die Neutralität bleibt auf der Strecke. Und Deutschland schluckt uns wieder.
- Nein zur Transithölle Österreich, ja zum Schweizer Modell. Wir sind Europäer. Österreicher bleiben wir.
- EU so nicht. Wir haben den Vertrag gelesen.
- Nein zur AusbEUtung. Nein zum Ausverkauf.

(Wahlslogans zur Volksabstimmung über den EU-Beitritt, Quelle: Demokratiezentrum)

Marlies Auer war als Erasmus-Studentin ein Semester an der University of Roehampton in London

Q   Ich habe persönlich viel durch Erasmus und Erasmus+ gelernt, damals und auch in meinen jetzigen Aktivitäten als Projektentwicklerin und Projektleiterin in europäischen Projekten am BFI OÖ, insbesondere die Offenheit für neue Erfahrungen und Situationen, Improvisations- und Erfindergeist und die Freude am Entdecken von Neuem. Meine sprachlichen Kenntnisse haben sich natürlich auch verbessert, insbesondere mein Englisch, aber auch mein Französisch und ein klein wenig mein Spanisch. (https://erasmusplus.at/)

> **Du bist dran**   *Arbeite nach M1*
>
> - Die S. 110–115 sind eine Geschichtsdarstellung. Arbeite mindestens drei Fragen heraus, die sich das Autorenteam gestellt haben könnte.

Europa nach 1989

Einladung zum Paneuropäischen Picknick in Sopron (Flugblatt 1989, Foto Dirk Eisermann 2019)

Interview mit Walburga Douglas, der Tochter Otto von Habsburgs, zum Paneuropäischen Picknick

Q „Als vor 20 Jahren beim Paneuropäischen Picknick mehr als 600 DDR-Bürger in den Westen flohen, hat Erich Honecker Ihren Vater dafür persönlich verantwortlich gemacht."

Walburga Douglas Habsburg*: „Ja, das habe ich selbst gehört. Ich wollte nach dem Picknick einen deutschen Radiosender in Ungarn hören, habe aber nur Radio Moskau gefunden. Ausgerechnet. Aber als ich seine Hasstiraden auf meinen Vater hörte, dachte ich mir, wenn sich der Honecker so aufregt, dann haben wir alles richtig gemacht. Honecker sagte: ,Habsburg verteilte Flugblätter bis weit nach Polen hinein, auf denen die ostdeutschen Urlauber zu einem Picknick eingeladen wurden. Als sie dann zu dem Picknick kamen, gab man ihnen Geschenke, zu essen und Deutsche Mark, dann hat man sie überredet, in den Westen zu kommen.' Eins ist völlig klar. Ohne die Unterstützung meines Vaters und seiner Freunde im Europäischen Parlament und in der Paneuropa-Union hätte es das Picknick nicht gegeben. (…) Aber mein Vater hat natürlich nicht den Flüchtlingen Geld angeboten oder Flugblätter selber verteilt." (https://www.welt.de/welt_print/politik/article4358547/, 20.8.2009)

Das Paneuropäische Picknick   Die Politik Michail Gorbatschows (S. 89) weckte in vielen Menschen des damaligen Ostblocks die Hoffnung nach politischen Veränderungen. Die Paneuropa-Bewegung unter Otto von Habsburg, dem Sohn des letzten österreichischen Kaisers, strebte ein ungeteiltes Europa an. 1989 sollte bei Sopron symbolisch der Grenzzaun für ein paar Stunden geöffnet werden. Die Bewegung machte durch Flugzettel und Plakate unter den Menschen aus der DDR, die in Ungarn Urlaub machten, auf die Veranstaltung aufmerksam. Viele Menschen deuteten das angekündigte Programm in ihrem Sinn und 661 nützten die Gelegenheit zur Flucht nach Österreich.

Arbeite nach M1+M2

Du bist dran

- Analysiere die Einladung zum Paneuropa-Picknick.
- Arbeite heraus, was der DDR-Staatsratsvorsitzende Honecker laut Interview Otto von Habsburg vorwarf.
- Beschreibe, wie Walburga Douglas die Situation darstellt.
- Beurteile die Bedeutung dieses Ereignisses für die spätere Entwicklung in Europa. Beziehe dazu auch die Grafik auf S. 111 mit ein.

Revolutionen in den Volksdemokratien

Bis 1989 gab es in einigen Volksdemokratien (S. 84) mehrmals erfolglose Aufstände gegen die kommunistische Herrschaft. Diese wurden immer mit sowjetischer Militärhilfe niedergeschlagen. Auch in diesen Staaten forderten viele Menschen nun demokratische und wirtschaftliche Reformen öffentlich und in Massendemonstrationen. Gorbatschow war nicht mehr bereit, militärisch dagegen einzuschreiten.

Polen   Hier führte der jahrelange gewaltlose Kampf der freien Gewerkschaft Solidarnosc* und der katholischen Kirche zum Ende der kommunistischen Diktatur im Jahr 1989.

Deutsche Demokratische Republik „Wir wollen raus!", forderten viele Menschen in der DDR. Die Machthaber wagten es nicht mehr, gewaltsam gegen Demonstrantinnen und Demonstranten vorzugehen. Als sie im November 1989 die Reisefreiheit verkündeten, stürmten am selben Tag tausende DDR-Bürgerinnen und -Bürger die Berliner Mauer oder fuhren nach Westberlin.

Ungarn Hier hatten die Menschen seit den 1960-er Jahren kleine wirtschaftliche und gesellschaftliche Freiheiten. Seit 1987 waren auch nichtkommunistische Gruppen politisch tätig. Sie einigten sich mit den Reformkommunisten auf die Einführung eines Mehrparteien-systems. Ungarn erhielt 1990 eine neue Verfassung unter einer nichtkommunistischen Regierung.

Tschechoslowakei Antikommunistische Demonstrationen und fried-liche Kundgebungen führten zur Wiedererrichtung der Demokratie in der Tschechoslowakei. Diese wurde 1993 einvernehmlich in zwei selbstständige Staaten aufgelöst: die Tschechische und die Slowakische Republik.

Bulgarien Hier gab es 1990 erste freie Wahlen. Die ehemaligen Kommunisten konnten danach noch einige Jahre lang eine Koalitions-regierung anführen.

Rumänien In Rumänien herrschte seit 1965 Diktator Nikolai Ceausescu* unumschränkt. Seine Gewaltherrschaft und die trostlose Wirtschafts-lage führten 1989 auch in diesem Land zum Umsturz. Er verlief jedoch sehr blutig: Bei den Demonstrationen gegen die Gewaltherrschaft und den Straßenkämpfen zwischen der Geheimpolizei und Teilen der Armee wurden etwa 1000 Menschen getötet. Schließlich wurden der Diktator und seine Frau gefangengenommen und von Offizieren hingerichtet.

Die neuen Staaten wollen in die EU In allen ehemals kommunistischen Ländern (Süd-)Osteuropas gibt es seit der politischen Wende ein Mehrparteiensystem nach westlichem Muster. Die meisten dieser Staaten sind nun bereits EU-Mitglieder (S. 111).

Wirtschaftsaufschwung und Wirtschaftskrisen Die Entwicklung dieser Reformstaaten verlief durchaus unterschiedlich. Mit dem Beitritt zur EU waren zumeist ein starker Wirtschaftsaufschwung, aber auch Krisen verbunden. Für viele Menschen bedeutete dies auch eine persönliche wirtschaftliche Besserstellung. Doch nicht alle Menschen profitieren davon. Etliche Menschen wurden vom kapitalistischen Wirtschaftssystem enttäuscht: Die Umgestaltung der Wirtschaft machte sie arbeitslos. Die Preise für Grundnahrungsmittel und Wohnungen stiegen erheblich an, viele bisher kostenlose soziale Leistungen des Staates wurden abgeschafft.

Öffnung der Grenzen: Der öster-reichische Außenminister Alois Mock (links) und sein tschechischer Amtskollege Jiri Dienstbier zer-schneiden den Stacheldrahtzaun an der Grenze bei Laa an der Thaya. (Foto, Vit Korcak, 17.12.1989)

Du bist dran — Arbeite nach M2

- Erläutere, welche Wirkung die beiden Außenminister mit dieser Aktion erzielen wollten.

Du bist dran — Arbeite nach A1

- Fasse das Ende der Volks-demokratien mit eigenen Worten zusammen.
- Bildet Kleingruppen und wählt einen der genannten Staaten. Recherchiert im Internet auf drei verschiedenen Webseiten die Entwicklung dieses Staates seit 1989. Präsentiert eure Ergebnisse.

Du bist dran — Arbeite nach A2

- Fragt eure Eltern oder Großeltern, wie sie das Jahr 1989 erlebten und wie sich diese Ereignisse auf ihr Leben auswirkten. Gestaltet dazu einen Fragebogen.
- Diskutiert die Ergebnisse eurer Befragung in der Klasse.

Du bist dran

- Formuliere mögliche Gründe, weshalb das Autorenteam die Inhalte dieser Doppelseite so gewählt hat.

Du bist dran

- Beurteile die Rolle, die Michail Gorbatschows Reformpolitik für die genannten Staaten spielte.

Die deutsche Wiedervereinigung

Montagsdemonstration in Leipzig (Foto, Wolfgang Kluge, 13.11.1989)

Öffnung der DDR-Grenzen nach Westen In der Nacht vom 9. auf 10. November 1989 stürmten Berlinerinnen und Berliner aus beiden Teilen der Stadt die Mauer am Brandenburger Tor. (Foto, Martii Kainulainen, 9.11.1989)

Die Wende Die Menschen in der DDR verlangten immer lauter nach einer Öffnung ihrer Grenzen. Mehr als 28 Jahre lang war Berlin eine geteilte Stadt (S. 86). Die Grenzen zwischen Ungarn und Österreich waren seit September 1989 geöffnet. 25 000 DDR-Bürgerinnen und -Bürger waren bereits über Ungarn in den Westen geflüchtet.

Die Öffnung der Grenzen Am 9. November 1989 verabschiedete das Zentralkomitee der DDR ein neues Reisegesetz und informierte in einer Pressekonferenz die internationale Öffentlichkeit. Am frühen Abend verkündeten die westdeutschen Radio- und Fernsehsender, dass die innerdeutsche Grenze geöffnet sei. Zu diesem Zeitpunkt waren die Grenzübergänge aber noch geschlossen. Tausende Ostberlinerinnen und Ostberliner sammelten sich daraufhin bei den Übergängen und verlangten die Ausreise. Kurz nach 21 Uhr konnten die ersten Menschen nach Westberlin ausreisen. Da die ostdeutschen Behörden wegen des riesigen Ansturmes Unruhen befürchteten, verzichteten die Zöllner auf Kontrollen und ließen die Menschen einfach durchgehen.

Jubel Die Westberlinerinnen und Westberliner empfingen die Ankommenden mit großer Begeisterung. Es herrschte Volksfeststimmung am Kurfürstendamm: Gasthäuser spendierten Freibier, wildfremde Menschen umarmten einander vor Freude. Für alle, die im Westen bleiben wollten, wurden Quartiere gesucht, und sie erhielten als Sofortmaßnahme Begrüßungsgeld.

Du bist dran — Arbeite nach M2

- Versetze dich in die Situation einer Person auf einem der beiden Fotos. Schildere die Eindrücke dieses Ereignisses. Formuliere Wünsche und Hoffnungen für deine Zukunft.

Du bist dran — Arbeite nach M1+M5

- Sieh dir unter https://www.youtube.com/watch?v=LP57Pt4g_0o die ersten beiden Minuten der ARD-Nachrichten vom 9.11.1989 an.
- Vergleiche die Moderation des Nachrichtensprechers mit den gezeigten Bildern.
- Dekonstruiere nun die Aussage des Historikers Hertle.

„Die Tore in der Mauer stehen weit offen."

Im Umgang mit Superlativen ist Vorsicht geboten; sie nutzen sich leicht ab. Aber heute Abend darf man einen riskieren: Dieser 9. November ist ein historischer Tag. Die DDR hat mitgeteilt, dass ihre Grenzen ab sofort für jedermann geöffnet sind. Die Tore in der Mauer stehen weit offen.
(Hanns Joachim Friedrichs, Moderator der „Tagesthemen" am 9.11.1989 um 22.42)

Der Historiker Hans Hermann Hertle über den Mauerfall (7.11.2009)

Die Medien haben im Laufe des Abends des 9. November eine Fiktion verbreitet. Die Fiktion war, die DDR-Grenze ist offen, was tatsächlich nicht der Fall war. Und indem diese Fiktion die Massen ergriff, ist sie zur Realität geworden.
(https://www.deutschlandfunk.de)

„Demokratie jetzt"   Die politische Führung der DDR geriet zunehmend unter Druck: Die Bürgerbewegung „Demokratie jetzt" erzwang die Einrichtung eines „Zentralen Runden Tisches", einer Art Übergangsregierung. Dort diskutierten Vertreterinnen und Vertreter der Kirchen und Bürgerbewegungen und Mitglieder der DDR-Regierung die politische Lage und begannen mit der Ausarbeitung einer Verfassung. Bereits kurz nach der Öffnung der Grenze forderten viele Menschen in der DDR und in der BRD die Wiedervereinigung der beiden deutschen Staaten. Nach vielen Verhandlungen zwischen Politikerinnen und Politikern der beiden Staaten sowie Vertreterinnen und Vertretern der Siegermächte des Zweiten Weltkriegs ist Deutschland seit dem 3. Oktober 1990 wieder ein Staat. Dieser Tag wird seither als „Tag der Deutschen Einheit" gefeiert.

Zentraler Runder Tisch (Foto, Sepp Spiegl, 15.1.1990)

Du bist dran

- Arbeite heraus, welche Schwerpunkte die Autorinnen und Autoren auf dieser Doppelseite setzten.

Du bist dran

- Erkläre die Inhalte des 2+4-Vertrags.

BRD und DDR	**Die wichtigsten Vertragsinhalte**	**Frankreich, Großbritannien, UdSSR und USA**
▪ Das vereinte Deutschland umfasst die Bundesrepublik, die DDR und ganz Berlin. ▪ Die bestehenden Grenzen sind endgültig. Keine Gebietsansprüche Deutschlands gegen andere Staaten. Bestätigung der Oder-Neiße-Grenze durch deutsch-polnischen Vertrag ▪ Deutschland bekräftigt sein Bekenntnis zum Frieden und seinen Verzicht auf ABC-Waffen. (atomare, biologische und chemische Waffen) ▪ Beschränkung der deutschen Streitkräfte auf 370 000 Mann	 „Vertrag über die abschließende Regelung in Bezug auf Deutschland" vom 12.9.1990	▪ Abzug der sowjetischen Truppen aus der DDR und Ost-Berlin bis Ende 1994 ▪ Danach dürfen NATO-Angehörige deutscher Truppen, aber keine ausländischen Streitkräfte, keine Atomwaffen und keine Atomwaffenträger auf ostdeutschem Gebiet stationiert werden. ▪ Beendigung der Vier-Mächte-Rechte und -Verantwortlichkeiten in Bezug auf Berlin und Deutschland als Ganzes ▪ volle Souveränität des vereinten Deutschland

Zwei-plus-Vier-Vertrag Dieser Vertrag bildet die rechtliche Grundlage für die Wiedervereinigung Deutschlands.

25 Jahre Mauerfall (Karikatur von Kostas Koufogiorgos, 7.11.2014)

Arbeite nach M2

Du bist dran

- Interpretiere die Karikatur.
- Arbeite die Fragen heraus, die mit dieser Karikatur beantwortet werden.

Du bist dran

- Für die deutsche Einheit wurden verschiedene Begriffe geprägt: Wiedervereinigung, Beitritt, Deutsche Einheit. Erläutere ihre Bedeutung und begründe die Unterschiede.

Krisen und Herausforderungen für Europa

Achse der Willigen (Karikatur von Erl, 5.7.2018)

Zu kurz gedacht (Karikatur von Paolo Calleri, 20.8.2017)

Kolonne zerstört (Karikatur von Harm Bengen, 17.8.2014)

Du bist dran

Arbeite nach M1+M2

- Beschreibe, analysiere und interpretiere die Karikaturen.
- Arbeite die Fragen heraus, die im Text und in den Karikaturen gestellt werden.
- Analysiere, wie der Autor des Quellentextes die gestellten Fragen beantwortet.

Der Journalist Bill Emmott stellte am 31.12.2015 sechs Fragen für das neue Jahr und beantwortete sie selbst (Auszug)

Q **2) Werden europäische Länder in der Flüchtlingsfrage zusammenarbeiten und dadurch Ordnung und Würde wiederherstellen können?**

Nichts schadete dem Ansehen Europas mehr als das unglückliche Verhalten der Nationalregierungen und der EU als Gemeinschaft angesichts der vielen Flüchtlinge aus Syrien oder anderen Kriegszonen. (…). Sollten EU und Regierungen 2016 nicht besser agieren – mit einer gemeinsamen Grenzsicherung, effizienten Aufnahmezentren, ohne Zank über Quoten oder Registrierung – dann steigen die Chancen einer neuen Krise und eines nationalistischen Auseinanderbrechens.

3) Können europäischen Militär- und Polizeikräfte und Geheimdienste effizient bei der Überwachung des Mittelmeers und der Bekämpfung der Terrorgruppe IS zusammenarbeiten?

Nach den vielen tragischen toten Flüchtlingen im Mittelmeer (…) und nach den Terroranschlägen in Paris am 13. November haben europäische Marinen und Geheimdienste versucht, der Situation Herr zu werden, was vor allem bedeutet, enger zusammenzuarbeiten. (…) Die Anschläge von Paris zeigten, dass der oft beschriebene effiziente Austausch von Informationen innerhalb des Schengen-Raums nichts als Schall und Rauch ist. Nächstes Jahr wird ein wichtiger Test für diese Art Zusammenarbeit und zeigen, ob man darauf aufbauen kann, auch für Militäraktionen in Syrien oder im Irak.

5) Kann Europa zu Russland und der Ukraine an seinen Werten festhalten?

(…) Das Argument: Realität akzeptieren. Die Krim sei nun Teil Russlands, wird es heißen. (…) Die EU darf von derartigen Aufrufen nicht verleitet werden. Wenn die EU nicht mehr hinter Prinzipien wie der Unantastbarkeit von Grenzen steht und ablehnt, diese durch Gewalt zu verändern, wofür steht sie dann? Wenn über die Rechtsordnung schlichtweg verhandelt werden kann, dann gibt es keine Ordnung mehr. Man sagte immer, die EU gründe ihre Macht auf weiche Machtinstrumente – sollte sie die Ukraine verraten, wäre die EU nur mehr dafür bekannt, weich im Angesicht von Macht zu sein. (https://voxeurop.eu/de/content/article/5031303-sechs-fragen-fuer-das-neue-jahr)

Flüchtlingskrise 2015   Im Jahr 2015 wurden in den EU-Staaten etwa eine Million Asylanträge registriert. Menschen aus Afrika und Asien wollten in die EU kommen. Viele flohen vor der Grausamkeit des IS oder vor dem Bürgerkrieg in Syrien. Andere flohen aus dem Irak, aus Afghanistan, aus Tschetschenien oder Libyen in die Nachbarländer Libanon, Türkei und Jordanien. Allein in der Türkei suchten zwei Millionen Menschen Zuflucht. Die türkische Regierung fühlte sich von Europa zu wenig unterstützt und ließ viele Flüchtlinge und Migrantinnen und Migranten über die Grenze nach Bulgarien oder Griechenland. Von dort zogen sie weiter über Mazedonien, Serbien und Kroatien nach Ungarn in den Schengenraum (Balkanroute). Die Balkanländer ließen die Menschen passieren. Nach der Schließung der Balkanroute durch Grenzsperren machten sich viele mit Hilfe von Schleppern in kleinen, oft seeuntüchtigen Booten auf den gefährlichen Weg über das Mittelmeer (Mittelmeerroute). Inzwischen (Stand April 2019) führten zahlreiche EU-Staaten (Dänemark, Deutschland, Frankreich, Norwegen, Österreich, Schweden, …) an ihren Grenzen wieder Kontrollen ein.

Du bist dran

- Ermittle mit Hilfe einer Balkankarte den Verlauf der so genannten Balkanroute.
- Erkläre den Begriff Flüchtlingskrise für ein Schülerlexikon.

Krieg in der Ukraine   In der Ukraine findet seit 2014 eine bewaffnete Auseinandersetzung zwischen dem ukrainischen Militär und Gruppierungen, die einen Zusammenschluss mit Russland anstreben, statt. Im März 2014 besetzten russische Truppen die Halbinsel Krim, was den Konflikt weiter verschärfte und zu Kampfhandlungen führte. Die diplomatischen Verhandlungen der USA und der EU blieben bislang erfolglos. Der Ausgang des Konflikts ist ungewiss. Die EU reagierte auf den Konflikt mit Sanktionen gegen Russland.

TTIP und CETA   Pläne für diese beiden Freihandelsabkommen der EU mit den USA (Transatlantische Handels- und Investitionspartnerschaft) oder mit Kanada (Comprehensive Economic and Trade Agreement) stießen auf Widerstand. Freihandelsabkommen begünstigen Exportunternehmen durch den Wegfall der Zölle. Allerdings befürchten Umweltschützerinnen und Umweltschützer, NGOs und viele Politikerinnen und Politiker, dass die strengen EU-Normen für Lebensmittel, Verbraucher- und Umweltschutz durch die wesentlich freieren Regelungen der USA und Kanadas umgangen werden könnten. CETA trat 2017 vorläufig in Kraft. Die TTIP-Verhandlungen sind derzeit ausgesetzt.

Du bist dran

- Entwerft Zeitungsschlagzeilen für zwei der wichtigsten Herausforderungen der EU.
- Gestaltet ein Plakat zum Thema „Europa in 20 Jahren". Formuliert Vorschläge, wie die EU ihre Herausforderungen lösen könnte.

Du bist dran

Arbeite nach M2

- Beschreibe, analysiere und interpretiere die Karikatur.

Du bist dran

- Arbeite mögliche Gründe für die Auswahl der Materialien auf dieser Doppelseite heraus.

— **EU stimmt CETA zu** (Karikatur von Schwarwel, 16.2.2017)

Das Projekt: Gemeinsames Europa

- **Ein gemeinsames Europa** Europa kann unter verschiedenen Gesichtspunkten betrachtet werden, zB als Wirtschaftsgemeinschaft, als Friedensprojekt oder als politische Union. Mit dem Vertrag von Maastricht 1992 wurde aus der Europäischen Gemeinschaft die Europäische Union. Seit 1. Jänner 2002 gilt der Euro in zwölf EU-Staaten als gemeinsame Währung, heute sind 19 EU-Länder Mitglied der Währungsunion. Im Vertrag von Lissabon 2009 wurde festgelegt, die EU demokratischer (zB Europäische Bürgerinitiative) und effizienter (zB Europäischer Auswärtiger Dienst) zu machen.

- **Die EU-Organe** Das Europäische Parlament (Legislative) wird direkt gewählt. Im Europäischen Rat setzen Staats- und Regierungschefinnen und -chefs politische Ziele. Im Rat der Europäischen Union vertreten Regierungen die Interessen ihrer Länder und verabschieden Gesetze. Mitglieder der Europäischen Kommission vertreten allgemeine Interessen der EU. Der Gerichtshof der Europäischen Union kontrolliert, ob EU-Verordnungen überall gleich umgesetzt werden. Weitere Einrichtungen der EU sind zB die Europäische Zentralbank, der Europäische Rechnungshof und der Europäische Auswärtige Dienst.

- **Der europäische Wirtschaftsraum und die vier Freiheiten** Im europäischen Wirtschaftsraum fallen Bereiche wie die Zollunion oder die Währungspolitik in die alleinige Zuständigkeit der EU. Für Sozialpolitik, Umweltpolitik oder Energiepolitik sind sowohl die EU als auch die einzelnen Mitgliedstaaten zuständig. In Fragen der Verwaltung, Bildung oder Kultur unterstützt die EU die Mitgliedstaaten. Durch die vier Freiheiten herrschen freier Personen-, Waren-, Kapital- und Dienstleistungsverkehr.

- **EU-Beitritt Österreichs** Österreich stellte 1989 den Antrag auf EU-Mitgliedschaft. Nach einer Volksabstimmung 1994, bei der sich zwei Drittel der Österreicherinnen und Österreicher für einen Beitritt zur EU aussprachen, erfolgte dieser am 1. Jänner 1995.

- **Europa nach 1989** Vor allem die Politik des sowjetischen Präsidenten Michail Gorbatschow ermöglichte den kommunistischen Volksdemokratien eine politische Wende und eine Öffnung der Grenzen. In den meisten ehemaligen Ostblock-Staaten fanden die Umbrüche friedlich statt. Heute sind die meisten Staaten des ehemaligen Ostblocks Mitglieder der EU. Im November 1989 wurden auch die Grenzen der DDR geöffnet. 1990 erfolgte nach langen Verhandlungen die deutsche Wiedervereinigung.

- **Krisen und Herausforderungen für Europa** Zu den derzeit größten Herausforderungen zählen die Flüchtlingsfrage, die Bekämpfung von Terrorismus oder die Politik gegenüber Russland in der Ukraine-Krise. Freihandelsabkommen mit den USA (TTIP, Verhandlungen derzeit ausgesetzt) oder Kanada (CETA, seit 2017 vorläufig in Kraft) stoßen auf großen Widerstand der Bevölkerung in den EU-Ländern.

Wir trainieren Kompetenzen

Warum Europa eine Führungsrolle in der Welt einnimmt (2013)

D(…) Die EU ist heute der größte Wirtschaftsraum der Welt, 1,2-mal so groß wie der der Vereinigten Staaten von Amerika, doppelt so groß wie der Chinas und dreimal so groß wie der Japans. Die Europäische Union steht für sieben Prozent der Weltbevölkerung, ein Viertel der Wirtschaftsleistung der Welt, mehr als ein Drittel des Welthandels, die Hälfte der Welt-Sozialausgaben – auch das eine ganz besondere europäische Errungenschaft. Fast ein Viertel der Welt-Währungsreserven werden in Euro gehalten. Allein in China dürften es knapp 700 Milliarden Euro sein. Europa hat auch wirtschaftlich keinen Grund, sein Licht unter den Scheffel zu stellen. Aber natürlich nur, wenn es seine Einigung weiter intelligent vorantreibt. Denn Europas Bevölkerung altert und schrumpft, und auch sein Anteil am Weltprodukt wird sinken.
Umso mehr zählt gemeinsame europäische Politik. Umso mehr muss Europa die Bedeutung europäischer Zivilisation und Kultur für die Welt erhalten und stärken, wo immer das möglich ist. (…)
(https://www.huffingtonpost.de/, Roland Berger, 18.12.2013)

Rede des Präsidenten der Europäischen Kommission José Manuel Barroso anlässlich der Verleihung des Friedensnobelpreises* 2012 an die EU

Q(…) Echten Frieden kann es in der Tat nur geben, wenn Vertrauen herrscht, wenn die Menschen mit ihrem politischen System einverstanden sind, wenn sie sicher sind, dass ihre Grundrechte beachtet werden.
Die Europäische Union strebt nicht nur Frieden unter den Nationen an. Sie ist als politisches Projekt Ausdruck eben dieser Geisteshaltung (…). Als Wertegemeinschaft verkörpert sie auch eine Vision der Freiheit und Gerechtigkeit. (…) Der Beitritt zur Europäischen Union war eine unerlässliche Voraussetzung für die Festigung der Demokratie in unseren Ländern, weil die Union den Menschen und die Menschenwürde in den Mittelpunkt stellt, weil sie unterschiedlichen Positionen Gehör verschafft und für Einigkeit sorgt. (…) Unsere Union ist mehr als ein Staatenverbund. Sie steht für eine neue Rechtsordnung, die nicht auf dem Kräftegleichgewicht zwischen Nationen fußt, sondern auf dem freien Willen von Staaten, Souveränität zu teilen. (…) Frieden muss sich auf eine Rechtsordnung, auf gemeinsame Interessen und die Zugehörigkeit zu einer Schicksalsgemeinschaft stützen. Der Weitblick der Gründerväter zeigt sich gerade in deren Erkenntnis, dass die Staaten über den Nationalstaat hinaus denken müssen, wenn sie im 20. Jahrhundert den Frieden schaffen wollen. (…)
(http://europa.eu/rapid/press-release_SPEECH-12-930_de.htm)

1. Arbeitsauftrag: Fasse die Argumente zusammen, mit denen Roland Berger, der Verfasser des Textes „Warum Europa eine Führungsrolle in der Welt einnimmt", seine Auffassung begründet.

2. Arbeitsauftrag: Nimm Stellung zur These José Manuel Barrosos, Friede müsse sich auf eine Rechtsordnung, auf gemeinsame Interessen und die Zugehörigkeit zu einer Schicksalsgemeinschaft stützen.

3. Arbeitsauftrag: Vergleiche die beiden Quellentexte. Verfasse anschließend zum Thema „Darum brauchen wir Europa" einen Artikel für die Schülerzeitung.

4. Arbeitsauftrag: Dieses Kapitel ist eine Geschichtsdarstellung. Arbeite fünf Fragen heraus, die darin behandelt werden und die auch dein Leben betreffen. Beurteile, inwieweit dir dieses Kapitel Antworten darauf gibt, und ob du diese Darstellung für deine Zukunft nützen kannst.

Die Vielfalt unserer Gesellschaft

 cq2b66

Menschen (Illustration von mutsMaks, 2015)

Das Wachstum der Weltbevölkerung und dessen Folgen bedeuten eine große Herausforderung für alle Staaten der Erde. Im letzten Jahrhundert entwickelte sich die Industriegesellschaft zu einer Dienstleistungs-, Konsum- und Mediengesellschaft. Der Staat Österreich und verschiedene Organisationen bemühen sich um soziale Gerechtigkeit. Zahlreiche Menschen engagieren sich in unterschiedlichen sozialen Bewegungen. Die Frauenbewegung zB trug dazu bei, dass sich Geschlechterrollen gewandelt haben.

Auf den folgenden Seiten sollst du erfahren:
- wie sich die Bevölkerung entwickelt und welche Folgen diese Entwicklung hat.
- was eine Dienstleistungs-, Konsum- und Mediengesellschaft kennzeichnet.
- welche Maßnahmen in Österreich gesetzt werden, soziale Ungleichheiten zu beseitigen.
- welche Möglichkeiten es gibt, sich zu engagieren.
- welche unterschiedlichen Rollen Frauen und Männern zugeschrieben werden.

Bevölkerungsentwicklung und ihre Folgen

**Entwicklung der Weltbevölkerung
von 1000 v. Chr. bis 2020**
(Quellen: science.at, UNO)

Arbeite nach M6+A1

Du bist dran

- Erörtere, mit welchen Methoden (abgesehen von Kunstdünger) sich Ernteerträge steigern lassen.
- Recherchiere in einem Lexikon oder im Internet, wann es große Pestepidemien gab. Überprüfe, ob sie sich im Diagramm oben zeigen.
- Zeichne das Diagramm in dein Heft und vervollständige es entsprechend der wissenschaftlichen Theorie bis zum Jahr 2050.

Arbeite nach M6+A2

Du bist dran

- Werte das Balkendiagramm aus. Stelle fest, welcher Kontinent das höchste Bevölkerungswachstum hat.
- Erläutere, warum Asien unter dem weltweiten Durchschnitt liegt.
- Man kann heute vor der Geburt das Geschlecht eines Babys feststellen. Viele chinesische Elternpaare, die bis vor wenigen Jahren nur ein Kind haben durften, wünschten sich einen Buben. Diskutiert, welche Folgen das hat.
- Erörtere, warum die Bevölkerung in Europa nicht wächst.
- Erzähle, was in deinem Leben anders wäre, wenn du noch fünf weitere Geschwister hättest.

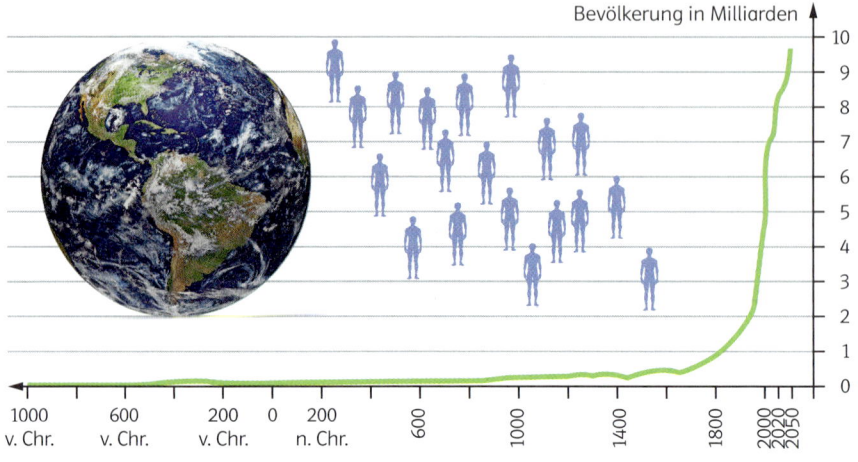

Die Weltbevölkerung wächst

Entwicklung in den letzten 3000 Jahren   Über ca. 2000 Jahre änderte sich die Zahl der Menschen auf der Erde nicht sehr. Zwar kamen viele Babys auf die Welt, durch hohe Säuglingssterblichkeit, Krankheiten (zB Pestepidemien), Kriege und Hungersnöte starben jedoch viele Menschen. Seit dem 10. Jh. kam es allmählich zu einem Bevölkerungswachstum: Die Anbaumethoden wurden verbessert. Die Zahl der Menschen, die nicht ständig Angst vor einer Hungersnot haben mussten, wuchs. Das Bevölkerungswachstum stieg ab dem 18. Jh. stark. Die Erntemengen wurden größer, die Medizin machte Fortschritte. Im 20. und 21. Jh. stieg die Bevölkerungszahl besonders stark. Wissenschafterinnen und Wissenschafter errechneten im Auftrag der UNO, dass bis zum Jahr 2050 fast 10 Mrd. Menschen auf der Erde leben werden.

Unterschiedliche Bevölkerungsentwicklung   In Europa haben viele Familien nur ein oder zwei Kinder. In Afrika und Asien gibt es Länder, in denen das anders ist. Dort sichern viele Kinder die Eltern im Alter ab. In vielen Entwicklungsländern gibt es keine staatliche Altersfürsorge. In China versuchte die Regierung ab 1980, die Bevölkerungsexplosion einzudämmen: Den meisten Familien wurde nur ein Kind erlaubt hat. Seit 2016 dürfen Paare wieder zwei Kinder haben.

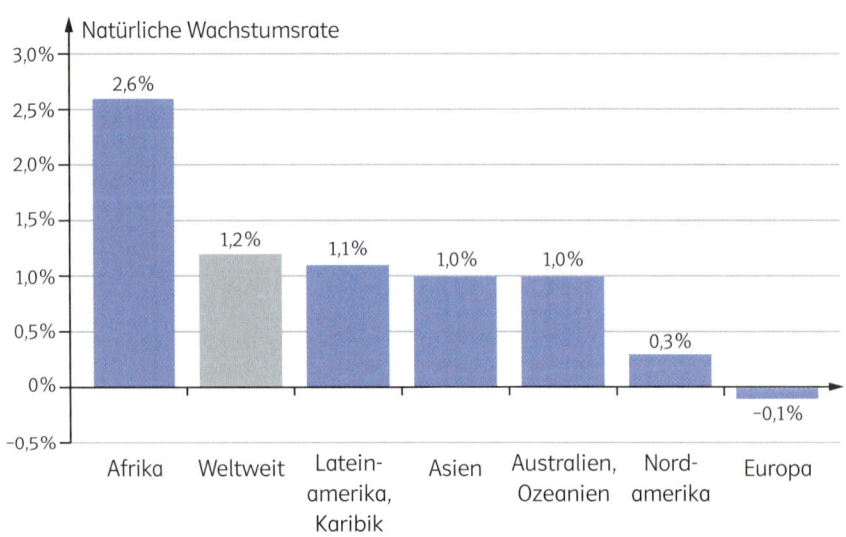

Natürliche Wachstumsrate der Bevölkerung nach Kontinenten 2017 (Quelle: Statista)

Die Tragfähigkeit der Erde ist begrenzt

Kein grenzenloses Wachstum   Menschen müssen essen, sie brauchen Kleidung und Wohnung, sind mobil und verbrauchen so Rohstoffvorräte und Energie. Das führt zu Umweltbelastungen, die schwerwiegende Folgen haben. Die Meere sind verschmutzt, und das Klima verändert sich.
Der Welthungerindex   Er beschreibt die Ernährungssituation von Menschen. Aus ihm kann man Erfolge und Rückschläge bei der Bekämpfung des Hungers weltweit ablesen.

Öko-Balance (Illustration, Schwupp, 2017)

Der Ressourcenverbrauch ist nicht gerecht verteilt.

Q 5% der 7 Milliarden Menschen, die die Erde bewohnen, verbrauchen 25% aller verfügbaren Ressourcen. Zu diesen Ressourcen gehören zum Beispiel Rohstoffe wie Erze, Holz, Baumwolle oder Energieressourcen wie Erdöl und Erdgas, aber auch Wasser und Nahrungsmittel.
20% der Weltbevölkerung verbrauchen 80% der Energie. Laut Einschätzungen der Internationalen Energie-Agentur IEA verbrauchen die 2,2 Milliarden Einwohner der unterentwickelten Länder bis zu 35-mal weniger elektrische Energie als die 1,3 Milliarden Einwohner der Industrieländer. Würden die 7 Milliarden Menschen, die die Erde bevölkern, alle so leben wie die Einwohner der so genannten modernen Industriestaaten, dann bräuchten wir 5 Erden, um genug Ressourcen für alle zu haben.
(In: Rom Lammar: Das ist unsere Welt, 2013)

Du bist dran   Arbeite nach M2

- Beschreibe, analysiere und interpretiere die Illustration.
- Erörtere die Fragen, die sich der Zeichner gestellt haben könnte.

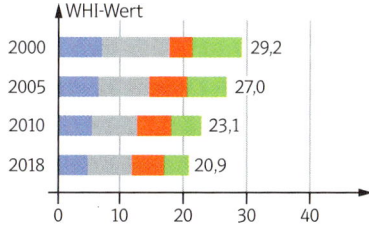

- Sterblichkeitsrate von Kindern unter fünf Jahren
- Verbreitung von Auszehrung bei Kindern
- Verbreitung von Wachstumsverzögerung bei Kindern
- Anteil der Unterernährten

Welthungerindex 2000, 2005, 2010 und 2018 (Quelle: Welthungerhilfe 2018)

Du bist dran   Arbeite nach M6

- Analysiere die nebenstehende Grafik in Bezug auf den Rückgang des Hungers in den letzten 20 Jahren.
- Stelle Zusammenhänge zwischen der Textquelle, der Karikatur „Öko-Balance" und der Grafik her. Verfasse darüber einen kurzen Bericht für die Schülerzeitung.

Sinkende Geburtenraten in Industriestaaten   Die Menschen in den Industrienationen werden durch die gute medizinische Versorgung älter und beziehen ihre Pensionszahlungen daher länger. Immer weniger junge Menschen müssen also die Pensionen von immer mehr älteren Menschen finanzieren. Zuwandernde Menschen im erwerbsfähigen Alter könnten diese Lücke im Pensionssystem schließen.

Du bist dran   Arbeite nach M2+A2

- Beschreibe die nebenstehende Karikatur.
- Erläutere, welche Fragen an die Zukunft diese Karikatur stellt.
- Diskutiert, welche Maßnahmen die Politik setzen könnte, um das Pensionssystem zu finanzieren.
- Diskutiert Vor- und Nachteile, wenn die Menschen in Zukunft bis 75 arbeiten müssten.

Demografisches Gleichgewicht (Karikatur Ioan Cozaku (Künstlername Nel), 2013)

Gesellschaft im Wandel

Du bist dran — **Arbeite nach M6**

- Erkläre das Schaubild in eigenen Worten.

Du bist dran — **Arbeite nach M1+A2**

Erinnere dich, was du in der 2. Klasse in Geographie und Wirtschaftskunde gelernt hast.
- Nenne mindestens drei Berufe aus jedem der drei Wirtschaftssektoren.
- Stelle fest, in welchen Sektoren die Menschen deiner Umgebung arbeiten (Eltern, Verwandte, Nachbarinnen und Nachbarn).
- Bewerte die Vor- und Nachteile der Arbeit in den einzelnen Sektoren.
- Diskutiert, in welchem Wirtschaftssektor ihr einmal arbeiten möchtet.

Du bist dran — **Arbeite nach M6**

- Analysiere die Grafik.
- Begründe den geringen Anteil der Beschäftigten im Primärsektor. Erkläre, aus welchen Gründen dieser relativ konstant bleibt.
- Überprüfe, mit welchen Stellen des Autorentextes und des Schaubildes die Grafik übereinstimmt.

Du bist dran — **Arbeite nach M1**

- Arbeite aus den Texten und Materialien dieser Seite heraus, welche Fragestellungen sich die Autorinnen und Autoren gestellt haben könnten.

Agrargesellschaft	Industriegesellschaft	Dienstleistungsgesellschaft
Ständegesellschaft	Klassengesellschaft	Schichtengesellschaft
Leben auf dem Land	Leben in der Stadt	Leben in Ballungsräumen
- Großfamilie - Arbeit als abhängige Bauern/Handwerker	- Kleinfamilie - Arbeit in der Fabrik (schwere körperliche Arbeit)	- neue Lebensformen - (Kontroll-)Tätigkeit in automatisierter Fabrik oder im Dienstleistungssektor

Gesellschaftlicher Wandel

Von der Industrie- zur Dienstleistungsgesellschaft   Von der Industriellen Revolution (Zeitbilder 3, S. 56 ff.) bis in die 1970-er Jahre entwickelten sich die industrialisierten Staaten zu Industriegesellschaften. Ab der 2. Hälfte des 20. Jh. setzte in den Industriestaaten ein Wandel zur Dienstleistungsgesellschaft ein. Im primären und im sekundären Sektor arbeiteten immer weniger Menschen. In unserer heutigen Gesellschaft gibt es zahlreiche Berufe im Dienstleistungssektor.

Einteilung der Wirtschaft in Sektoren:

Primärer Sektor: Land- und Forstwirtschaft, Jagd und Fischerei
Sekundärer Sektor: Handwerk, Bergbau, Industrie, Bauwesen, Energie- und Wasserversorgung
Tertiärer Sektor: Dienstleistungen, öffentliche Verwaltung, Handel

Der Dienstleistungssektor hat in Österreich einen Anteil von über 70% der Erwerbstätigen. Etwa 10% davon arbeiten im Tourismus. Dieser Anteil liegt weltweit im Spitzenfeld. Der Tourismus hat für Österreichs Wirtschaft große Bedeutung. Nur in den Vorländern und Beckenlandschaften können in Österreich auf Feldern große Erntemaschinen eingesetzt werden. In gebirgigen Regionen ist die Landwirtschaft dagegen sehr klein strukturiert (= kleine/steile Felder, Anbau verschiedener Feldfrüchte). Österreich erzeugt sehr viel erneuerbare Energie: Wasser- und Windkraft, Biomasse; Kohle, Erdgas und Erdöl müssen importiert werden.

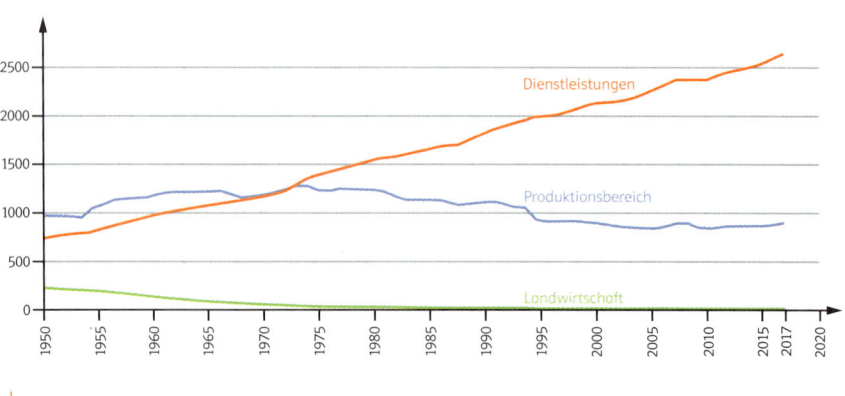

Beschäftigte nach Sektoren 1950 – 2017 in 1000 (Quelle: HVSV, Statistik Austria)

Konsum Karikatur von Christiane Pfohlmann (2009)

Konsumgesellschaft Darunter versteht man eine Gesellschaft, in der es vor allem darum geht, möglichst viel zu haben und zu konsumieren. Was die Konsumentinnen und Konsumenten am meisten verlangen, wird von großen Unternehmen produziert. Werbung versucht, Bedürfnisse bei den Menschen zu erzeugen, damit diese oft mehr kaufen, als sie eigentlich brauchen. Sich etwas kaufen zu können gilt als Statussymbol. Die stark steigende Produktion verbraucht viele Ressourcen (Rohstoffe, Energie).

Überflussgesellschaft Von allem ist für einen Großteil der Bevölkerung mehr da, als eigentlich gebraucht wird. Das bedeutet aber nicht, dass es keine armen Menschen mehr gibt. Supermärkte werden so angelegt, dass die Kundinnen und Kunden dazu verleitet werden, mehr zu kaufen, als sie eigentlich wollen oder brauchen.

Wegwerfgesellschaft „Es zahlt sich gar nicht mehr aus, das noch zu reparieren!" Waren werden in großer Zahl gekauft, nur für kurze Zeit verwendet und dann entsorgt. Nicht nur die Produktion so vieler kurzlebiger Produkte ist umweltschädlich und verbraucht viele Ressourcen, auch die Entsorgung der Abfälle schadet der Umwelt (Müllberge).

Mediengesellschaft In dieser Gesellschaft sind Medien (Zeitungen, Fernsehen, Internet, Social Media) ganz wichtig. Es geht vor allem um Information und Kommunikation und auch darum, wer die Informationen lenken kann. Nicht alles, was berichtet wird, entspricht der Wahrheit. Oft werden gezielt falsche Informationen (Fake News, S. 155) gestreut. So sollen eigene Interessen durchgesetzt und Gegnerinnen und Gegnern möglicherweise Schaden zugefügt werden.

Bemühen um Nachhaltigkeit Immer mehr Menschen wird bewusst, dass hemmungsloser Konsum nicht nur für die Umwelt, sondern auch für das eigene Wohlbefinden schädlich ist. Sie setzen auf langlebige Produkte, deren Produktion möglichst umweltverträglich ist.

Industrie 4.0 Die erste industrielle Revolution führte dazu, dass Dampfkraft statt menschlicher Arbeitskraft eingesetzt wurde. Die zweite führte Fließbänder und elektrischen Strom ein, die dritte brachte Computer und EDV. Die vierte Revolution soll nun bereits im Vorfeld den Werdegang eines Produktes von der Idee über die Planung, die Erzeugung, die Verwendung bis zum Recycling durchspielen.

Du bist dran **Arbeite nach M2**

- Beschreibe, analysiere und interpretiere die Karikatur.
- Formuliere in wenigen Sätzen, was die Zeichnerin mit dieser Karikatur wahrscheinlich zum Ausdruck bringen will.

Der australische Umweltminister Moses Cass sagte 1974 in einer Rede:

Q Wir, die reichen Nationen (…) haben nicht nur eine Verpflichtung den armen Ländern gegenüber, sondern auch den Enkelkindern in aller Welt, den reichen und den armen. Wir haben diese Erde nicht von unseren Eltern geerbt, damit wir damit tun können, was wir wollen. Wir haben sie von unseren Kindern geliehen und wir müssen darauf achten, sie genauso in deren Interesse wie in unserem eigenen zu verwenden (https://en.wikipedia.org/wiki/Moss_Cass, Übersetzung der Autorin)

Du bist dran **Arbeite nach M1+A2**

- Gib den Inhalt der Textstelle in eigenen Worten wieder.
- Erläutere, was Moses Cass mit der Aussage, wir hätten die Welt nur von unseren Kindern geliehen, meint.
- Beurteile seine Aussage und begründe dein Urteil.
- Diskutiert, was ihr selber jetzt und auch später dazu beitragen könnt, eine lebenswerte Erde zu erhalten.
- Erkläre, wie der Autorentext auf dieser Seite mit der Textquelle zusammenhängt.

„ÖsterREICH hilft ÖsterARM"

Arbeite nach M2

Du bist dran

- Liste die Faktoren, die zu Armut führen können, auf.
- Überprüfe für jeden Faktor, wer gegensteuern könnte: Die Betroffenen? Der Staat?
- Gestalte einen Maßnahmenkatalog, um diese Menschen vor Armut zu bewahren.

Riesenbabys (2011)

Q „Riesenbabys", betitelte sie vor ein paar Jahren ein linker Minister. Das klingt auch im Italienischen nicht sehr freundlich, aber immer noch besser als „Mammoni", die Muttersöhnchen. Es gibt viele (…) in Italien. Tatsächlich ist die Spezies der Nesthocker hier besonders zahlreich vertreten: Noch immer lebt die Hälfte aller 18- bis 39-Jährigen bei den Eltern und sogar 70% aller 20- bis 30-Jährigen. Mehr sind es innerhalb Europas nur in Spanien, auf Platz drei und vier folgen Griechenland und Irland. In Frankreich dagegen liegt die Zahl bei 35%, in Großbritannien bei 28 und in Schweden bei 18%. (…) Mit schöner Regelmäßigkeit nimmt sich auch Italiens Politik des Themas an. (…) Jeder Dritte in der Altersgruppe der 18- bis 25-Jährigen hatte Ende des vergangenen Jahres keinen Job, ein neuer Negativrekord. Und wer von den 18- bis 34-Jährigen überhaupt Arbeit hat, hangelt sich oft von einem befristeten Vertrag zum nächsten. (…) Auszuziehen wird dann schnell ein unbezahlbarer Luxus. (…)
(https://diepresse.com/)

Wohlfahrtsstaat Österreich   Der Staat bemüht sich um soziale Gerechtigkeit. Er will zB verhindern, dass seine Bürgerinnen und Bürger in die Armut abgleiten, wenn sie arbeitsunfähig oder arbeitslos werden.

Faktoren, die gegenwärtig für das Abrutschen in Armut besonders ausschlaggebend sind

Q **Erwerbslosigkeit:** Die zunehmende längerfristige Erwerbslosigkeit zählt zu den Hauptursachen.
Unzureichende Bildung: Personen mit höchstens Pflichtschulabschluss sind deutlich häufiger armutsgefährdet als Personen mit Lehr- oder mittlerem Schulabschluss. Jugendliche ohne Ausbildung oder Arbeit sind eine der Gruppen mit dem höchsten Armutsrisiko.
Geringes Haushaltseinkommen: In Haushalten mit nur einem Verdiener bzw. einer Verdienerin ist die Armutsgefährdung hoch. Mehrpersonenhaushalte mit mindestens drei Kindern sind vor allem dann stark armutsgefährdet, wenn ein Elternteil nicht erwerbstätig ist. Alleinerzieherinnen und Alleinerzieher sowie deren Kinder zählen zur am stärksten betroffenen Gruppe. Stark von Armut und Ausgrenzung betroffen sind auch alleinlebende Pensionistinnen.
(In: BMASGK (2018): Sozialbericht 2015–2016, Armutskonferenz 2018)

Im Jahr 2017 waren 390 000 Kinder und Jugendliche unter 20 Jahren (22%) sowie 652 000 Frauen und 521 000 Männer ab 20 Jahren von Armuts- oder Ausgrenzungsgefährdung betroffen. Frauen sind mit einer Quote von 18% häufiger armuts- oder ausgrenzungsgefährdet als Männer (16%).
(Statistik Austria, Armutsgefährdung 2017)

Die Einkommensunterschiede in Österreich sind groß   Das hat mehrere Gründe. Es gibt viele Menschen, vor allem Frauen, die Teilzeit arbeiten, weil sie Familienmitglieder betreuen (müssen). Manche – vor allem jüngere Menschen – haben einfach lieber mehr Zeit als mehr Geld. Jugendliche ziehen früher von daheim aus als in anderen Ländern. Anfangs ist ihr Einkommen natürlich gering. In einem gut ausgebauten Sozialstaat wie Österreich können verschiedene Lebens- und Arbeitsmodelle ohne Existenzängste umgesetzt werden.

Arbeite nach M1+A2

Du bist dran

- Bewerte die Vor- und Nachteile von Teilzeit- und Vollzeitarbeit anhand einer Pro- und Contra-Liste.
- Diskutiert die Ergebnisse in der Klasse.
- Arbeite aus dem Zeitungsbericht heraus, welcher Grund dafür genannt wird, dass italienische junge Leute so lange bei den Eltern wohnen.
- Gib die Zahlen der „Nesthocker" in den im Text genannten Staaten als Diagramm wieder.
- Interpretiere diese Zahlen und ziehe so Rückschlüsse auf die Wirtschaft der genannten Staaten.

Große Vermögensunterschiede in Österreich   Das liegt unter anderem daran, dass im internationalen Vergleich relativ viele Leute in Mietwohnungen leben. Ein Haus zu besitzen stellt einen großen Vermögenswert dar.
Interessenvertretungen   Der österreichische Gewerkschaftsbund wurde 1945 als überparteilicher Verein gegründet. Er vertritt wie auch die Arbeiterkammern die Interessen der Arbeitnehmerinnen und Arbeitnehmer (Gehaltsverhandlungen, Rechtsschutz, Arbeitsbedingungen, …). Die Interessen der Arbeitgeberinnen und Arbeitgeber werden von der Wirtschaftskammer Österreich und der Landwirtschaftskammer wahrgenommen (S. 66).

Boss Chef (Karikatur, Sabine Voigt, 2011)

Gewerkschaft Boss (Karikatur, Sabine Voigt, 2011)

Leitgedanken des ÖGB

Q Wir arbeiten mit aller Kraft dafür, dass alle Menschen auf soziale Sicherheit vertrauen können; dass der vorhandene Wohlstand gerecht verteilt wird; und dass alle Menschen – alt oder jung, Männer oder Frauen, beschäftigt oder arbeitslos, krank oder gesund, in Österreich geboren oder nicht – die gleichen Chancen haben. Wir wenden uns kompromisslos gegen jede Art von Diskriminierung, Rassismus, Faschismus und Diktatur.
(http://www.oegb.at/cms/S06/S06_2)

Du bist dran   Arbeite nach M1+M2

- Vergleiche diese Selbstbeschreibung des ÖGB mit der Definition eines Sozialstaates auf S. 67.
- Zeige auf, welche zusätzlichen Ziele der ÖGB nennt.
- Beschreibe und bewerte die jeweilige Situation, die auf den Karikaturen „Boss Chef" und „Gewerkschaft Boss" dargestellt wird.

Vinzenzgemeinschaft Eggenberg   Diese Gemeinschaft wurde 1990 gegründet. Sie kümmert sich nach eigener Aussage um die „hässliche Seite der Armut". Man hilft Obdachlosen, ehemaligen Häftlingen, Drogen- und Alkoholabhängigen und Bettlerinnen und Bettlern. Die Mitarbeiterinnen und Mitarbeiter urteilen nicht, sondern helfen. unbürokratisch, schnell und manchmal auch mit ungewöhnlichen Mitteln. Der Vinzibus fährt zu Treffpunkten und verteilt nicht nur Essen, sondern dient auch als „Tankstelle menschlicher Wärme" (Eigendefinition). Im Vinzidorf konnten alle männlichen Obdachlosen von Graz aufgenommen werden. So gibt es jetzt in Graz praktisch keine Obdachlosen mehr.

Warum?

Um Augen zu öffnen, Vorurteile abzubauen und einen Unterschied für dich und deinen Guide zu machen!
(https://www.shades-tours.com)

Du bist dran   Arbeite nach A1

- Shades Tours bietet in Wien spezielle Stadtführungen an: Obdachlose führen durch „ihre" Stadt. Stelle die positiven Auswirkungen eines derartigen Projektes für die Führenden und für die Geführten dar.
- Informiert euch in Kleingruppen auf der Homepage der Vinzenzgemeinschaft http://www.vinzi.at über weitere Projekte und berichtet darüber in der Klasse.

Eintreten für seine Überzeugungen!

Bürgerbewegungen   Immer wieder haben sich Menschen zusammengeschlossen, um auf ihre Anliegen gemeinsam aufmerksam zu machen. Sie protestierten gegen ein Gesetz ihrer Regierung oder eine Vorgangsweise eines Konzerns oder gegen soziale Missstände. Viele beschäftigten sich mit Umweltthemen. Viele Menschen engagierten sich auch für die Gleichberechtigung von Frauen und tun das bis heute. Oft werden sie dabei von Organisationen unterstützt, die nicht Teil einer Regierung sind. Diese bezeichnet man als NGO (= **N**on **G**overnmental **O**rganisation).

Frauenbewegung   Seit dem Ende des 19. Jh. wurden Menschen, vorwiegend Frauen, für Frauenrechte aktiv. Anfangs strebten diese Menschen vor allem das Wahlrecht für Frauen an. Seit 1918 dürfen Österreicherinnen wählen. In den letzten 100 Jahren bekamen die Frauen mehr Rechte, heute sind sie den Männern rechtlich gleichgestellt. Gleichberechtigung im Alltag ist aber auch heute noch nicht selbstverständlich. Noch immer bekommen zB Männer oft für die gleiche Arbeit mehr Gehalt als Frauen (= Einkommensschere).

Du bist dran    Arbeite nach M1+M2

- Überprüfe, inwieweit der Autorentext der Karikatur entspricht.

	Frauen	Männer
Einkaufen	46 %	29 %
Bügeln	24 %	3 %
Waschen	29 %	5 %
Aufräumen/Putzen	63 %	22 %
Küchenarbeiten	49 %	19 %
Kochen	74 %	35 %

Quelle: Österreichisches Institut für Familienforschung

Du bist dran   Arbeite nach M2+M6+A2

- Erläutere mit Hilfe des Abschnitts „Ganze Männer machen halbe-halbe" die Tabelle.
- Überprüfe die Aussage der Tabelle durch deine eigenen Beobachtungen in deiner Familie oder in der von Nachbarinnen und Nachbarn oder Freundinnen und Freunden.
- Verfasse ausgehend vom Quellentext einen Brief, wie du dir die Aufteilung der Hausarbeit in deiner eigenen Partnerschaft vorstellst.

Frauentag Gleichberechtigung (Karikatur, Schwarwel, 7.3.2018)

Um anschaulich zu machen, um wie viel Frauen weniger verdienen als Männer, wurde der Equal Pay Day eingeführt. In Österreich fiel er 2019 auf den 21. Oktober. An diesem Tag verdienten Männer bereits (durchschnittlich) so viel wie Frauen im ganzen Jahr.

„Ganze Männer machen halbe-halbe"   Unter diesem Motto versuchte das österreichische Frauenministerium in den 1990-er Jahren Männer dazu zu bewegen, im Haushalt gleich viel zu tun wie ihre Frauen. 2008/09 wurden über 8000 Frauen und Männer befragt. Sie mussten einen Tag lang alles aufschreiben, was sie länger als 15 Minuten taten. So stellte man fest, wie viel Prozent der Frauen bzw. der Männer welche Tätigkeiten ausführten (siehe Tabelle).

Warum die Hausarbeit in Partnerschaften auch 2018 noch großteils von Frauen gemacht wird

Q Paare streben heute zwar meist eine gerechte Verteilung der Hausarbeit an, scheitern aber oft an der Umsetzung. (…) 2008 plädierten in der Studie „Hausarbeit in Partnerschaften" 90 Prozent der befragten Paare dafür, dass die Hausarbeit zu gleichen Teilen aufgeteilt werden sollte. (…) Und auch 2018, zehn Jahre nach dem Erscheinen der Studie, sieht es nicht besser aus, wie Maria Mesner, Vorstand der Österreichischen Gesellschaft für Geschlechterforschung, sagt: „Es gibt Schätzungen, laut denen im Durchschnitt 80 Prozent der Frauen täglich Hausarbeit verrichten und nur ein Drittel aller Männer." (https://ze.tt/, 11.2.2018)

Umweltbewegung Kampf gegen die Umweltverschmutzung und achtsamer Umgang mit den Ressourcen unserer Erde beschäftigen nicht nur Mitglieder der grünen Parteien. Viele Menschen wollen sich unabhängig von ihrer politischen Ausrichtung dafür engagieren. Die Natur- und Umweltschutzorganisation **WWF** (**W**orld **W**ide **F**und For Nature) wurde 1961 gegründet. Sie setzt sich weltweit für schonenden Umgang mit Ressourcen, für Artenvielfalt, gegen Umweltverschmutzung und hemmungslosen Konsum ein.

Hainburger Au Der WWF warnte zu Beginn der 1980-er Jahre davor, das Naturgebiet der Hainburger Au wegen eines Wasserkraftwerkes zu zerstören. Sämtliche Medien berichteten davon. Es gab einen Sternmarsch tausender Menschen in das Gebiet. Ein paar hundert Menschen blieben dann in der Aulandschaft. Sie verhinderten so die Rodungsarbeiten. Prominente Unterstützerinnen und Unterstützer sorgten mit einer „Pressekonferenz der Tiere" für Publicity. Ein Polizeieinsatz führte zu Verletzten. Daraufhin demonstrierten Zehntausende in Wien gegen das Projekt. Es gab aber auch Demonstrationen von Befürworterinnnen und Befürwortern. Schließlich beugte sich die Regierung dem Druck der öffentlichen Meinung und der Medien. Heute gehört das Gebiet zum Nationalpark Donauauen. Die grünen Bewegungen hatten hier erfolgreich zusammengearbeitet. Bei den folgenden Wahlen schafften sie als Partei den Einzug in den Nationalrat.

Polizeieinsatz während der Besetzung der Hainburger Au (Foto, Votava 1984)
„Pressekonferenz der Tiere" gegen die Rodung der Hainburger Au (Foto, Erwin Schuh 1984)
Demonstration Hainburger Au (Foto 8.12.1984)
Besetzung Hainburger Au (Foto, Erwin Schuh 1984)

Du bist dran · Arbeite nach M1+M2

- Schildere die Aktionen im Zusammenhang mit der Hainburger Au in deinen eigenen Worten.
- Analysiere die Rolle der Medien und der Prominenten: Warum waren sie so wichtig?
- Beschreibe die auf den vier Fotos dargestellten Situationen.
- Erläutere, welche zusätzlichen Informationen die Bilder bieten.
- Ordne sie in den Textzusammenhang ein: Markiere die Textstellen, die durch die Bilder illustriert werden.
- Untersuche, welche Folgen die Vorgänge um die Rettung der Hainburger Au für die österreichische Politik und Demokratie hatten.

Greenpeace-Logo

Arbeite nach M2

Du bist dran

- Beschreibe dieses Logo.
- Analysiere die dargestellten Einzelheiten.
- Überprüfe, ob das Bild alles abdeckt, was du im Text über Greenpeace erfahren hast.
- Gestalte ein neues Logo mit weiteren Greenpeace-Aktivitäten.
- Ermittle, was die Namen der Greenpeace-Schiffe bedeuten: Rainbow Warrior, Arctic Sunrise und Esperanza.
- Erläutere, inwieweit sich daraus ableiten lässt, zu welchem Zweck Greenpeace sie einsetzt.

Arbeite nach M1+A1

Du bist dran

- Vergleiche die Aussagen des Autorentextes mit denen des Zeitungsartikels: Ermittle die Passagen des Zeitungsberichtes, die den Textstellen im Autorentext entsprechen.
- Erläutere, wie Global 2000 öffentlichen Druck gegen den Einsatz von Gentechnik erzeugte.
- Recherchiert in Kleingruppen auf der Homepage der Organisation (https://www.global2000.at), mit welchen weiteren Themen sich Global 2000 beschäftigt. Berichtet vor der Klasse über je ein Thema.

Greenpeace   Die Non-Profit-Organisation wurde 1971 in Kanada gegründet. Heute ist Greenpeace weltweit aktiv und setzt sich in vielen Bereichen für einen gesunden Planeten ein, dazu gehören: Landwirtschaft, Erderwärmung, die Verschmutzung und Überfischung der Meere, das Abholzen der Urwälder, der Schutz und Erhalt bedrohter Lebensräume sowie bedrohter Pflanzen- und Tierarten. Bei seinen gewaltlosen Aktionen setzt Greenpeace häufig eigene Hochseeschiffe ein. Im Südpazifik versuchte das Schiff Rainbow Warrior 1978 französische Atomtests zu verhindern. Kurze Zeit später wurde das Schiff vom französischen Geheimdienst versenkt, ein Greenpeace-Fotograf wurde getötet. 2013 versuchte Greenpeace eine russische Ölplattform im arktischen Ozean zu besetzen. Russische Soldaten enterten daraufhin das Schiff und nahmen 30 Aktivistinnen und Aktivisten fest. Sie kamen nach Monaten in russischer Haft kurz vor Beginn der Olympischen Winterspiele in Sotschi 2014 wieder frei.

Global 2000   Diese österreichische Organisation wurde 1982 gegründet. Sie setzt sich vor allem für Natur und Umwelt ein. Nachhaltigkeit und die Abkehr von Atomenergie und Gentechnik in der Landwirtschaft sind ihre Ziele. Global 2000 will nicht nur auf Probleme aufmerksam machen, sondern will auch öffentlichen Druck erzeugen, um Politik, Wirtschaft und Bevölkerung zum Umdenken zu bewegen.

Global 2000

D Verkürzt dargestellt widmet sich Global 2000 vor allem den großen kollektiven (= gemeinsamen) Ängsten der Österreicher vor den düsteren Technologien der Moderne: Atomkraft und Gentechnik. Den Kampf gegen Letztere verzeichnet Geschäftsführer Klaus Kastenhofer als größten Erfolg seiner Organisation. 1997 erreichte das von Global 2000 mitinitiierte (= mitbegründete) Volksbegehren „Gegen Gentechnik" 1,23 Millionen Unterschriften: nach jenem gegen den Bau des Konferenzzentrums das zweiterfolgreichste Begehren in der Geschichte der Republik – und Garant dafür, dass sich bis heute jeder heimische Politiker die Gentechnikfreiheit auf die Fahnen schreibt.

Hinsichtlich der Atomkraft musste Global 2000 die Fackel nur noch weitertragen – schon 1978, vier Jahre vor Gründung des Vereins, hatten die Österreicher entschieden, das AKW Zwentendorf nicht einzuschalten, spätestens mit Tschernobyl 1986 war die Anti-Atom-Haltung einzementiert. Trotzdem gelang es Global 2000, das Thema über Jahrzehnte präsent zu halten, etwa mit dem Protest gegen grenznahe Kraftwerke wie Bohunice, Krsko oder Temelin. (…)

(Die Presse, Georg Renner, Eva Winroither, 15.11.2012)

Die Neue Friedensbewegung   Sie entstand in den USA und in Europa während des Kalten Krieges als Protest gegen das Wettrüsten. Ihre Anhängerinnen und Anhänger traten aber auch gegen den Vietnamkrieg, später gegen den Golfkrieg und den Irakkrieg auf. Sie forderten Frieden von den beteiligten Regierungen im Nahen Osten. Seit dem Zerfall der Sowjetunion macht die Friedensbewegung vor allem auf die Einhaltung der Menschenrechte aufmerksam.

Amnesty International Die NGO Amnesty International, über die du bereits in der 2. Klasse gelernt hast, prangert Menschenrechtsverletzungen weltweit an und dokumentiert sie.

Human Rights Watch Die Konferenz über Sicherheit und Zusammenarbeit in Europa (KSZE) endete 1975 mit einer Schlussakte (= Schlusserklärung). Darin verpflichteten sich die USA, Kanada, die Sowjetunion und fast alle europäischen Staaten auch dazu, Menschenrechte und Grundfreiheiten zu wahren (S. 90). 1978 bildete sich in den USA die Menschenrechtsorganisation Helsinki Watch. Sie wollte die Einhaltung dieser Zusagen sicherstellen. Nach dem Zusammenschluss mit anderen Organisationen entstand daraus Human Rights Watch. Diese NGO wendet sich gegen jede Art von Diskriminierung (Geschlecht, soziale Stellung, …). Sie prangert staatliche Korruption und die Todesstrafe an. Vor allem versucht sie aber, den Einsatz von Kindersoldatinnen und Kindersoldaten zu beenden.

AMNESTY INTERNATIONAL

Logo Amnesty international

Du bist dran Arbeite nach M2+A1

- Beschreibe, analysiere und interpretiere das Amnesty-Logo.
- Beurteile, in welcher Weise Amnesty International seine Ziele durchsetzen kann. Unter https://www.amnesty.at/ findest du aktuelle Informationen über die Projekte von Amnesty International.

TRUST · EQUALITY · FREEDOM · HOPE · PEACE · JUSTICE · RULE OF LAW · DIGNITY · PROSPERITY

Illustration der Menschenrechte (Illustration, Adina Camarasu, 2017)

Reporter ohne Grenzen (ROG) Diese Organisation tritt als NGO seit 1985 weltweit gegen Zensur und Einschränkung der Pressefreiheit auf. So kritisiert sie zum Beispiel die Einschränkungen des Internets in China. Durch Fragebogenaktionen erforscht ROG in den einzelnen Ländern, wie es dort um die Pressefreiheit bestellt ist. Gibt es Zensur? Sind Reporterinnen und Reporter Opfer von Attentaten geworden? So wird jährlich eine Rangliste der Pressefreiheit erstellt.

Du bist dran Arbeite nach M2

- Formuliere zu jedem der in der Illustration dargestellten Menschenrechte eine kurze Erklärung, was dieser Begriff für dich bedeutet.
- Erkläre die Bedeutung der ausgestreckten Arme.

Du bist dran Arbeite nach M2

- Vergleiche das Foto mit dem Autorentext. Welche zusätzlichen Gesichtspunkte sind dort erwähnt?
- Erläutere, inwieweit das Foto die Anliegen von „Reporter ohne Grenzen" vermitteln kann.

Pressefreiheit (Foto, Marcus Golejewski 2014)

Geschlechterrollen im Wandel

Geschlecht und Gender

D Ob Beruf oder Privatleben – die Geschlechtszugehörigkeit hat vielfältige Auswirkungen auf unser Leben. Unsere Erfahrungen, Möglichkeiten und sozialen Beziehungen sind dadurch geprägt, mit welchem Geschlecht wir auf die Welt kommen und ob wir den damit zusammenhängenden Erwartungen entsprechen. (...) Nicht nur die biologischen Differenzen (sex) sind es, welche Frauen und Männer unterscheiden, sondern ebenso das soziale Geschlecht (gender), das die gesellschaftlichen Normvorstellungen und sozialen Zuschreibungen in Bezug auf Geschlechterrollen und deren Auswirkungen bezeichnet. Denn nachweislich ist Geschlecht nicht etwas fix Gegebenes, sondern wird in sozialen Prozessen erzeugt und reproduziert. (...) Was wir als normal oder abnormal, gut oder schlecht, passend oder unpassend empfinden, wird in vielfacher Weise durch die jeweils vorherrschenden Traditionen, Vorstellungen, Denk- und Verhaltensweisen mitbestimmt, ohne dass wir uns dessen bewusst sind. Zugleich sind die gesellschaftlichen Strukturen durch traditionelle Geschlechtervorstellungen geprägt und reproduzieren dabei Ungleichheiten, die nur durch kritische Analyse und zielgerichtete Maßnahmen ausgeglichen werden können. (...) Die Geschlechterverhältnisse haben sich in vielen Ländern dank Frauenbewegung und -politik in den letzten hundert Jahren grundlegend verändert, doch ist die Gleichstellung der Geschlechter inzwischen zur Realität geworden? (http://www.demokratiezentrum.org/)

Rollenverhalten und Rollenerwartungen

Unter Rollenerwartungen versteht man immer wiederkehrende Handlungen, Leistungen oder Tätigkeiten eines Menschen. Die Person, die als Trägerin oder Träger dieser Rolle gilt, hat die in sie gesetzten Erwartungen durch ein entsprechendes Verhalten zu erfüllen. Rollenzuweisungen werden zB von Geschlecht, Beruf, Herkunft oder Alter bestimmt. Die Vorstellungen über bestimmte Eigenschaften von Frauen und Männern unterscheiden sich je nach sozialem, politischem und kulturellem Umfeld. Diese Rollenzuschreibungen spiegeln sich in allen Bereichen des Lebens wider, zB im Verhalten oder in der Arbeitswelt (S. 132).

Du bist dran

Arbeite nach M1+M6

- Erkläre in eigenen Worten, was „Gender" bedeutet.
- Überprüfe, inwieweit der Autorentext mit der Darstellung „Geschlecht und Gender" übereinstimmt.
- Werte die Grafik aus.
- Formuliere eine begründete Vermutung, weshalb das Europäische Institut für Gleichstellungsfragen die Daten zu Arbeit, Geld, Bildung, Macht und Zeit in die Grafik einfließen lässt.
- Beantworte die Frage aus der Darstellung „Geschlecht und Gender" mit Hilfe der Grafik.
- Verfasse eine eigene Erzählung über Rollenverhalten und Rollenerwartungen in deinem Umfeld.

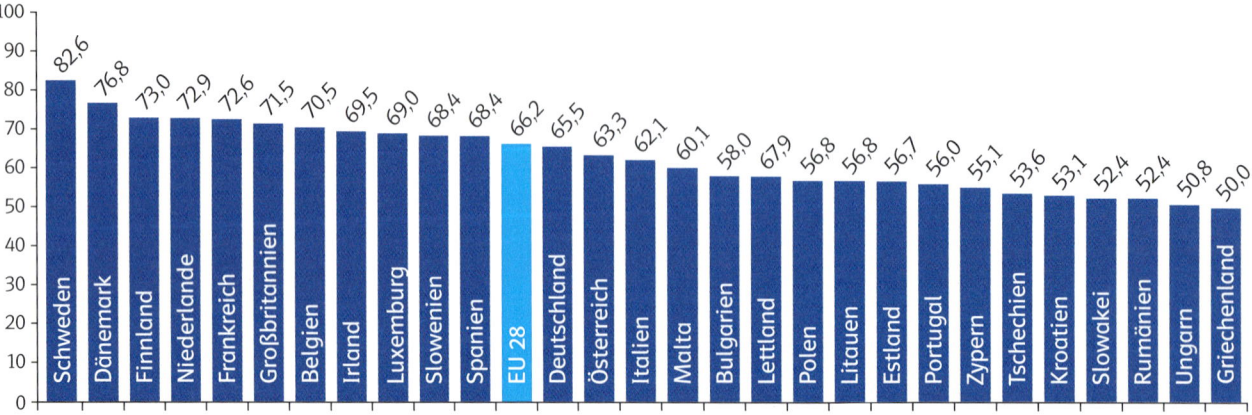

Der Gleichstellungsindex (Gender Equality Index) ist ein Maß, das messen soll, wie nah die Europäische Union und ihre Mitgliedstaaten an der Verwirklichung einer geschlechtergerechten Gesellschaft sind. Er wird vom Europäischen Institut für Gleichstellungsfragen (EIGE), einer Agentur der Europäischen Union, ermittelt. Der Index wird als Wert zwischen 1 und 100 angegeben, wobei 100 für die Idealsituation einer geschlechtergerechten Gesellschaft steht. Unterschiede zu Lasten von Frauen und Männern werden als gleichermaßen schädlich angesehen.

Heute klappt es wie am Schnürchen

Kein Wunder, denn es gibt heute HENGSTENBERG MILDESSA, das milde Weinsauerkraut. Ackerfrisch eingeschnitten, nach erprobtem Hausrezept vorsichtig und vitaminschonend pasteurisiert, braucht HENGSTENBERG MILDESSA nur kurze Kochzeit. In praktischen 4 und 6 Portionen-Dosen ist HENGSTENBERG MILDESSA stets griffbereit.

DM 1.15
DM 1.35

vitaminstark · immerfrisch

Werbeplakat aus den 1960-er Jahren (Deutschland, ca. 1960)

Rollenspiel „Familie"

Q Vater-Mutter-Kind spielen ist ein Klassiker. Wenn die Rollen verteilt werden, spielen die Mädchen mit Kochschürze und Baby auf dem Arm die Mama und die Jungen gehen als Papas mit untergeklemmtem Aktenkoffer ins Büro und reparieren abends die Wohnzimmerlampe. Woher kommen diese klischeehaften Rollenmuster?
Vielleicht haben Sie auch schon einmal überlegt, ob Sie bei der Erziehung Ihrer Kinder etwas falsch gemacht haben. Ist Ihr Sohn ein Macho, weil er als Papa immer Zeitung lesend am Küchentisch sitzt? Und warum kocht und putzt Ihre Tochter als Mama nur den ganzen Tag, obwohl Sie als berufstätige Mutter doch ein anderes Vorbild abgeben? Keine Angst, auch aus Kochschürzen tragenden Puppen-Mamas können später emanzipierte Frauen werden und Ihrem kleinen Macho-Sohn wird es später in seinen Vätermonaten sicher Spaß machen sich um das Baby zu kümmern. (https://www.eltern.de/kleinkind/entwicklung/rollenspiele.html)

Arbeite nach M2

Du bist dran

- Beschreibe die auf diesem Werbeplakat dargestellte Situation.
- Analysiere, wie die Rollen von Vater und Mutter dargestellt werden.
- Beurteile, wer in dieser Familie bestimmt, wer sich unterordnen muss. Begründe deine Meinung.

Karikatur (Timo Wössner, 30.5.2018)

Arbeite nach M1+A2

Du bist dran

- Erläutere, welche Familiensituation im Rollenspiel beschrieben wird.
- Erzähle, ob du derartige Spiele aus deiner Kindheit kennst.
- Diskutiert, weshalb diese Spiele bei Kindern so beliebt sind.

Arbeite nach M2+A2

Du bist dran

- Beschreibe, analysiere und interpretiere die Karikatur.
- Beurteile die Vorstellungen der Tochter über ihre Zukunft und die des Vaters über die Zukunft der Tochter.
- „Mädchen lieben rosa, Buben mögen blau." Diskutiert über diese Aussage. Findet weitere Beispiele, die Buben und Mädchen auf bestimmte Vorlieben oder Einstellungen festlegen.

Die Vielfalt unserer Gesellschaft

- **Bevölkerungsentwicklung**   Vor allem im 20. und 21. Jahrhundert stieg das Bevölkerungswachstum. Derzeit ist in Afrika die höchste Wachstumsrate zu verzeichnen. Je mehr Menschen auf der Erde leben, desto höher ist der Ressourcenverbrauch und desto größer ist die Belastung für die Umwelt. In den Industrieländern werden die Menschen zB durch die gute medizinische Versorgung immer älter. Die Geburtenrate ist dort niedrig. Das heißt, immer weniger junge Menschen müssten für die Pensionen von immer mehr älteren Menschen aufkommen. Eine Möglichkeit, diesem Problem zu begegnen, ist Zuwanderung.

- **Gesellschaft im Wandel**   Mitte des 20. Jh. setzte der Wandel von der Industrie- zur Dienstleistungsgesellschaft ein. Der Anteil der Menschen, die im tertiären Sektor beschäftigt sind, steigt stetig.

- **Konsumgesellschaft – Überflussgesellschaft –Wegwerfgesellschaft** Schneller Konsum, Überproduktion, verschwenderischer Umgang mit Ressourcen und Umweltverschmutzung – auch im Kleinen, zB Entsorgen von Abfällen auf der Straße oder in Parks – sind Kennzeichen dieser Gesellschaft.

- **Mediengesellschaft**   Information und Kommunikation zu beeinflussen wird immer wichtiger.

- **Wohlfahrtsstaat Österreich**   Die Einkommens- und Vermögens-unterschiede sind in Österreich aus unterschiedlichen Gründen hoch, aber die Armutsgefährdung ist eher gering. Der Österreichische Gewerkschaftsbund tritt für die soziale Sicherheit aller Menschen in Österreich ein.

- **Bürgerbewegungen**   Menschen machen gemeinsam auf ihre Anliegen aufmerksam, indem sie zB gegen Gesetze, Konzerne oder soziale Missstände protestieren oder für Umweltthemen eintreten. NGOs unterstützen sie häufig dabei. Frauen dürfen in Österreich seit 1918 wählen. In den letzten 100 Jahren erstritten sie die rechtliche Gleichstellung mit Männern. Gleichberechtigung im Alltag ist dennoch nicht selbstverständlich, so erhalten Frauen immer noch nicht gleichen Lohn für gleiche Arbeit.

- **Umweltbewegungen**   Gemeinsam mit dem WWF protestierten 1984 viele Menschen erfolgreich gegen den geplanten Bau eines Kraftwerks in der Hainburger Au. Greenpeace engagiert sich in Umweltfragen, zB gegen die Überfischung der Meere oder das Abholzen der Regenwälder, und macht mit oft spektakulären Aktionen auf sich aufmerksam. Global 2000 setzt sich für Natur und Umwelt ein.

- **Einhaltung der Menschenrechte**   Menschenrechte sind vor allem Organisationen wie Amnesty International, Human Rights Watch oder der neuen Friedensbewegung ein Anliegen.

- **Geschlechterrollen im Wandel**   Mädchen und Buben, Männern und Frauen wurden und werden oft bestimmte Eigenschaften zugeschrieben. In den letzten Jahrzehnten wandelten sich diese Rollenmuster.

Wir trainieren Kompetenzen

Adelheid Popp, österreichische Politikerin (Foto, Atelier Pietzner & Fayer um 1930)

Hertha Firnberg, österreichische Politikerin (Foto um 1975)

1. Arbeitsauftrag: Höre dir unter dem Link https://www.mediathek.at/unterrichtsmaterialien/suche/detail/atom/139F4290-12D-001A5-00000C74-139E6537/pool/BWEB/ die Wahlrede von Adelheid Popp aus dem Jahr 1930 an. Analysiere die Rede. Erläutere, wie Adelheid Popp die gegnerische Partei darstellt, wie ihre eigene Partei. Benenne die Forderungen, die sie in der Rede stellt.

2. Arbeitsauftrag: Formuliere mindestens drei Fragen an Adelheid Popp, die mit der Rede beantwortet werden.

Arbeite nach A1

3. Arbeitsauftrag: Recherchiere das Leben, die politischen Funktionen und Leistungen von Adelheid Popp. Gestalte ein Porträt der Politikerin.

4. Arbeitsauftrag: Höre dir unter dem Link https://www.mediathek.at/unterrichtsmaterialien/suche/detail/atom/157D98EC-14C-0001D-00000820-157CF5B9/pool/BWEB/ die Rede von Hertha Firnberg auf der Bundesfrauenkonferenz 1976 an. Analysiere die Rede. Stelle fest, welche Themen die Politikerin anspricht. Beurteile, welche damaligen Errungenschaften für Frauen heute selbstverständlich geworden sind.

5. Arbeitsauftrag: Arbeite aus der Rede Inhalte heraus, die auch in diesem Schulbuch behandelt werden. Nenne die Kapitel, in denen diese Inhalte dargestellt werden. Begründe deine Auswahl.

6. Arbeitsauftrag: Recherchiere das Leben, die politischen Funktionen und Leistungen von Hertha Firnberg. Gestalte ein Porträt der Politikerin. **Arbeite nach A1**

7. Arbeitsauftrag: Vergleiche die beiden Reden. Stelle Gemeinsamkeiten und Unterschiede fest.

> **Tipp**
>
> Wenn du dich für das Thema „Frauenbewegung in Österreich" interessierst, findest du hier interessante und umfangreiche Materialien: https://www.mediathek.at/unterrichtsmaterialien/frauenbewegung/.

Politik und Medien

 dz2y59

Politik und Medien (Illustration, Alicia Sancha, 2018)

Die Allgemeine Erklärung der Menschenrechte war ein wichtiger Schritt zum Schutz der Menschen und wird von den meisten Staaten anerkannt. Die Demokratie in Österreich bietet der Bevölkerung viele Möglichkeiten zur Mitbestimmung und Mitgestaltung des Landes, zB durch Nutzung des Wahlrechts oder Mitarbeit in einer Partei. Das beginnt schon in der Schule. Medien haben heute einen großen Einfluss in der Politik. Die schnelle Möglichkeit der Meinungsäußerung birgt aber auch Gefahren.

Auf den folgenden Seiten sollst du erfahren:
- was Menschenrechte und Kinderrechte sind.
- was Demokratie heute bedeutet.
- welche größeren Parteien es derzeit in Österreich gibt.
- wie jeder und jede die Politik mitgestalten kann.
- welche Machtungleichheiten in politischen Prozessen bestehen.
- welche Bedeutung Medien in der Politik haben.
- welche positiven und negativen Folgen neue Medien haben können.

Menschenrechte – Kinderrechte

Internationaler Tag der Menschenrechte Mitglieder einer Familie, die durch die Grenzzäune zwischen den USA und Mexiko getrennt sind, treffen einander am 10. Dezember 2017. Während des „Keep-our-dream-alive-Events" in Ciudad Juarez (Mexiko) sehen sich die Familienmitglieder für einige wenige Minuten. Der Event wird vom „Border Network for Human Rights" organisiert. (Foto, Herika Martinez 2017)

Menschenrechte ...

Allgemeine Erklärung der Menschenrechte

Am 10. Dezember 1948 verabschiedete die Generalversammlung der UNO die Allgemeine Erklärung der Menschenrechte. Diese Rechte gelten für alle Menschen, egal in welchem Land sie leben. Diese Rechte sind, genau wie die Kinderrechte, unteilbar. Das bedeutet, dass immer alle gelten und man sich nicht nur einzelne heraussuchen kann. Die meisten Staaten unterzeichneten diese Menschenrechtserklärung. Trotzdem kommt es auch in diesen Staaten immer wieder zu Menschenrechtsverletzungen. Der UN-Menschenrechtsrat soll dazu beitragen, die Einhaltung dieser Rechte weltweit zu stärken. Der Europarat wacht über die Einhaltung der Menschenrechte in Europa. Er gibt jährlich einen Bericht heraus, in dem er Verstöße aufzeigt.

Die 30 Artikel der Menschenrechtserklärung Gegenwärtig sind sie in mehr als 460 Sprachen übersetzt worden. Weitere Übersetzungen sind in Planung. Das ist ein Weltrekord.

Du bist dran — Arbeite nach M2

- Beschreibe, analysiere und interpretiere das Foto.
- Beurteile das Vorgehen der US-amerikanischen Regierung, Familien voneinander zu trennen.

Human Rights Logo

Du bist dran — Arbeite nach M1+A1

- Beschreibe, analysiere und interpretiere das Logo.
- Ermittle auf der Website von Amnesty International (Jahresbericht), in welchen europäischen Ländern in den letzten Jahren Menschenrechtsverletzungen nachgewiesen wurden.
- Arbeite heraus, welche Aspekte der Menschenrechte das Logo anspricht.

Einige Artikel aus der Menschenrechtserklärung

Q Artikel 1 Alle Menschen sind frei und gleich geboren.
Artikel 2 Jeder Mensch hat Anspruch auf dieselben Menschenrechte ohne jede Diskriminierung.
Artikel 3 Jeder Mensch hat das Menschenrecht auf Leben, Freiheit und Sicherheit.
Artikel 4 Niemand soll in Sklaverei oder Leibeigenschaft gehalten werden.
Artikel 5 Niemand darf der Folter oder grausamer, unmenschlicher oder erniedrigender Behandlung oder Strafe unterworfen werden.
Artikel 7 Alle Menschen sind vor dem Gesetz gleich und haben Anspruch auf gleichen Schutz durch das Gesetz.
Artikel 12 Jeder Mensch hat das Menschenrecht auf Privat- und Familienleben.
Artikel 17 Jeder Mensch hat das Menschenrecht auf Eigentum.
(Erklärung der Menschenrechte, Kurzfassung)

Du bist dran — Arbeite nach M1+A1

- Erkläre die Inhalte der hier angeführten Artikel in eigenen Worten.
- Gestaltet gemeinsam ein Plakat zum Thema Menschenrechte.
- Beurteile die Bedeutung der Menschenrechte für dich und deine Familie.

... und Kinderrechte

Kinderrechtskonvention   1989 formulierten die Vereinten Nationen (UNO) die Kinderrechtskonvention. Auf dieser Grundlage verankerten die einzelnen Staaten Kinderrechte gesetzlich. Details zur Entwicklung der Kinderrechte findest du in Zeitbilder 2 auf Seite 154. In Österreich sind die Kinderrechte seit 2011 in der Verfassung verankert. Das UNO-Kinderhilfswerk UNICEF will eine lebenswerte Umgebung für alle Kinder weltweit schaffen. Einige der UNICEF-Ziele sind:

Bildung	… hilft Armut zu entkommen. Daher werden Schulen eingerichtet.
Chancengleichheit	Gleiche Rechte für alle Kinder. Benachteiligte Kinder sollen unterstützt werden.
Hilfe für Flüchtlingskinder	Sie und ihre Familien sollen versorgt werden.
Hygiene	Sauberes Trinkwasser, Sanitäranlagen und Hygienebedarf sollen allen zur Verfügung stehen.
Kinderschutz	… durch Polizei und Sozialarbeiterinnen und Sozialarbeiter, wenn Kinder durch Armut, Gewalt und Zerstörung in Gefahr geraten.
Medizinische Hilfe	Verbesserung der Gesundheitsversorgung in allen Ländern weltweit
Psychologische Betreuung	… für traumatisierte (= durch schlimme Erlebnisse geschädigte) Kinder in Kriegs- und Katastrophengebieten

Verletzung von Kinderrechten

Kindersoldaten   Die UNICEF schätzt, dass weltweit in 58 Armeen und bewaffneten Einheiten bis zu 250 000 Kindersoldaten im Einsatz sind. In 20 Staaten oder Konflikten gibt es schwerste Menschenrechtsverletzungen an Kindern: Schulen und Krankenhäuser werden bombardiert, Kinder getötet oder verstümmelt. Der so genannte IS rekrutiert gezielt Kinder und Jugendliche. Die Terrormiliz Boko Haram in Nigeria setzt Kinder als Selbstmordattentäter ein. Viele Kinder werden gekidnappt und gezwungen zu kämpfen. Andere schließen sich freiwillig den Milizen an. UNICEF betreibt Übergangszentren für ehemalige Kindersoldaten. Dort bekommen sie Essen und Kleidung und werden medizinisch und psychologisch betreut. Sie können in die Schule gehen. Die ehemaligen Kindersoldaten müssen sich erst wieder an ein normales Leben gewöhnen.

Du bist dran   Arbeite nach M1

- Arbeite die unterschiedlichen Beweggründe, Soldat zu werden, aus den Erzählungen von James und Buret heraus.
- Nenne ihre Wünsche für die Zukunft.
- Verfasse eine Petition an die UNICEF, in der du deine Argumente gegen den Einsatz von Kindersoldaten begründest.

Du bist dran   Arbeite nach M1

- Analysiere die genannten Maßnahmen zum Wohle der Kinder: Welche betreffen ausschließlich die Kinder? Welche schließen die ganze Familie mit ein?
- Formuliere Gründe dafür, die gesamte Familie miteinzubeziehen.
- Erkläre, welches der genannten Ziele du auch für dich selbst umsetzen könntest.

Kindersoldaten erzählen

Q James, 13 Jahre:
Unsere Feinde haben meine Schwester und meinen Onkel getötet. Deshalb habe ich mich der Miliz angeschlossen. Aber es war hart. Wir mussten so viel marschieren, manchmal drei oder vier Tage lang, und dabei schwere Ausrüstung tragen. Ich möchte jetzt so gerne zur Schule gehen. Ich bin noch nie zur Schule gegangen. Und danach möchte ich den Leuten in meinem Dorf helfen, damit sie genug zu essen haben. Wenn ich Kinder hätte, würde ich nie zulassen, dass sie Soldaten werden.

Q Buret, 11 Jahre:
Mein Dorf hat so viel Leid erlebt. Unsere Leute haben sich gegen die Regierung aufgelehnt, und ich habe mich entschieden, mich ihnen anzuschließen. Ich ging sowieso nicht zur Schule, und wir hatten kein Geld. Ich war noch sehr jung. Aber jetzt will ich unbedingt zur Schule gehen und lesen lernen.
(UNICEF, Kindersoldaten erzählen, 2015)

Demokratie in Österreich und in der EU

Was bedeutet Republik?

Republik ist eine Staatsform.
Das Staatsoberhaupt wird für eine bestimmte Zeit vom Volk oder von Repräsentantinnen und Repräsentanten des Volkes gewählt.

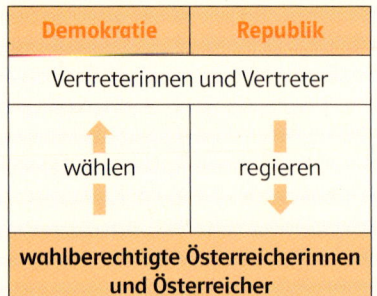

Demokratie	Republik
Vertreterinnen und Vertreter	
wählen	regieren
wahlberechtigte Österreicherinnen und Österreicher	

Was bedeutet Demokratie?

Demokratie ist eine Regierungsform.
Demokratie bedeutet: Das Recht geht vom Volk aus.
Alle Bürger und Bürgerinnen eines Landes zusammen nennt man das Volk.
Es können aber nicht immer alle überall mitreden.
Deshalb wählt das Volk Parteien bzw. Vertreter und Vertreterinnen.
Diese machen dann die Gesetze für Österreich.
In den Gesetzen steht, was man tun darf und was nicht.
Deshalb ist es wichtig, wählen zu gehen.
Wählen dürfen alle Österreicher und Österreicherinnen, die 16 Jahre oder älter sind.
Die vom Volk gewählten Parteien und deren Vertreterinnen und Vertreter müssen zum Wohl des Volkes handeln.

Du bist dran

- Erkläre den Unterschied zwischen Demokratie und Republik in eigenen Worten.

Wir wählen ...

	Wahlberechtigte	Wahlvorschlag	Amtsdauer	wann
... den Nationalrat	Österreicherinnen und Österreicher	Parteien	5 Jahre	
... den Landtag	Bürgerinnen und Bürger des Bundeslandes	Parteien	5 Jahre 6 Jahre (OÖ)	
... den Gemeinderat/ Bezirksparlamente (W)	Gemeindebürgerinnen und -bürger + in der Gemeinde gemeldete EU-Bürgerinnen und EU-Bürger	Parteien oder Namenslisten	5–6 Jahre	
... den Bürgermeister/ die Bürgermeisterin	Gemeindebürgerinnen und -bürger oder Gemeinderat (Stmk., NÖ, W)			
... den Bundespräsidenten/ die Bundespräsidentin	Österreicherinnen und Österreicher	Persönlichkeitswahl	6 Jahre	
... das EU-Parlament	alle EU-Bürgerinnen und EU-Bürger	Parteien	5 Jahre	

Du bist dran

Arbeite nach A1

- Stelle für jedes Gremium oder Amt fest, wann die nächsten Wahlen stattfinden werden.
- Ergänze so die obige Tabelle.
- Wählt in Partnerarbeit ein Thema, das aktuell in der EU diskutiert wird (S.110 – S.121).
- Analysiert, wie über dieses Thema in drei österreichischen Medien berichtet wird.
- Vergleicht und beurteilt die Berichterstattung.

Wir wählen ...

allgemein	Alle Bürgerinnen und Bürger dürfen wählen.
geheim	Niemand darf sehen, wer wie wählt: Die Wählerinnen und Wähler wählen in einer Wahlzelle.
frei	Niemand darf genötigt werden, eine bestimmte Wahl zu treffen.
gleich	Jede abgegebene Stimme zählt gleich viel.
persönlich	Die Wählerinnen und Wähler müssen persönlich wählen und dürfen sich nicht vertreten lassen. Für blinde und sehbehinderte Menschen gibt es Stimmzettelschablonen, Menschen mit körperlichen Beeinträchtigungen können von einer selbst gewählten Person unterstützt werden.
unmittelbar/ direkt	In Österreich wählen die Wahlberechtigten die Abgeordneten direkt durch Parteienlisten. Durch die Abgabe einer Vorzugsstimme kann man jemanden vorreihen.

FAQ: Darf ich meinen ausgefüllten Stimmzettel im Wahllokal fotografieren und dann auf Facebook posten?

Robert Stein, strenger Leiter der Bundeswahlbehörde, spricht von einem „rechtlichen Graubereich." An sich bleibt es jedem Wähler unbenommen, seine Entscheidung öffentlich zu machen, ob am Stammtisch, in einem Interview oder auf einem Transparent, das vom Balkon hängt. Problematisch ist das Abfotografieren des ausgefüllten Stimmzettels, weil ein Stimmenkauf dahinterstecken könnte. Parteien, Personen, Organisationen könnten versucht sein, Leute, die ihre Stimmentscheidung fotografisch dokumentieren, für ihr richtiges Wahlverhalten zu belohnen. (…)
(http://www.kleinezeitung.at/politik/4088852/
Nationalratswahl-2013, 29.9.2013)

Du bist dran

Arbeite nach M1

- Erläutere, gegen welches Wahlprinzip ein derartiges Verhalten verstößt.
- Formuliere mögliche Gründe, aus denen ausgefüllte Stimmzettel gepostet werden.
- Fasse zusammen, warum Robert Stein ein Posten des Stimmzettels für problematisch hält.
- Bewerte eine derartige Veröffentlichung des eigenen Wahlverhaltens.

Aktives Wahlrecht zu haben bedeutet wählen zu dürfen
In Österreich darf man ab 16 wählen.
Gründe für einen befristeten Wahlausschluss sind:
- eine strafrechtliche Verurteilung zu einer mehr als fünfjährigen Freiheitsstrafe für eine vorsätzlich begangene Straftat.
- eine mehr als einjährige Freiheitsstrafe für Landesverrat, Wahlbetrug, NS-Wiederbetätigung oder Terror.

Passives Wahlrecht zu haben bedeutet gewählt werden zu dürfen
Für dieses Recht muss man am Wahltag 18 Jahre alt sein.
Um Bundespräsidentin oder Bundespräsident werden zu können, muss man 35 Jahre alt sein.

Kinder- und Jugendgemeinderäte In vielen österreichischen Gemeinden gibt es Kinder- und Jugendgemeinderäte. Sie diskutieren Themen, die diese Altersgruppen ansprechen.

Du bist dran

Arbeite nach M1

- Vergleiche die Art, wie ein Gemeinderat (siehe Tabelle auf der vorigen Seite) und wie ein Kindergemeinderat gebildet wird.
- Erkläre, warum es für einen Kindergemeinderat keine Wahlen geben kann.
- Beurteile die Beweggründe, die die Bürgermeisterin zur Gründung eines Kindergemeinderates veranlasst haben.
- Formuliere weitere mögliche Gründe für die Einrichtung eines Kindergemeinderates.

Kindergemeinderat der Marktgemeinde Krieglach

Über Initiative von Frau Bürgermeisterin Regina Schrittwieser und Gemeinderätin Franziska Holzer wurde im heurigen Jahr der Kindergemeinderat fortgeführt bzw. neu gestartet, nachdem einige Kinder teilweise altersbedingt ausgeschieden bzw. in den Jugendrat übergetreten sind.
Der Marktgemeinde Krieglach ist es sehr wichtig, dass sich bereits die Kinder frühzeitig mit ihrem Heimatort auseinandersetzen und identifizieren und unter fachkundiger Begleitung Projekte ausarbeiten, für die sie dann auch Verantwortung übernehmen dürfen.
Das Interesse der Kinder von der Krieglacher Volksschule und der Neuen Mittelschule Krieglach bei der Projektpräsentation war sehr groß, und es haben sich bereits 43 Kinder gemeldet, um künftig im Kindergemeinderat mitzuarbeiten.
(http://www.krieglach.at/kindergemeinderat/)

Du bist dran

Arbeite nach A2

- Erkundigt euch, ob es auch in eurer Heimatgemeinde einen Kinder- oder Jugendgemeinderat gibt.
- Verfasst einen Leserbrief zu diesem Thema an die Lokalzeitung.
- Diskutiert, welche Themen ihr in einem Jugendgemeinderat zur Sprache bringen würdet.
- Gestaltet dazu ein Plakat.

Parteien

Arbeite nach M1

Du bist dran

- Überprüfe, ob versucht wurde, die Parteien objektiv darzustellen. Kritisiere, wo das deiner Meinung nach nicht der Fall ist.
- Das Gesetz zur Fristenlösung (S.67) wurde 1974 von der SPÖ gegen den Widerstand anderer Parteien beschlossen. Formuliere mögliche Gründe, warum sich die SPÖ in dieser Frage durchsetzen konnte.

https://www.gruene.at/
https://www.fpoe.at/
https://www.neos.eu/
https://www.dieneuevolkspartei.at/
https://spoe.at/

Repräsentative Demokratie   Österreich ist eine repräsentative Demokratie. Das heißt, die Staatsbürgerinnen und Staatsbürger wählen Vertreterinnen und Vertreter, die ihre Anliegen im Gemeinderat, im Landtag und im Nationalrat vertreten.

Parteien   Damit man vor der Wahl weiß, wer von den Wahlwerbenden eine ähnliche Meinung vertritt wie man selbst (oder auch nicht), gibt es Parteien. Menschen mit ähnlichen Vorstellungen über Politik, Wirtschaft und Sozialpolitik und mit ähnlichen Werten schließen sich zusammen. Sie erstellen ein Programm, veröffentlichen dieses u.a. im Internet und hinterlegen es im Innenministerium. So entsteht eine Partei, die als wahlwerbende Partei um Wählerstimmen wirbt.

Parlamentarischer Klub   Nationalratsabgeordnete, die einer wahlwerbenden Partei angehören, können sich zu einem parlamentarischen Klub zusammenschließen. So können sie Anträge stellen und in Ausschüssen an bestimmten Themen arbeiten. Außerdem erhalten sie finanzielle Förderungen. Unter anderen stellten sich die im Kasten genannten Parteien der vorgezogenen Nationalratswahl 2019.

FAQ: Woher kommen die Bezeichnungen „links" und „rechts" bei den Parteien, und was bedeuten sie?

1789 trat in Frankreich die Nationalversammlung zusammen, um dem Land eine Verfassung zu geben. Links saßen damals die Abgeordneten, die Republikaner, die allen Bürgern die gleichen Rechte geben wollten. Rechts saßen die Anhänger des Königs, die unterschiedlichen Menschen auch unterschiedliche Rechte und Pflichten zugestehen wollten. Viele Parlamente haben diese Sitzordnung übernommen: Eher national eingestellte Parteien saßen rechts, konservative Parteien saßen in der Mitte, sozialistische, sozialdemokratische und kommunistische saßen links. Diese Einteilung nennt man auch politisches Spektrum.

Parteien	Themen, Ziele, Werte	Gründungsjahr
Die Grünen	setzen sich ein für Umweltthemen, Gleichstellung von Frauen, Menschen mit Behinderung und Homosexuellen, Ablehnung von Kernkraft zur Energiegewinnung, Kampf gegen den Klimawandel	1983
FPÖ	betont nationale Aspekte, „Österreich ist kein Einwanderungsland", liberal[1], für einen Verbleib in der EU, aber EU-kritisch	1955
NEOS	befürworten die geplante EU-Verfassung, Bildungspolitik, liberal, direkte Demokratie[2], für Privatisierung von Bahn und Energieunternehmen	2012
ÖVP	steht für konservative, christliche, bürgerliche Werte, Betonung von (Eigen-)Verantwortung, Leistung und Sicherheit, restriktive Migrationspolitik	1945[3]
SPÖ	steht für Überwindung von Klassengegensätzen, gerechte Einkommens- und Vermögensverteilung, Chancengleichheit	1945[3]

[1] liberal = möglichst wenig Einschränkungen für Menschen und Wirtschaft
[2] direkte Demokratie, das Gegenteil von repräsentativer Demokratie: Bürgerbeteiligung, Volksbefragungen, …
[3] Es gab Vorgängerparteien: ÖVP: Christlichsoziale Partei (1893), SPÖ: Sozialdemokratische Arbeiterpartei (1889)

FAQ: Was ist Populismus?

Der Begriff kommt vom lateinischen Wort für Volk (= populus). Populistische Politikerinnen und Politiker kann man an folgenden Merkmalen erkennen:

1. Sie behaupten, sie wüssten ganz genau, was „das Volk" wolle. Allerdings besteht ein Volk aus vielen völlig unterschiedlichen Menschen, die niemals alle dasselbe wollen. Daher finden sie ihre Anhängerinnen und Anhänger nur unter den Menschen, die ihre Ziele teilen.

2. Populistische Politikerinnen und Politiker bieten einfache Lösungen für Probleme an. Diese klingen zwar gut, sind aber meist schwer umzusetzen.

3. Rechtspopulistinnen und Rechtspopulisten machen oft Angst vor Zuwanderern und Zuwanderinnen und Menschen mit anderer Religion/Herkunft/Hautfarbe, also vor Fremdem.

Plakate zur vorgezogenen Nationalratswahl 2019

Arbeite nach M2

Du bist dran

- Beschreibe, analysiere und interpretiere die Wahlplakate.
- Ordne die Plakate den Parteien zu. Beurteile, welche und ob Inhalte der Parteientabelle auf S. 146 hier bildlich umgesetzt werden.

Arbeite nach A1

Du bist dran

- Recherchiere im Internet Wahlplakate, die deiner Meinung nach populistische Merkmale aufweisen.
- Begründe deine Auswahl.
- Beurteile die Botschaften, die sie vermitteln.

Alle dürfen mitbestimmen

Du bist dran — Arbeite nach A1

- Ermittle die seit Anfang 2019 geltenden Ausgehzeiten.
- Beurteile, ob es sinnvoll ist, dass das Jugendschutzgesetz Ländersache ist.
- Formuliere Argumente für eine bundesweite Vereinheitlichung des Jugendschutzgesetzes.
- Besucht eine Gemeinderatssitzung eures Heimatortes. Beobachtet, was euch an Thematik und Diskussionen auffällt. Macht euch Notizen und diskutiert darüber anschließend in der Klasse.

Du bist dran — Arbeite nach A1

- Ordne folgende Berufe einer der drei Gewalten im Staat zu: Finanzbeamtin – Nationalratsabgeordneter – Polizistin – Landtagsabgeordneter – Richterin – Lehrer.
- Seht gemeinsam auf Youtube einen Teil einer aktuellen Nationalratssitzung an. Notiert, welches Thema behandelt wird und was euch an den Debatten auffällt.
- Beurteilt die Debatten hinsichtlich Qualität und Wichtigkeit. Stellt fest, mit welchen Argumenten die Abgeordneten ihre Standpunkte begründen.
- Recherchiere auf der Website des österreichischen Parlaments eine aktuelle dringliche Anfrage. Verfolge den Verlauf der Debatte zu dieser Anfrage. Beurteile den Ausgang der Debatte.

Landtage   Sie werden von den Landesparteien gebildet, die entsprechend dem Wahlergebnis Abgeordnete entsenden. Sie sind die Landesparlamente der neun österreichischen Bundesländer. Ihre Mitglieder wählen die Landesregierung und bestimmen den Landeshauptmann oder die Landeshauptfrau, in Wien die Bürgermeisterin bzw. den Bürgermeister. Sie beschließen die Landesgesetze.

Jugendschutzgesetze   Diese sind nicht bundeseinheitlich geregelt, sondern (noch) Landesgesetze. Es sind daher unterschiedlichen Regelungen in jedem Bundesland möglich. Es gelten die Bestimmungen des Bundeslandes, in dem sich das Kind bzw. die oder der Jugendliche gerade aufhält. Nach einem Übereinkommen aller Bundesländer sind die Jugendschutzgesetze in den Bereichen Ausgehzeiten, Rauchen und Alkohol seit Anfang 2019 angeglichen. Ein Rechtsanspruch der Jugendlichen besteht hier nicht.

Der österreichische Nationalrat   Er hat 183 Abgeordnete. Wahlberechtigte wählen Parteien, die diese Abgeordneten ins Parlament entsenden. Hier werden Gesetze beantragt, diskutiert und beschlossen (Legislative). Der Nationalrat kontrolliert die Arbeit der Regierung. Er kann Regierungsmitgliedern das Vertrauen entziehen und deren Amtsenthebung erzwingen. Über Entschließungen (= Formulierung von politischen Anliegen) nimmt er Einfluss auf das Handeln der Regierung. Die Gesetzgebungsperiode endet spätestens nach fünf Jahren.

Der österreichische Bundesrat   Er besteht aus derzeit 61 Vertreterinnen und Vertretern (2020), die die Landtage ins Parlament entsenden. Der Bundesrat begutachtet im Nationalrat beschlossene Gesetze und kann ein Veto einlegen (= nein sagen). Beschließen die Nationalratsabgeordneten dann das Gesetz noch einmal, wird es an den Bundespräsidenten bzw. die Bundespräsidentin zur Unterschrift weitergeleitet. Bei Gesetzen, die die Kompetenzen der Bundesländer betreffen, hat der Bundesrat ein Mitspracherecht.

Die Sozialpartnerschaft   Vertreterinnen und Vertreter der Arbeitgeberschaft und der Arbeitnehmerschaft setzen sich zusammen, diskutieren über anstehende Probleme und versuchen Lösungen zu

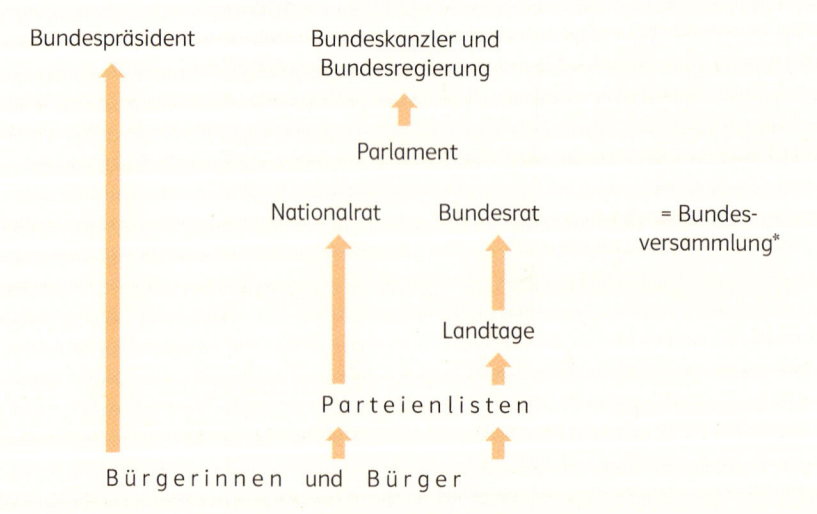

* Die Bundesversammlung gelobt den Bundespräsidenten an und könnte auf Antrag des Nationalrates auch eine Volksabstimmung zur Absetzung des Präsidenten anordnen.

finden. So soll der Arbeitsfrieden gesichert werden. Sie wirken auch bei der Entstehung von Gesetzen mit und können diese begutachten. Diese Sozialpartnerschaft besteht aus vier Sozialpartnern:

Vertretung der		
Arbeiterkammer (AK)	Arbeitnehmerinnen und Arbeitnehmer	Pflichtmitgliedschaft
Österreichischer Gewerkschaftsbund (ÖGB)	Arbeitnehmerinnen und Arbeitnehmer	freiwillig
Landwirtschaftskammer (LKÖ)	Land- und Forstwirtinnen und Land- und Forstwirte	Pflichtmitgliedschaft
Wirtschaftskammer Österreich (WKO)	gewerblich tätige Wirtschaftstreibende	Pflichtmitgliedschaft

Du bist dran — Arbeite nach A2

- Diskutiert in der Klasse die Bedeutung einer Klassensprecherin oder eines Klassensprechers: Welche Fähigkeiten sollte sie bzw. er haben? Was kann sie bzw. er bewirken?
- Arbeitet in Kleingruppen: Wählt eine der auf den S. 132–135 vorgestellten NGOs und organisiert einen Spendenaufruf.

	wahlberechtigt	Aufgaben	Amtszeit
Klassensprecherwahlen	alle Schülerinnen und Schüler der Klasse	Interessenvertretung der Klassenschülerinnen und Klassenschüler	1 Schuljahr
Wahlen von Klassenelternvertreterinnen und -vertretern	alle Eltern der Klasse	Interessenvertretung der Klassenschülerinnen und Klassenschüler	1 Schuljahr
Schulsprecherwahlen	alle Schülerinnen und Schüler ab der 9. Schulstufe	Interessenvertretung der Schülerinnen und Schüler	1 Schuljahr
Schulgemeinschaftsausschusswahlen (SGA)	Lehrerinnen und Lehrer wählen ihre drei Vertreterinnen bzw. Vertreter. Die Vertreterinnen der Schülerinnen und Schüler sind die Schulsprecherin bzw. der Schulsprecher und ihre bzw. seine beiden Stellvertreterinnen bzw. Stellvertreter. Die Vertreterinnen bzw. Vertreter der Eltern werden entweder vom Elternverein (so an der Schule vorhanden) entsendet, oder an Schulen ohne Elternverein von den Eltern der Schülerinnen und Schüler gewählt.	gemeinsame Beschlüsse zu zB schulautonomen Tagen (Direktion hat auch Stimmrecht), Schulveranstaltungen, Stundentafeln, Exkursionen	1 Schuljahr (Eltern, Schülerinnen und Schüler, Lehrerinnen und Lehrer)
Hochschülerschaftswahlen (ÖH-Wahlen)	Studentinnen und Studenten	Interessenvertretung der Studierenden	2 Jahre

Wo noch gewählt wird Nicht bei jeder Wahl spielt Parteipolitik eine Rolle (Auswahl).

Bürgerbeteiligung in Österreich Mit einem Volksbegehren können Wahlberechtigte die Behandlung eines Gesetzesvorschlags im Nationalrat erzwingen. Mit einer Volksabstimmung kann der Nationalrat die Wahlberechtigten über einen Gesetzesentwurf, eine Verfassungsänderung oder die Absetzung des Bundespräsidenten bzw. der Bundespräsidentin entscheiden lassen. Bei einer Volksbefragung richtet der Nationalrat eine Frage oder zwei Varianten einer Entscheidung zur Auswahl an das Volk. Die so ermittelte Antwort ist allerdings nicht bindend.

Unter 16 Aber auch, wenn man noch nicht 16 und wahlberechtigt ist, kann man sich einbringen: Die DemokratieWERKstatt des österreichischen Parlaments bietet Workshops an. Es gibt ein Jugendparlament, in dem man für einen Tag Parlamentarierin oder Parlamentarier sein kann. In den einzelnen Bundesländern gibt es Jugendlandtage.

Volksabstimmung, Volksbegehren, Petition, ...

DON'T SMOKE, das Nichtrauchergesetz muss bleiben!

Q ÖVP und FPÖ haben sich bei den Regierungsverhandlungen am 11. Dezember 2017 auf eine Raucherregelung nach „Berliner Modell" geeinigt. Das ab Mai 2018 ursprünglich geplante absolute Rauchverbot in der Gastronomie kommt demnach nicht. Gäste können vorerst weiter in abgetrennten Räumlichkeiten Zigaretten konsumieren. Eine Einigung, die nicht nur für Mediziner und Gesundheitsorganisationen untragbar ist, sondern auch für viele Österreicherinnen und Österreicher. Begründung: Das generelle Rauchverbot in der Gastronomie zählt in Europa mittlerweile zum Standard, dem Österreich noch immer hinterher hinkt. Mit einer Aufhebung der 2015 beschlossenen Novelle des Tabakgesetzes geht Österreich weiterhin als „Europas Aschenbecher" keinen neuen Weg. Es ist völliger Irrsinn, die endlich begonnene Trendwende jetzt plötzlich wieder umzukehren und nachhaltig zu vernichten.
(Petition der Abgeordneten zum Nationalrat Dr. Pamela Rendi-Wagner, Dr. Matthias Strolz, Dr. Peter Kolba vom 13.2.2018)

Regierungsnahe und oppositionelle Handlungen

Atomkraft ja oder nein? Im November 1969 wurde der Bau des Kernkraftwerkes Zwentendorf von der damaligen ÖVP-Alleinregierung beschlossen, im April 1972 wurde unter der SPÖ-Alleinregierung mit dem Bau begonnen. Bereits 1975 kam es zu Gegenbewegungen, Proteste gegen das Atomkraftwerk mehrten sich. Ende des Jahres 1977 sprach sich die Oppositionspartei ÖVP, die bislang der Atomenergie positiv gegenüberstand, gegen das Kraftwerk Zwentendorf aus. Im Juli 1978 wurde auf Vorschlag der SPÖ-Regierung die Abhaltung einer Volksabstimmung über die Inbetriebnahme des Kraftwerkes beschlossen. Im November 1978 fand diese Volksabstimmung statt (S. 67). Die Wahlbeteiligung betrug 64,1 %, 50,47 % sprachen sich gegen die Nutzung von Kernenergie aus. Auf Grund dieses Ergebnisses beschloss der Nationalrat im Dezember 1978 einstimmig das „Atomsperrgesetz".

Nichtraucherschutz Nach einem Beschluss des österreichischen Nationalrats vom August 2015 hätte mit 1. Mai 2018 ein absolutes Rauchverbot in der Gastronomie in Kraft treten sollen, bei dem Ausnahmen vom Rauchverbot unzulässig gewesen wären.
Im Februar 2018 brachten drei Nationalratsabgeordnete der Oppositionsparteien eine Petition ein, dass das Nichtrauchergesetz bleiben muss. Im März 2018 beschloss der zwischenzeitlich neu gewählte Nationalrat (S. 65) die Rücknahme des geplanten Rauchverbots, das absolute Rauchverbot trat nicht in Kraft. Daraufhin initiierten die Ärztekammer Wien und die Österreichische Krebshilfe das Volksbegehren „Don't smoke". Dieses Volksbegehren forderte ebenfalls die Beibehaltung des 2015 beschlossenen Gesetzes. Vom 1. bis 8. Oktober hatten alle wahlberechtigten Österreicherinnen und Österreicher die Möglichkeit, das Volksbegehren zu unterschreiben. Mit 881 569 Unterschriften verfehlte das Volksbegehren die Hürde von 900 000 Stimmen knapp, die von der Koalitionsregierung ÖVP-FPÖ eigentlich erst für 2021 angekündigt war. 2011 forderte der jetzige Vizekanzler noch eine verpflichtende Volksabstimmung ab 150 000 Unterschriften. 2017 – vor den Nationalratswahlen – schlug der jetzige Bundeskanzler eine verpflichtende Volksabstimmung vor, wenn 10 % der Wahlberechtigten ein Volksbegehren unterschreiben – das sind etwa 640 000 Menschen.

Du bist dran

- Analysiere die im Autorentext zur Atomkraft dargestellten regierungsnahen und oppositionellen Handlungen.
- Beurteile die Bedeutung und die Auswirkungen des „Atomsperrgesetzes" für die österreichische Bevölkerung.
- Arbeite die im Autorentext zum Nichtraucherschutz genannten Möglichkeiten zur Kontrolle der Macht im parlamentarischen System Österreichs heraus.
- Diskutiert in der Klasse, wie ihr über das Nichtraucherschutzgesetz entschieden hättet. Bezieht dazu alle Informationen dieser Seite mit ein.
- Teilt die Klasse in fünf unterschiedlich große Gruppen. Jede Gruppe repräsentiert eine politische Partei. Zwei Parteien bilden die Regierung (auf die Mehrheit achten!), die anderen drei Parteien die Opposition.
- Die Regierung möchte ein neues Gesetz erlassen, die Oppositionsparteien sind gegen dieses Gesetz.
- Debattiert mit stichhaltigen Argumenten über das neue Gesetz und stimmt anschließend darüber ab.

12-Stunden-Tag: Regierungsparteien planen Beschlussfassung noch vor dem Sommer

Q Die von den Regierungsparteien geplante Arbeitszeitflexibilisierung soll noch vor dem Sommer beschlossen werden. Der Nationalrat hat in seiner jüngsten Sitzung dem Wirtschaftsausschuss zur Vorberatung einer entsprechenden Gesetzesinitiative eine Frist bis zum 4. Juli gesetzt. Man habe intensiv am Antrag gearbeitet, vor allem kleine und mittlere Betriebe bräuchten mehr Flexibilität, begründete ÖVP-Wirtschaftssprecher Peter Haubner im Plenum die Eile. ÖVP und FPÖ sind außerdem davon überzeugt, dass die neuen Bestimmungen die Vereinbarkeit von Beruf und Familie erleichtern werden.

Empört über die Vorgangsweise ist die Opposition. Sie vermisst nicht nur ein ordentliches Begutachtungsverfahren, sondern wertet es überdies als Affront, dass der Antrag dem Wirtschaftsausschuss und nicht dem Sozialausschuss zugewiesen wurde. Auch inhaltlich können SPÖ und Liste Pilz dem Antrag nichts abgewinnen: Sie sehen den 12-Stunden-Tag als Anschlag auf die Rechte von Arbeitnehmerinnen. (https://www.parlament.gv.at/)

Standpunkt der Arbeiterkammer zum 12-Stunden-Tag-Gesetz

Q Die AK ist gegen das neue Gesetz. Es bringt Verschlechterungen für die Beschäftigten. Zu langes Arbeiten schadet der Gesundheit. Das Gesetz bedeutet weniger Zeit für Freizeit und Familie. Denn wann Zeitausgleich genommen werden darf, bestimmt der Arbeitgeber beziehungsweise die Auftragslage. Durch das neue Gesetz wird der 12-Stunden-Tag für alle Branchen möglich. Egal, wie groß der Druck auf die Beschäftigten bereits jetzt ist. In Branchen mit starkem Druck wird es für die Beschäftigten sehr schwierig, nein zu Mehrstunden zu sagen. Durch das neue Gesetz wird der 12-Stunden-Tag für alle Branchen möglich. Egal, ob man in einem klimatisierten Büro einmal zwölf Stunden lang arbeitet oder in brütender Hitze eine Straße asphaltiert. Durch das Gesetz wird mehr Sonntagsarbeit möglich, Ruhezeiten werden gekürzt. (https://ooe.arbeiterkammer.at/)

Die Wirtschaftskammer Österreich zur Novelle des Arbeitszeitgesetzes

Q Im harten international-en Wettbewerb ist die Flexibilität von Betrieben ein Erfolgsfaktor, der immer wichtiger wird. Die Bundesregierung setzt in ihrer Novelle des Arbeitszeitgesetzes ein wichtiges Anliegen der Wirtschaft um: Flexiblere Arbeitszeiten bringen für Mitarbeiter, Unternehmer und Standort entscheidende Vorteile. Flexible Arbeitszeiten bringen
- mehr Spielräume für Mitarbeiter und Betriebe
- Rechtssicherheit statt Graubereich
- bessere Abdeckung von Auftragsspitzen
- einen starken Wirtschaftsstandort
- sichere Jobs.
(https://www.wko.at/)

Du bist dran   Arbeite nach M1+M2

- Analysiere die Texte und das Bild auf dieser Seite.
- Beurteile die Standpunkte von Regierungsparteien, Opposition, Wirtschaftskammer und Arbeiterkammer.
- Formuliere deine Meinung zum 12-Stunden-Tag.

Vom Österreichischen Gewerkschaftsbund organisierte Großdemonstration gegen das neue Arbeitszeitgesetz am 30. Juni 2018 Schlusskundgebung auf dem Wiener Heldenplatz; An der Demonstration nahmen rund 100 000 Menschen teil. (Foto, Willfried Gredler-Oxenbauer)

Die Macht der Medien

Du bist dran

- Arbeite die Vorteile und die Nachteile der schnellen weltweiten Informationswiedergabe heraus.
- Erläutere, inwiefern du persönlich davon profitieren kannst oder auch nicht.

Du bist dran

Arbeite nach M1

- Nenne die sieben Arten der Nachrichtenübermittlung, die nach der Geburt von Thronfolger Prince George zum Einsatz kamen.
- Begründe, weshalb Methoden zum Einsatz kommen, die nicht mehr in unsere Zeit zu passen scheinen.
- Interpretiere, was sich durch diese Art der Nachrichtenübermittlung über die Stellung des Königshauses in England sagen lässt.

Der Begriff Medien kommt aus dem Lateinischen: Medius bedeutet „in der Mitte stehend", „der Vermittler". Medien übermitteln Nachrichten und Informationen.

Immer schnellere Weitergabe von Informationen   Im Mittelalter verkündeten Stadtschreier die Nachrichten in den Städten. Kuriere brachten Botschaften zu Pferd über das Land. So etwas braucht seine Zeit. Festnetztelefonie gibt es seit dem 19. Jh. 1881 gab es in ganz Wien 154 private Telefonanschlüsse. Die Telefonnummern wurden in Zeitungsannoncen veröffentlicht.

Radio und Fernsehen   Die Verbreitung des Radios beschleunigte die Informationsweitergabe. Das Fernsehen machte die Informationen anschaulich. Ende der 1970-er Jahre wurde in Europa geregelt, dass die Rundfunk- und Fernsehanstalten jedes Landes nur für ihr Land ausstrahlen sollten. Inzwischen umkreisen ganze Satellitenflotten (Eutelsat, Astra usw.) die Erde und senden weltweit ihre Programme.

World Wide Web   Das Internet, so wie wir es heute kennen, startete im August 1991. Im Jahr darauf wurde in Deutschland das erste digitale Mobilfunknetz in Betrieb genommen. 1996 wurden Mobilfunk und Internet verknüpft: Das erste Smartphone kam auf den Markt.

Facebook, Twitter, WhatsApp   Diese und weitere soziale Netzwerke (Social Media) verbinden die Menschen weltweit direkt miteinander. Sie machen eine sekundenschnelle Weitergabe von Informationen möglich.

Wir leben in einer Informationsgesellschaft   Sehr vieles beruht auf Kommunikation und der dazugehörigen Technologie. Das hat Vor- und Nachteile.

Royal Baby George

Q Die Neuigkeiten rund um die hochschwangere Herzogin Kate werden auch im Internet intensiv verfolgt. Die Nachricht, dass sie mit Wehen im Krankenhaus sei, sorgte am Montagmorgen für einen sprunghaften Anstieg an Tweets zum Thema. Mehrere tausend Nachrichten setzten Nutzer über das Online-Netzwerk Twitter ab, wie Zahlen des Analysedienstes Topsy zeigen. Die wichtigsten Hashtags zum Thema sind: #RoyalBaby und #RoyalBabyWatch.

Allein der Tweet des britischen Königshauses, Kate sei ins Krankenhaus eingeliefert worden, wurde innerhalb von drei Stunden 1437 Mal retweetet, also weiterverbreitet. Ist der royale Nachwuchs endlich auf der Welt, wird es noch ein gutes Stück dauern, bis die Öffentlichkeit davon erfährt. Denn nach der Entbindung werden zunächst Königin Elizabeth II., die engste Familie und Kates Eltern informiert. Dann wird eine Geburtsanzeige auf einer goldenen Staffelei am Tor des Buckingham-Palastes ausgehängt, unterzeichnet von den königlichen Ärzten. Zugleich gibt es eine Pressemitteilung des Palastes und – der Modernität geschuldet – eine Verkündung über die sozialen Netzwerke Twitter und Facebook. Begrüßt wird das Baby in der britischen Hauptstadt auch mit Kanonenschüssen: 62 Saluts werden vom Tower of London und 41 aus dem Green Park donnern. In ganz Großbritannien wird an Regierungsgebäuden der Union Jack gehisst.

(https://www.welt.de/vermischtes/article118262525/Das-war-der-Tag-der-royalen-Geburt.html, 2013)

Berichterstattung im Fernsehen   Sie beeinflusst das Wahlverhalten vieler Menschen. Daher bereiten sich Politikerinnen und Politiker genauestens auf TV-Duelle vor. Parteien und Politikerinnen und Politiker engagieren Expertinnen und Experten für Öffentlichkeitsarbeit und Medienberaterinnen und Medienberater, so genannte Spin-Doktoren. Sie stehen den Politikerinnen und Politikern zur Seite. Auftritte werden (wie im Film) inszeniert. Eventuelle Schwächen politischer Gegnerinnen und Gegner werden dementsprechend betont.

TV-Duelle vor der Nationalratswahl 2017 in ORF II		
Datum	Kontrahenten	Zuschauer (in 1000)
19. September	FPÖ - Grüne	691
21. September	SPÖ - NEOS	620
26. September	SPÖ - Grüne	583
27. September	FPÖ - NEOS	697
28. September	ÖVP - Grüne	636
3. Oktober	ÖVP - NEOS	569
5. Oktober	Grüne - NEOS	483
10. Oktober	ÖVP - FPÖ	904
11. Oktober	SPÖ - ÖVP	970
12. Oktober	Elefantenrunde	1210

Genau geplante Wahlplakate   Sie sollen die eigene Botschaft möglichst medienwirksam und positiv darstellen.

Analyse politischer Daten   Meinungsforschungsinstitute erheben in regelmäßigen Abständen die politischen Ansichten der Bevölkerung. Dazu gibt es meist stichprobenartige Befragungen. Auch Wahlergebnisse werden in dieser Art ausgewertet und unter verschiedensten Gesichtspunkten analysiert.

Du bist dran   Arbeite nach M6

- Ermittle, wie die Zuschauerzahlen erhoben werden.
- Stelle fest, ob es Parteien gibt, die immer besonders viele bzw. besonders wenige Zuschauerinnen und Zuschauer haben. Erläutere mögliche Gründe dafür.
- Werte die Reihenfolge der Duelle aus: Lässt sich ein Muster erkennen?
- Erläutere und bewerte die Bedeutung des Fernsehens als Mittel der politischen Kommunikation.

Du bist dran   Arbeite nach M2

- Wählt in Kleingruppen ein aktuelles Thema aus der österreichischen Innenpolitik.
- Analysiert eine Woche lang die Berichterstattung zu eurem gewählten Thema in unterschiedlichen Medien (Radio, Fernsehen, Zeitungen, Internet).
- Erstellt mit euren Ergebnissen eine kurze Präsentation.

Du bist dran   Arbeite nach M6

- Beschreibe die Grafik: Welches Thema wird behandelt? Welche Diagrammform wurde gewählt? Welche Farben wurden verwendet?
- Analysiere die Grafik: Stelle fest, ob es eine räumliche und/oder zeitliche Abgrenzung gibt. Lassen sich genaue Zahlenwerte ablesen? Aus welcher Quelle stammen die Daten? Wann ist die Grafik erschienen? Kannst du zeitliche Entwicklungen, Regelhaftigkeiten, besondere Details und Zusammenhänge erkennen?
- Interpretiere die Grafik: Erläutere die wichtigsten Aussagen und dargestellten Sachverhalte. Kannst du Ursachen und Folgen erkennen? Welche zusätzlichen Informationen bräuchtest du für weitere Analysen? Stelle fest, ob Sachverhalte verzerrt oder verfälscht dargestellt werden.

Stimmenanteile der Parteien bei der Nationalratswahl 2017 in Großstädten, städtischem Umland und am Land (Grafik Oktober 2017)

Stadt-Land-Gefälle bei der Wahl

Stimmenanteile NR-Wahl 2017 in Prozent (nur Urnenwahl)

Großstadt		Stadt/Umland		Land	
SPÖ	33,3	ÖVP	29,1	ÖVP	38,0
FPÖ	23,1	SPÖ	28,0	FPÖ	29,3
ÖVP	22,4	FPÖ	28,0	SPÖ	22,2
Pilz	6,8	NEOS	5,3	NEOS	4,0
NEOS	6,2	Pilz	4,0	Pilz	2,8
Grüne	5,3	Grüne	3,4	Grüne	2,1

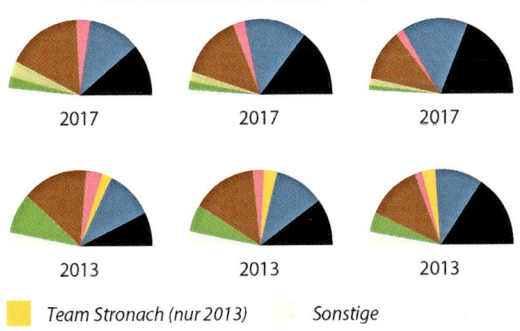

Stimmenanteile 2017 und 2013 in Prozent

2017   2017   2017

2013   2013   2013

Team Stronach (nur 2013)   Sonstige

Grafik: © APA, Quelle: APA

Digitale Medien und Politik

Endergebnis der Nationalratswahl vom 15. Oktober 2017

ÖVP: 37,5 % GRÜNE: 13,9 %
SPÖ: 21,2 % NEOS: 8,1 %
FPÖ: 16,2 %

Du bist dran **Arbeite nach M6**

- Beschreibe, analysiere und interpretiere das Diagramm.
- Erörtere mögliche Gründe, aus denen manche Politiker so viel mehr Fans haben als andere.
- Erörtere Strategien, mit denen Politikerinnen oder Politiker ihre Fanzahlen steigern könnten.
- Erstelle ein Balkendiagramm mit den Wahlergebnissen der genannten Parteien.

Facebook – soziale Netzwerke für sich nutzen Politik und Wahlkampf spielen sich zunehmend auf Facebook und Twitter ab.

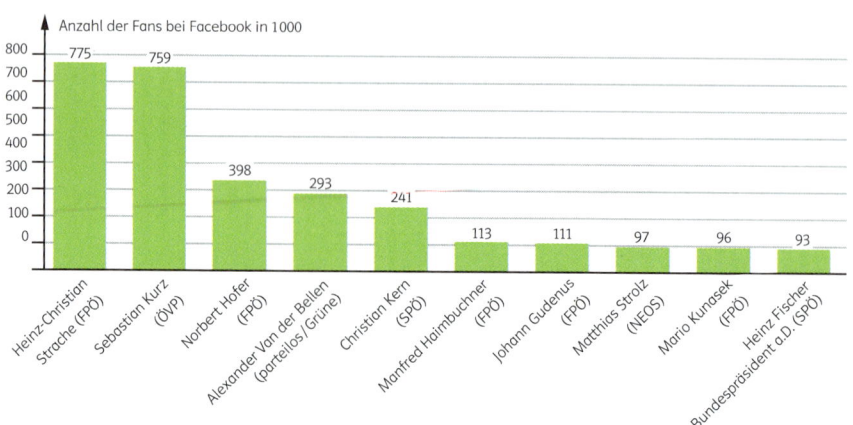

Österreichische Politiker mit den meisten Fans bei Facebook im Mai 2017 in 1000 (Quelle: Statista/Fanpage Karma)

Twitter Für den US-Präsidenten Donald Trump zB ist Twitter ein beliebtes Medium. Täglich postet er Berichte seiner Tätigkeiten, eigene Erfolge oder attackiert seine Gegnerinnen und Gegner.

Donald Trump twittert

Donald J. Trump ✓ @realDonaldTrump
North Korean Leader Kim Jong Un just stated that the "Nuclear Button is on his desk at all times." Will someone from his depleted and food starved regime please inform him that I too have a Nuclear Button, but it is a much bigger & more powerful one than his, and my Button works! (01:49 – 3. Jan. 2018)

Du bist dran **Arbeite nach M1+M2**

- Gib den Inhalt dieses Tweets in eigenen Worten wieder.
- Beurteile, welchen Grund Donald Trump gehabt haben könnte, ihn zu veröffentlichen.
- Analysiere, wie der Karikaturist Trumps Tweet umsetzt.
- Erörtere, welche Bewertung er damit vornimmt.

Donald Trump und Kim Jong Un (Karikatur von Leopold Maurer, 2018)

Du bist dran **Arbeite nach A1**

- Informiere dich über den Umgang mit Hasspostings. Genügt ein „Dislike" oder sollte man es melden? Wenn ja, wem und wie?

Hasspostings Das sind aggressive, provozierende Postings im Internet. Oft erfüllen sie einen Straftatbestand und werden dann auch gerichtlich verfolgt. Es macht rechtlich keinen Unterschied, ob ein Delikt in der realen Welt oder im Internet, zB in einem Online-Forum, begangen wird.

Fake News   Darunter versteht man die Veröffentlichung unwahrer Nachrichten. Das Internet und soziale Netzwerke eignen sich besonders gut, um Falschnachrichten oder Halbwahrheiten zu verbreiten. Informationen werden geliked, geteilt und weitergeschickt, ohne dass man sie auf ihren Wahrheitsgehalt überprüft. Doch selbst wenn Nachrichten später als unwahr erkannt werden, können sie rufschädigend wirken. US-Präsident Donald Trump plante sogar, „Fake News Awards" („Fakies") zu verleihen. Er greift immer wieder anerkannte Medien an, wie zB CNN oder New York Times.

Fake News – etwas bleibt immer hängen

Q So absurd Trumps Tweets über die gescheiterte „Times" oder „Fake News CNN" auch sind, auf Dauer hinterlassen sie Spuren. Was dies auch zeigt: Die Bemühungen, über ausführliche Faktenchecks die zahlreichen Falschaussagen zu korrigieren, die von Trump selbst oder aus dessen Lager kommen, greifen nicht. Warum? Weil sie vor allem in jenen Medien zu lesen sind, die Trump ohnehin kritisch gegenüberstehen. Und weil sie dadurch die Trump-Anhänger, die davon Notiz nehmen sollten, gar nicht erst erreichen. Je tiefer dann noch die oben beschriebene Kluft ist, desto weniger wahrscheinlich wird es zudem, dass ein Trumpianer, sollte er tatsächlich einmal zur „New York Times" greifen, dieser auch glaubt. „Hostile-Media-Effekt" nennen das die Kommunikationstheoretiker: Wer sich einmal auf eine bestimmte Position festgelegt hat, der empfindet selbst den objektivsten Bericht als „hostile", als feindlich, wenn er der eigenen Meinung widerspricht.
(https://www.nzz.ch/feuilleton/trump-und-die-fake-news-awards-medien-muessen-feinde-sein, Markus Ziener, 16.1.2018)

Blick aus dem Weltraum Das Bild zeigt eine ISS-Aufnahme (= von der Internationalen Raumstation aus aufgenommen) vom 30.1.2014 der koreanischen Halbinsel bei Nacht.

Du bist dran — Arbeite nach M1

- Arbeite aus diesem Schweizer Zeitungsbericht heraus, wieso Trumps Angriffe den Medien offenbar schaden, obwohl sie erwiesenermaßen falsch sind.
- Erkläre, mit welchen Mitteln sich die angegriffenen Medien zur Wehr setzen und wieso ihre Verteidigungsstrategie nicht wirkt.
- Definiere den Hostile-Media-Effekt.

FAQ: Kann ein Machthaber heutzutage sein Land überhaupt noch abriegeln und verhindern, dass Informationen über das Internet nach außen dringen?

Im Prinzip nein. Selbst wenn man Kabel kappt und Bereiche sperrt, finden EDV-Expertinnen und EDV-Experten immer wieder rasch einen Weg, die Sperren zu umgehen. Anders schaut es aus, wenn in einem Land die komplette Infrastruktur (= die technischen Voraussetzungen wie Strom, Computer, Handys, …) fehlt.

Du bist dran — Arbeite nach A2

- Diskutiert in der Klasse über die Möglichkeiten, die das Internet bietet, sich politisch zu äußern oder Kritik zu üben.
- Präsentiert eure Ergebnisse in einem Blogfeed für die Schulwebsite.
- Die chinesische Regierung betreibt Internetzensur. Nenne die Gründe dafür. Erörtere Folgen für die chinesische Bevölkerung, aber auch für Besucherinnen und Besucher Chinas.

Du bist dran

- Rekonstruiere anhand einer Atlaskarte die Umrisse der Halbinsel.
- Stelle fest, welches Land kaum sichtbar ist.
- Erörtere mögliche Gründe dafür.

Politik und (neue) Medien in Österreich

> Trolle nicht füttern!
> Antworte ihnen nicht!
> Lösche ihre Mitteilungen!
> Sorg dafür, dass sie von deinem Computer blockiert werden!

Karikatur (Vladislav Ashikhmin, 2017)

Shitstorm So nennt man eine plötzlich auftretende Menge an negativen und beleidigenden Äußerungen in sozialen Netzwerken, Kommentaren oder Blogs. Er kann eine Einzelperson, eine Personengruppe, aber auch ein Unternehmen betreffen.

Troll Das ist die Bezeichnung für eine Userin oder einen User im Netz, die bzw. der gezielt unsachliche und provozierende Kommentare abgibt, um in Foren andere Userinnen und User zu stören. Meist tritt diese Person nicht direkt beleidigend auf. Damit würde sie nämlich einen Ausschluss durch den Administrator riskieren.

Du bist dran — Arbeite nach M2

- Gib den Text der Karikatur in eigenen Worten wieder.
- Arbeite heraus, welche Strategie der Zeichner gegen Trolle empfiehlt.
- Beurteile die in der Karikatur vorgeschlagene Vorgangsweise bzw. formuliere eine eigene.

Du bist dran — Arbeite nach M1+A2

- Fasse zusammen, welche Gründe Manuel Nappo für den Anstieg der Hasspostings im Netz anführt.
- Erkläre seine Aussage, dass Trolle „24/7 im Netz hängen".
- Interpretiere seine Darstellung, dass „man Parolen auf der Straße ruft, die sich seit 1945 keiner mehr getraut hat, laut auszusprechen".
- Fasse zusammen, welche Vorgangsweise Manuel Nappo gegen Hass-Kommentare empfiehlt, und vergleiche sie mit der, die das Troll-Plakat vorschlägt.
- Definiere den Begriff Zivilcourage.
- Diskutiert, um welchen Straftatbestand es sich bei den Hasskommentaren auf das österreichische Neujahrsbaby 2018 handeln könnte.

Woher kommt eigentlich der ganze Hass im Netz?

Q Kürzlich haben wir über das Wiener Neujahrsbaby Asel (türkischer Mädchenname, bedeutet Honig) berichtet, das am Neujahrstag um 0.47 Uhr das Licht der Welt erblickte. Während sich viele Leser mit der jungen Familie über ihr Glück freuten und gratulierten, herrschte bei anderen Nutzern vor allem auf Facebook absolut blanker Hass. Beschimpfungen, Beleidigungen, Rassismus und sogar Todeswünsche fanden sich in den Kommentaren.

Um die Frage zu klären, warum es sowohl bei Medien als auch im Netz allgemein vermehrt deplatzierte (= unpassende) Kommentare gibt, haben die Kollegen (…) mit Manuel P. Nappo, Leiter der Fachstelle Social Media Management an der Hochschule für Wirtschaft in Zürich, gesprochen.

H: Manuel, unsere Freischalter berichten von einem klar spürbaren Anstieg rassistischer, sexistischer, ehrverletzender und anderer beleidigender Kommentare. Kannst du uns erklären, woran das liegt?

N: Ich glaube, dass das ein Zeitgeist-Phänomen ist. Der Umgang miteinander hat sich in den letzten Jahren extrem verändert, der Ton ist rauer geworden. Die Kommentarspalten und das Internet allgemein sind nur ein Abbild unserer Gesellschaft. (…)

H: Und deshalb lässt man seinen Frust in Online-Kommentaren raus?

N: Wenn man früher an eine kritische politische Demo ging, hat man sich noch vermummt. Heute outet man sich ganz öffentlich auf Facebook und ruft Parolen auf der Straße, die sich seit 1945 keiner mehr getraut hat, laut auszusprechen. (…) Das Internet ist weder schlecht noch gut, es ist nur eine Plattform. (…)

H: Können wir dem Ganzen irgendwie entgegenwirken?

N: Ja. (…) Das Problem sind die vielen stillen Beobachter, die sich lieber nicht einmischen, um keinen Shitstorm zu kassieren. Was absolut menschlich und verständlich ist. Vor allem, weil die Trolle ja immer Zeit zu haben scheinen, im Gegensatz zu uns, die nicht 24/7 im Netz hängen können. Aber damit tun wir unserer Gesellschaft keinen Gefallen. Wir müssen auch im Online-Diskurs mehr Zivilcourage zeigen.

(http://www.heute.at/digital/multimedia/story/Woher-kommt-eigentlich-der-ganze-Hass-im-Netz, 2.1.2018)

ORF Er wurde 1955 gegründet und sendete anfangs nur Radioprogramme. Regelmäßige Fernsehsendungen gibt es in Österreich erst seit 1958. Der ORF ist ein öffentlich-rechtlicher Sender – im Gegensatz zu Privatsendern – und hat einen Bildungsauftrag. Österreichische Haushalte zahlen daher (sofern sie ORF empfangen können) ORF-Gebühren. Ein parteipolitisch besetzter Stiftungsrat kontrolliert das Unternehmen. Er wählt auch den Generaldirektor bzw. die Generaldirektorin. Der Publikumsrat vertritt die Anliegen der Kundinnen und Kunden.

Shitstorm gegen einen ORF-Journalisten Armin Wolf ist der derzeit (Stand April 2020) bekannteste ORF-Journalist. Der stellvertretende Chefredakteur der ORF-Fernsehinformation moderiert die „ZiB 2". Für seine Arbeit erhielt er im April 2018 den deutschen Grimme-Preis und wurde folgendermaßen gewürdigt: „Armin Wolf beweist immer wieder aufs Neue, wie man journalistisch mit Vereinfachung und Populismus umgeht: präzise, unnachgiebig, unerschrocken, analytisch, leidenschaftlich, aber nicht von eigenen Gefühlen hingerissen." Armin Wolf sehe sich bei seiner journalistischen Tätigkeit als Wächter. Und doch: Auch er hat einen sexistischen Witz retweetet und dafür einen Shitstorm im Netz geerntet.

Besetzungscouch Karikatur (Gernot Budweiser, 2018)

Arbeite nach M2

Du bist dran

- Beschreibe, analysiere und interpretiere die Karikatur.
- Erkläre, welchen Aspekt des ORF sie kritisiert.
- Erörtere für die Schülerzeitung Pro- und Contra-Argumente für die Einflussnahme politischer Parteien im öffentlich-rechtlichen Fernsehen.

ORF-Wolf erntet Shitstorm im Netz

Q Ein Witz rund um die #metoo-Debatte löste eine Lawine an kritischen Tweets aus.
Die #metoo-Debatte schaffte in den letzten Monaten weltweit Aufmerksamkeit für Opfer von sexueller Belästigung und sexueller Gewalt. Über kaum ein anderes Thema wurde so intensiv diskutiert und gestritten. Die Debatte sollte sensibilisieren. Endlich das Tabu brechen und aufzeigen, dass man darüber reden kann, ja, reden muss.
Zahlreiche Frauen sprachen schließlich öffentlich über ihre schlimmsten Erfahrungen, und so wurden auch in Hollywood die perversen Methoden mancher Filmgrößen wie Harvey Weinstein bekannt.
Mittlerweile ist die Stimmung aufgeheizt. So auch auf Twitter. Einige Fronten sind verhärtet und dies musste jetzt „Zeit im Bild 2"-Anchor Armin Wolf am eigenen Leib erfahren. Er hat einen vermeintlichen Witz eines Users retweetet. „Wie heißt der alte Gallier, der immer Frauen belästigt? MeToosalix", war dort zu lesen. (http://www.oe24.at/oesterreich/chronik/wien/Sexismus-Witz-ORF-Wolf-erntet-Shitstorm-im-Netz, 19.1.2018)

Weitere Tweets sprechen von „Empörungshyperventilation der 1. Klasse. Irgendwie enttäuschend." und von „künstlicher Empörung über metoosalix". Ein User meint „Das ist sooo gut, das MUSS die Runde machen."

FAQ: Was ist #MeToo?

Die Vorwürfe Dutzender Frauen gegen einen US-amerikanischen Filmproduzenten haben unter dem Hashtag eine weltweite Debatte ausgelöst. Es geht um Sexismus und Gewalt von Männern gegen Frauen. Zahlreicher Missbrauch und Belästigungen von Frauen in Sport, Film, Politik, bei der Arbeit und im Alltag werden nun nicht mehr schweigend hingenommen, sondern zum Thema gemacht.

Arbeite nach A2

Du bist dran

- Diskutiert darüber, wie man mit solchen Witzen umgehen und wie und wo man die Grenze zwischen Humor und Belästigung ziehen sollte.

Politik und Medien

- **Menschenrechte und Kinderrechte** 1948 verabschiedete die UNO die Erklärung der Menschenrechte. Menschenrechte gelten unteilbar für alle Menschen. Bei Menschenrechtsverletzungen werden UNO und Europarat tätig. 1989 formulierte die UNO spezielle Kinderrechte (Bildung, Chancengleichheit, …). Armeen und Terrororganisationen (zB IS, Boko Haram) missbrauchen Kinder für militärische Zwecke.
- **Republik und Demokratie** Republik ist eine Staatsform. Demokratie ist eine Regierungsform. Österreichische Wahlen sind allgemein, geheim, frei, gleich, persönlich und unmittelbar. Aktives Wahlrecht (ab 16) zu haben bedeutet, wählen zu dürfen. Passives Wahlrecht zu haben bedeutet, gewählt werden zu dürfen (ab 18, Präsidentenamt ab 35).
- **Parteien** Österreich ist eine repräsentative Demokratie, wir wählen also unsere Vertretung aus dem Angebot von Parteien. Populistische Politik bietet einfache, aber oft nicht realisierbare Lösungen für Probleme an und schürt Ängste.
- **Das österreichische Parlament** Zwei Kammern bilden das Parlament: Nationalrat und Bundesrat. Die Parteien stellen Kandidatinnen und Kandidaten auf und entsenden nach den Wahlen Abgeordnete in den Nationalrat, die dort Gesetze beantragen, diskutieren und beschließen (Legislative). Die Landtage entsenden Vertreterinnen und Vertreter in den Bundesrat. Dieser begutachtet die Gesetze, hat aber nur eine aufschiebende Vetomöglichkeit.
- **Bürgerbeteiligung** Ein Volksbegehren erzwingt die Behandlung eines Gesetzesvorschlags im Nationalrat. Mit einer Volksabstimmung befragt der Nationalrat die Wahlberechtigten.
- **Informationsgesellschaft** Kontrolle, auch Selbstkontrolle, über die Weitergabe von Nachrichten im Internet, vor allem in sozialen Netzwerken, wird immer wichtiger. Fernsehauftritte von Politikern und Politikerinnen, die häufig das Wahlverhalten beeinflussen, werden ganz genau geplant. Über das Internet und soziale Medien, die zunehmend auch von Politikerinnen und Politikern für ihre Zwecke genutzt werden, werden Informationen und Kommentare in Echtzeit weltweit weitergeleitet. Das hat Vor- und Nachteile (Shitstorm, Trolle, Fake News). Der öffentlich-rechtliche Sender ORF wurde 1955 gegründet. Ein Stiftungsrat kontrolliert das Unternehmen und wählt eine Generaldirektorin bzw. einen Generaldirektor. Die Interessen der Kundinnen und Kunden vertritt der Publikumsrat.

Wir trainieren Kompetenzen

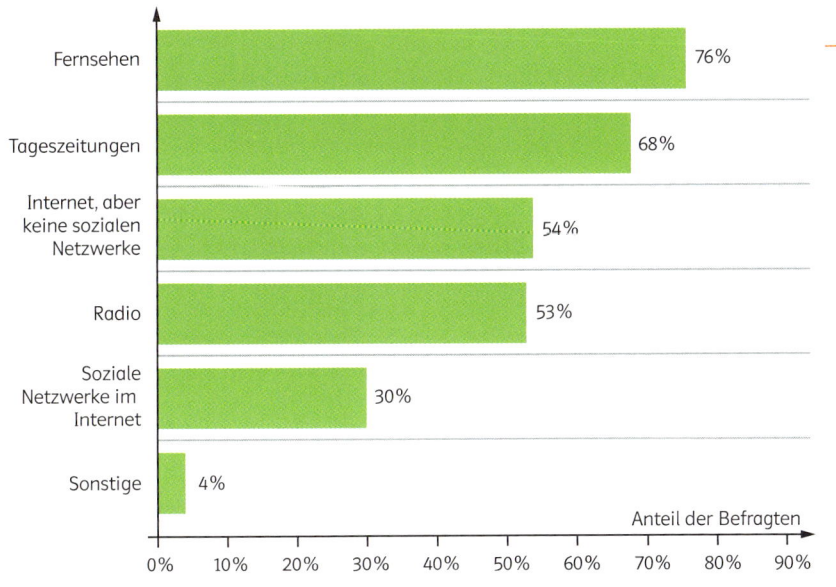

Woher beziehen Sie Ihre Informationen über politische Themen in Österreich?
Die Statistik zeigt das Ergebnis einer im Mai und Juni 2017 in Österreich durchgeführten Umfrage zu Informationsquellen für politische Themen. Rund 30 Prozent der Befragten gaben an, sich über soziale Netzwerke im Internet politisch zu informieren.
(Quellen: Bundeskanzleramt Österreich, Staatssekretariat für Diversität, Öffentlichen Dienst und Digitalisierung, Institut für Strategieanalysen)

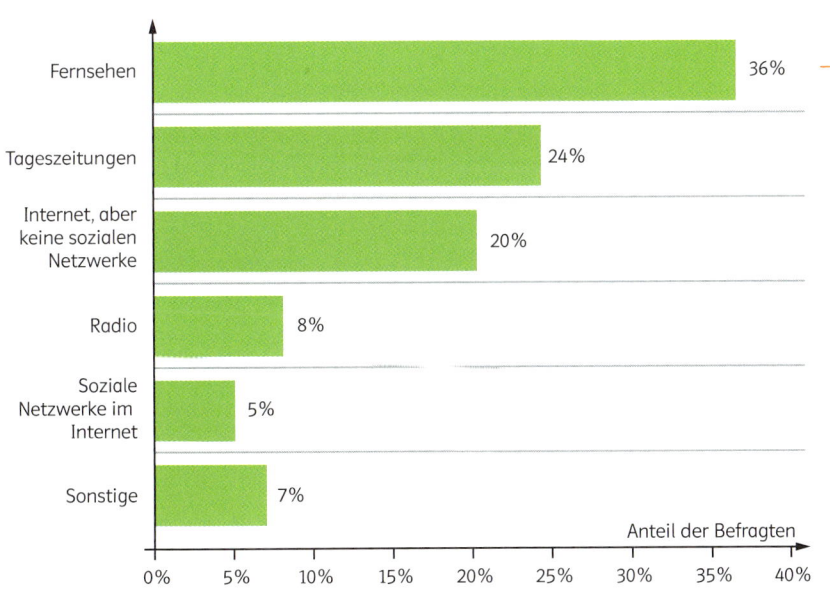

Welche dieser Quellen ist für Sie am glaubwürdigsten, wenn Sie sich über politische Themen informieren?
Die Statistik zeigt das Ergebnis einer im Mai und Juni 2017 in Österreich durchgeführten Umfrage zu Glaubwürdigkeit von Informationsquellen für politische Themen. Rund fünf Prozent der Befragten gaben an, soziale Netzwerke im Internet als eine glaubwürdige Quelle für politische Themen anzusehen.
(Quellen: Bundeskanzleramt Österreich, Staatssekretariat für Diversität, Öffentlichen Dienst und Digitalisierung, Institut für Strategieanalysen)

1. Arbeitsauftrag: Interpretiere die beiden Diagramme. Stelle Gemeinsamkeiten und Unterschiede fest.

2. Arbeitsauftrag: Macht eine Umfrage in der Klasse und zu Hause. Stellt euren Mitschülerinnen und Mitschülern, euren Eltern und (möglichen) Geschwistern die beiden Fragen aus den Statistiken oben. Wertet die Ergebnisse aus. Stellt eure Ergebnisse als Grafik dar. Gestaltet mit euren Ergebnissen ein Plakat.

3. Arbeitsauftrag: Stelle fest, an welchen Wahlen du bereits teilnehmen kannst/ in fünf Jahren teilnehmen wirst/in 15 Jahren teilnehmen wirst. Begründe deine Aussagen.

Methoden für Geschichtsforscherinnen und -forscher

Auf dieser und den folgenden fünf Seiten lernst du Methoden und Arbeitstechniken kennen. Sie helfen dir, Quellen und Darstellungen der Vergangenheit zu erschließen und damit besser zu verstehen. Wenn du dir bei einem Arbeitsauftrag nicht sicher bist, wie du diesen bearbeiten sollst, kannst du immer wieder auf diesen Seiten nachschauen.

Arbeite nach M1 Dieses Symbol verweist auf die jeweilige Methode und Arbeitstechnik.

Methode

Arbeite nach M1

Arbeiten mit einer schriftlichen Quelle und Darstellung

Schriftliche Quellen und Darstellungen enthalten wichtige Informationen über die Vergangenheit. Schriftliche Quellen sind Dokumente, Urkunden, Verträge, Rechnungen, Chroniken, Inschriften, Biographien, Augenzeugenberichte, Zeitungen, Zeitschriften und vieles mehr. Wichtig dabei ist, dass **schriftliche Quellen** in der Vergangenheit entstanden sind und uns heute zur Verfügung stehen. **Schriftliche Darstellungen** fassen Antworten an die Vergangenheit zusammen. Der Verfassertext in deinem Schülerbuch ist also eine Darstellung der Vergangenheit, die auf unterschiedlichen Quellen beruht.

Inhalt erfassen
- ☐ Lies den Text genau. Achte besonders auf Personen- sowie Orts- und Zeitangaben.
- ☐ Kläre alle Wörter und Aussagen, die du nicht verstehst, zB mit einem Wörterbuch.
- ☐ Fasse den Text mit eigenen Worten zusammen.

Untersuchen
- ☐ Wer schrieb den Text?
- ☐ Wann wurde der Text geschrieben?
- ☐ Erlebte der Autor oder die Autorin die beschriebene Zeit, das Ereignis selbst mit oder schrieb er oder sie das Ereignis erst später nieder?
- ☐ Für wen war der Text bestimmt?
- ☐ Um welche Art von Text (Erzählung, Urkunde, Gedicht usw.) handelt es sich?
- ☐ Zu welchem Zweck wurde der Text verfasst?
- ☐ Hatte die Verfasserin oder der Verfasser des Textes möglicherweise besondere Absichten?
- ☐ Wird ein Sachverhalt parteiisch dargestellt oder eine Person einseitig beurteilt?

Deuten
- ☐ Stelle Fragen an die Quelle: Was möchtest du erfahren? Für welchen Zusammenhang suchst du eine Antwort? Auf welche Frage oder Fragen kann die Quelle eine Antwort oder mehrere Antworten geben?
- ☐ Formuliere deine eigene Deutung des historischen Sachverhalts unter Einbeziehung der Quelle und anderer Informationen. (Nicht alle Fragen lassen sich bei jeder Quelle beantworten!)

Spezialfall: Flugblätter
Die Erfindung des Buchdrucks durch Johannes Gutenberg hatte ungeahnte Auswirkungen: Es wurden nicht nur viele neue Bücher in hohen Auflagen gedruckt. Die Druckerpresse diente auch zur Herstellung von Flugblättern. Damit konnten die Menschen rasch über wichtige Ereignisse informiert werden. Sie wurden auch dazu benutzt, um politische Forderungen öffentlich bekannt zu machen. Beim Untersuchen und Deuten von Flugblättern gehst du genauso vor wie bei der Deutung einer schriftlichen Quelle.

Methode

Arbeite nach M2

Bilder beschreiben, untersuchen und deuten

Unterschiedliche Arten von Bildern (zB Fotos, Gemälde, Zeichnungen, …) können dir wertvolle Informationen über die Vergangenheit geben. Du musst allerdings genau hinsehen und beobachten, was der Künstler oder die Künstlerin gemalt, gezeichnet oder fotografiert hat, wie er oder sie es dargestellt hat. Dann musst du die richtigen Fragen stellen, um ein Bild zum Sprechen zu bringen.

Beschreiben
- ☐ Beschreibe das Dargestellte (Personen, Tiere, Gegenstände, …).
- ☐ Was ist im Vordergrund, was im Hintergrund zu sehen?
- ☐ Wenn Personen auf dem Bild sind: Beschreibe ihre Körperhaltung, ihre Kleidung und ihren Gesichtsausdruck.

Untersuchen

- ☐ Sagt uns das Bild etwas über das Verhältnis der Personen zueinander und ihre gesellschaftliche Stellung?
- ☐ Ist die Darstellung naturgetreu oder weichen bestimmte Einzelheiten von der Wirklichkeit ab?
- ☐ Wer hat das Werk geschaffen?
- ☐ Wurde das Werk in Auftrag gegeben?
- ☐ Wen möchte die Künstlerin oder der Künstler ansprechen?
- ☐ Will die Künstlerin oder der Künstler etwas besonders hervorheben?
- ☐ Mit welcher Technik wurde das Werk geschaffen?
- ☐ Finde heraus, mit welchen Mitteln die Künstlerin bzw. der Künstler arbeitet, zB durch den Einsatz von Licht und Schatten, die Richtung des Lichteinfalls, die Anordnung von Personen und Gegenständen.
- ☐ Ist die Aussage bzw. der Zweck des Werkes erkennbar?
- ☐ Handelt es sich um eine zeitgenössische bildliche Quelle oder um eine bildliche Darstellung aus einer anderen Zeit?
- ☐ Beachte die Informationen der Bildunterschriften.

Deuten

- ☐ Formuliere die Gesamtaussage des Bildes.
- ☐ Wie wirkt das Bild auf dich?
- ☐ Welche Botschaften oder Aussagen vermittelt das Bild?
- ☐ Erkläre, welche für die Zeit typischen Sichtweisen, Vorstellungen oder Haltungen das Bild verdeutlicht.
  (Nicht alle Fragen lassen sich bei jeder Bildquelle oder Darstellung beantworten!)

Spezialfall: Herrscherbilder

Viele Herrscherbilder gab die oder der Dargestellte selbst in Auftrag. Der Künstler bzw. die Künstlerin erhielt Anweisungen, die Herrscherfigur so zu malen oder zu fotografieren, wie sie selbst gerne gesehen werden möchte. Um zu erfahren, wie sich die Herrscherin oder der Herrscher selbst verstand und wie sie oder er sich ihre bzw. seine Beziehung zu anderen Menschen vorstellte, musst du ein Herrscherbild entschlüsseln.
Beim Untersuchen und Deuten von Herrscherbildern gehst du genauso vor wie bei der Bilddeutung.

Beachte besonders

- ☐ Finde aus der Bildunterschrift oder dem Text wichtige Angaben zur abgebildeten Person, zur Auftraggeberin bzw. zum Auftraggeber des Bildes, zur Malerin bzw. zum Maler, zur Zeit heraus.
- ☐ Beschreibe die Haltung, die Blickrichtung, die Haartracht und die Kleidung der abgebildeten Person und den Raum um die Person.
- ☐ Liste Symbole auf, die der Person zugeordnet sind.
- ☐ Überlege, zu welchem Zweck das Bild gemalt wurde und welche Wirkung die Auftraggeberin bzw. der Auftraggeber damit erzielen wollte.
- ☐ Ordne das Bild in die Zeit ein und beurteile, wie das Bild auf die Betrachterin oder den Betrachter damals gewirkt haben könnte. Wie wirkt das Bild auf heutige Betrachterinnen und Betrachter?

Spezialfall: Fotografien

Unsere Vorstellungen von Vergangenheit werden stark von Fotografien bestimmt. Fotos dienen als Geschichtsquelle, deswegen sollten wir sie kritisch betrachten und beurteilen. Fotos sind nicht einfach eine Abbildung der Wirklichkeit. Eine Fotografin oder ein Fotograf kann beispielsweise ihre oder seine persönliche Wertung im Bild zum Ausdruck bringen. Schon seit der Erfindung der Fotografie wurden Fälschungen hergestellt, um Menschen gezielt zu beeinflussen. Es gibt berühmte Bilder, die mit Absicht verändert und gefälscht (retuschiert) wurden, um eine bestimmte Wirkung zu erzielen. Manche Fotos werden vor der Öffentlichkeit geheim gehalten (Zensur), gelegentlich unterlegt man Fotos mit irreführenden Texten. Heute, im Zeitalter von Photoshop, kann sich jede und jeder eine „Fotowelt" zusammenfälschen.
Beim Untersuchen und Deuten von Fotografien gehst du genauso vor wie bei der Bilddeutung.

Beachte besonders

- ☐ Welche Rolle spielt der Bildhintergrund?
- ☐ Hat die Fotografin oder der Fotograf Ereignisse bzw. Personen herausgehoben bzw. zurückgesetzt?
- ☐ Kann man eventuell erkennen, unter welchen Umständen die Aufnahme entstand? Handelt es sich um einen Schnappschuss?
- ☐ Wirkt das Foto arrangiert?
- ☐ Handelt es sich um eine private Aufnahme oder um eine professionelle Studioaufnahme?
- ☐ Welcher Moment des Geschehens wurde festgehalten?
- ☐ Aus welcher Perspektive wurde fotografiert?
- ☐ Warum und zu welchem Zweck wurde das Foto veröffentlicht?
- ☐ Wurde das Foto nachträglich bearbeitet?

Spezialfall: Rekonstruktionszeichnungen

Rekonstruktionszeichnungen sind Darstellungen von historischen Bauwerken und Gegenständen, die nicht im ursprünglichen Zustand erhalten sind, oder von typischen historischen Situationen und Szenen. Sie beruhen oft auf wissenschaftlichen Erkenntnissen.

Beim Untersuchen und Deuten von Rekonstruktionszeichnungen gehst du genauso vor wie bei der Bilddeutung.

Beachte besonders

☐ Handelt es sich um einen einzelnen Gegenstand, ein Bauwerk, eine historische Szene, …?
☐ Was weißt du bereits über das Thema?
☐ Was sagt die Rekonstruktionszeichnung über das Thema aus?
☐ Welche historischen Quellen stehen zur Verfügung, damit die Zeichnerin oder der Zeichner weiß, wie der Gegenstand, das Bauwerk oder die historische Szene ausgesehen hat?
☐ Woher weiß die Zeichnerin oder der Zeichner über die Vergangenheit Bescheid?
☐ Welchen Zweck erfüllt die Zeichnung?
☐ Welche Fragen an die Vergangenheit werden mit der Zeichnung beantwortet?
☐ Welche Möglichkeiten stehen zur Verfügung, um zu überprüfen, ob die Zeichnung historisch möglich oder zulässig ist?
☐ Was würdest du möglicherweise an der Rekonstruktionszeichnung kritisieren? Begründe deine Kritik.

Spezialfall: Karikaturen

Karikaturen stellen Zeitereignisse auf eine lustige, aber auch kritische, oft übertriebene Weise dar. Meist will die Zeichnerin oder der Zeichner bei den Betrachtenden nicht nur erreichen, dass diese sich amüsieren. Sie sollen auch erkennen, um welches Problem, welchen Missstand es sich handelt. Auch Karikaturen können also das historische Bewusstsein der Menschen beeinflussen. Beim Untersuchen und Deuten von Karikaturen gehst du genauso vor wie bei der Bilddeutung.

Beachte besonders

☐ Welche Personen sind dargestellt?
☐ Hat die Karikatur einen Bezug zu einem geschichtlichen Ereignis, zu einem Land oder zu mehreren Ländern?
☐ Zu welchen Seiten im Schülerbuch gibt es Zusammenhänge (Bilder, Texte, Quellen, Fragen)?
☐ Welche Aussage wollte die Zeichnerin oder der Zeichner den Betrachtenden möglicherweise vermitteln?

Methode   `Arbeite nach M3`

Bauwerke und Denkmäler beschreiben, untersuchen und deuten

Bauwerke und Denkmäler sind typisch für die Zeit, in der sie errichtet wurden. Sie geben Auskunft über das Leben der Menschen in früheren Zeiten. Bauwerke, im Besonderen Denkmäler, können die Vergangenheit darstellen und Geschichte erzählen.

Beschreiben

☐ Um welche Art Gebäude oder Denkmal handelt es sich?
☐ Beschreibe die Lage bzw. den Standort des Bauwerks oder des Denkmals.

Untersuchen

☐ Wann wurde das Gebäude bzw. das Denkmal errichtet?
☐ In welchem Baustil wurde es errichtet?
☐ Bestimme die Maße des Gebäudes oder des Denkmals.
☐ Bestimme anhand der einzelnen Gebäudeteile und Räume die Funktion des Bauwerks.
☐ Stelle fest, wer das Bauwerk oder das Denkmal errichten ließ und ob es einen bestimmten Anlass dafür gab.
☐ Finde heraus, wer die Bauarbeiten bezahlte.
☐ Untersuche die Baugeschichte: Wurden Teile nachträglich an- oder umgebaut? Welche Gründe gab es dafür?

Deuten

☐ Welche Wirkung oder Aussage wird durch die Lage bzw. den Standort eines Gebäudes oder eines Denkmals erreicht?
☐ Stelle Vermutungen darüber an, wie das Bauwerk oder das Denkmal auf die Menschen wirkte und welche Absichten die Erbauerin oder der Erbauer damit verfolgte.
☐ Triff Aussagen über den heutigen Verwendungszweck.

Methode

Geschichtskarten bzw. historische Karten auswerten

Geschichtskarten stellen einen Sachverhalt aus der Vergangenheit, zB ein bedeutsames Ereignis oder den Verlauf eines Ereignisses, thematisch dar. Historische Karten zeigen zB das zur Zeit ihrer Entstehung bekannte Weltbild oder einen Stadtplan aus der Zeit. Karten geben dir die Möglichkeit, dich schnell und anschaulich über die Vergangenheit zu informieren und dich in Zeit und Raum zu orientieren. Um eine Geschichtskarte oder eine historische Karte „zum Sprechen" zu bringen, kannst du so vorgehen:

Beschreiben
- [ ] Nenne das Thema der Karte.
- [ ] Beschreibe, welcher Zeitpunkt oder Zeitraum dargestellt wird.
- [ ] Benenne, welcher geographische Ausschnitt dargestellt ist (Ort, Region, Land, Kontinent).

Untersuchen
- [ ] Finde, wenn möglich, heraus, wann die Karte entstanden ist.
- [ ] Stelle fest, ob in der Karte ein Zustand oder eine Entwicklung dargestellt ist.
- [ ] Arbeite die wichtigen Informationen heraus. Achte dabei auf die Kartenlegende. Sie informiert dich darüber, was die Farben, Linien und Symbole in der Karte bedeuten.
- [ ] Liste auf, welche Einzelheiten dir besonders auffallen.
- [ ] Vergleiche die Informationen aus der Karte mit deinem bisherigen Wissen.

Deuten
- [ ] Fasse die Aussagen der Karte zusammen.
- [ ] Stelle fest, welche Fragen an die Vergangenheit mit der Karte beantwortet werden können und welche nicht.

Methode

Filme und Filmszenen als Geschichtsdarstellungen beschreiben, untersuchen und deuten

Eine Auseinandersetzung mit Filmen als Geschichtsdarstellungen ist nicht einfach, da jede Filmform – Amateurfilme mit Zufallsaufnahmen, Wochen- oder Tagesschauen, wissenschaftliche Dokumentarfilme, Spielfilme – jeweils andere Fragestellungen verlangt.

Beschreiben
- [ ] Fasse die Handlung des Filmes bzw. des Filmausschnitts kurz zusammen.
- [ ] Finde wesentliche Informationen über den Film heraus: Regisseurin oder Regisseur, Darstellerinnen und Darsteller, Auftraggeberin bzw. Auftraggeber, Entstehungszeitraum, Länge des Films, Drehort(e), Produktionsland bzw. -länder, …

Untersuchen
- [ ] Welches historische Ereignis wird dargestellt?
- [ ] Liegt der Handlung eine wirkliche Begebenheit zu Grunde oder wird nur eine erdachte Geschichte in einer vergangenen Zeit dargestellt?
- [ ] Welche Personen stehen im Mittelpunkt der Handlung und warum?
- [ ] Gibt es zum Film eine Romanvorlage?
- [ ] Mit welcher Absicht könnte eine bestimmte Art der Darstellung – Perspektiven, Kameraführung, Musikunterlegung usw. – gewählt worden sein?

Deuten
- [ ] Will der Film vorwiegend unterhalten, informieren, beeinflussen oder zum Nachdenken anregen?
- [ ] Wie stark fühlt sich die Drehbuchautorin bzw. der Drehbuchautor oder die Regisseurin bzw. der Regisseur dem historischen Wahrheitsgehalt verpflichtet?
- [ ] Inwiefern weicht sie oder er davon ab?
- [ ] Sind Wertungen erkennbar? Inwiefern werden Gefühle angesprochen? Ist das an bestimmten Stellen beabsichtigt?
- [ ] Erlauben mir meine Geschichtskenntnisse ein Urteil darüber, ob die historischen Ereignisse sachlich richtig dargestellt sind, oder muss ich weitere Informationen einholen?

Spezialfall: Dokumentarfilm

Fast täglich können wir im Fernsehen historische Dokumentarfilme sehen. Sie berichten über Ereignisse aus der Vergangenheit. Dokumentarfilme zeigen Quellen, Bilder, Filme und lassen oft Expertinnen und Experten oder auch Zeitzeuginnen und Zeitzeugen zu Wort kommen.

Untersuchen
- [ ] Schau dir den gesamten Film an. Notiere deine Eindrücke.
- [ ] Schau dir den Film ein zweites Mal, diesmal in kurzen Abschnitten, an. Notiere in Stichwörtern, worüber der Film informiert.
- [ ] Fasse das Thema oder die Forschungsfrage des Films in ein bis zwei Sätzen zusammen.

- Lege eine Tabelle mit drei Spalten an. Stelle zuerst die filmischen Elemente (nachgestellte Szenen, Interviews, …) den filmischen Mitteln (Kameraeinstellung, Kameraperspektive, Kameraführung, Ton und Musik, Inszenierung, wissenschaftliche Dokumentation) gegenüber.
- Arbeite anschließend heraus, welche Wirkung mit den filmischen Elementen und Mitteln erzielt werden soll.
- Überprüfe Szenen, die du für unsachlich hältst, mit Hilfe anderer Darstellungen oder Quellen, zB in deinem Geschichtebuch.
- Stelle fest, ob der Film zu seinem Thema bzw. seiner Forschungsfrage eine schlüssige Antwort gibt und begründe deine Meinung.
- Stelle dar, ob der Film einen historischen Sachverhalt oder ein historisches Ereignis einseitig wiedergibt oder aus unterschiedlichen Perspektiven erläutert.
- Beurteile, ob der Film unterhalten, informieren oder beides will.
- Beurteile auf der Grundlage deiner Untersuchungen, inwieweit die Informationen aus dem Film glaubwürdig sind.

Arbeite nach M6

Methode

Grafiken und Schaubilder beschreiben, untersuchen und interpretieren

Grafiken und Schaubilder beinhalten sowohl verbale als auch bildliche Informationen. Sie liefern Informationen, indem sie Zahlen und Werte verbildlichen oder schwierige Sachverhalte möglichst übersichtlich darstellen. Ihr Vorteil liegt in einer größeren Anschaulichkeit. Bereits durch die Auswahl der Daten werden bestimmte Meinungen vermittelt.

Beschreiben

- Benenne, welche Diagrammform für die Grafik gewählt wurde. Handelt es sich um ein Kreis- bzw. Tortendiagramm, ein Kurvendiagramm oder ein Säulen- bzw. Balkendiagramm. Bei einem Schaubild: Welche bildlichen Elemente wurden gewählt, um einen Vorgang oder einen Sachverhalt darzustellen? Welche Ordnung lässt sich erkennen?
- Welche Farben wurden verwendet?
- Nenne das Thema der Grafik oder des Schaubildes. Beachte dazu die Überschrift.

Untersuchen

- Stelle fest, ob es eine räumliche und zeitliche Abgrenzung gibt. Beachte dazu die Legende.
- Arbeite heraus, welche Zahlenwerte und welche Einheiten auf der x- und y-Achse bei der Grafik verwendet wurden.
- Finde heraus, aus welcher Quelle die Daten stammen. Wann ist sie erschienen?
- Ermittle, ob sich zeitliche Entwicklungen (zB Zunahme oder Abnahme), Regelhaftigkeiten, bedeutsame Details und Zusammenhänge ablesen lassen.

Interpretieren

- Erläutere die wichtigsten Aussagen.
- Erkläre die dargestellten Sachverhalte.
- Arbeite mögliche Ursachen und Folgen heraus.
- Überprüfe, ob die Art der Darstellung (Diagrammform, Gestaltung des Schaubilds) und die Aussagegenauigkeit geeignet sind, um deine Fragen an die Vergangenheit zu beantworten.
- Überlege, ob du zur Klärung deiner Fragen zusätzliche Informationen aus anderen Quellen und Darstellungen benötigst.
- Stelle fest, ob Sachverhalte verzerrt oder verfälscht dargestellt werden.

Spezialfall: Eine Umfrage gestalten

Grafiken helfen dir auch, die Ergebnisse einer Befragung darzustellen.

- Lege die Forschungsfrage fest.
- Formuliere dazu einige Fragen.
- Erstelle einen Fragebogen.
- Erfasse die Umfragedaten.
- Werte die Ergebnisse zB mit Grafiken aus.
- Halte die Ergebnisse in einem kurzen Bericht schriftlich fest.

Spezialfall: Statistiken

Statistische Angaben sind eine wichtige Grundlage für die Informationsbeschaffung vor allem in der Politischen Bildung. Statistiken beruhen immer auf Zahlen, die in unterschiedlichen Formen, zB als Diagramme, Schaubilder oder Tabellen, dargestellt werden. Amtliche Statistiken, zB von der Statistik Austria oder von EUROSTAT, sind in der Regel sehr verlässliche Datenquellen. Sind Statistiken als Schaubilder oder Diagramme dargestellt, kannst du diese mit den oben angeführten Arbeitsschritten auswerten.

Beachte besonders

Sind Statistiken als Tabellen verfügbar, enthalten sie meist eine große Fülle von Zahlen. Hier ist es wichtig, dass du dir zuerst einen Überblick über den Aufbau der Tabelle verschaffst. Die Überschrift gibt in Verbindung mit der Kopfleiste und der Randspalte wichtige Informationen zum Verständnis der Tabelle. Wichtig ist auch, dass du dir über die Art der Zahlen bewusst bist. Handelt es sich um Mengen, Größen oder Häufigkeiten, die in absoluten Zahlen dargestellt sind? Oder handelt es sich um relative Zahlen, die einen Zusammenhang zwischen zwei oder mehreren Zahlenwerten zeigen?

Arbeitstechniken

Arbeite nach A1

Arbeitstechnik

Im Internet recherchieren

Im Internet Informationen zu recherchieren geht schneller und einfacher als eine Bibliothek aufzusuchen. Außerdem bietet es eine ungeheuer große Fülle an Informationen. Unter den Millionen Webseiten gibt es aber auch solche, die falsche Informationen oder Unsinn verbreiten. Es ist daher sehr wichtig herauszufinden, welche Seiten sachlich richtige Informationen bieten.

Wichtig ist:

☐ Stelle fest, von wem die Informationen sind (eine Privatperson, eine Firma, eine wissenschaftlichen Einrichtung, …)? Werden Name und Adresse einer Person oder einer Institution genannt?

☐ Ist ein Datum angegeben, wann die Seite ins Internet gestellt oder aktualisiert wurde?

☐ Kannst du eine Absicht erkennen, mit der die Seite ins Internet gestellt wurde? Will jemand damit informieren, etwas verkaufen oder andere beeinflussen?

☐ Bleibe skeptisch, wenn sich diese Fragen nicht beantworten lassen. Frage im Zweifelsfall deine Lehrerin oder deinen Lehrer.

Wie geht man es an?

1. Vorbereiten

☐ Formuliere zunächst eine Forschungsfrage. Das ist wichtig, damit du dein Ziel nicht aus den Augen verlierst. **Beispiel:** „Wie lebten die Ritter?" Wenn du diese Frage in der Suchmaschine Google eingibst, erhältst du in knapp einer Sekunde etwa 280.000 Ergebnisse, darunter auch speziell für Kinder und Jugendliche erstellte Webseiten.

☐ Wähle zur Beantwortung deiner Forschungsfrage in einem ersten Schritt höchstens fünf Seiten. Falls du deine Frage nicht ausreichend beantworten kannst, kannst du auf weiteren Seiten recherchieren.
Surfen ist zeitaufwändig. Vergiss beim Recherchieren nicht, welche Informationen du wirklich suchst. Setze dir ein Zeitlimit!

☐ Beschaffe dir historische Grundinformationen aus Internetadressen, Katalogen von Museen, Archiven, Bildungseinrichtungen, Suchmaschinen.

☐ Sammle Fragestellungen: wer, wann, Ursachen, Verlauf, Folgen, Auswirkungen, Bedeutung des Themas, Aktualität heute, damit du dir das Wichtigste leicht merken kannst!

2. Sammeln

☐ Lege auf deinem Computer einen neuen Ordner an. Speichere darin die gefundenen Dokumente und Bilder.

☐ Setze jeweils Überschriften zu den Dokumenten und Bildunterschriften zu den Bildern dazu.

☐ Kopiere und speichere die Nachweise (Internetadresse = URL, Zugriffsdatum).

3. Bearbeiten

☐ Überprüfe die Zuverlässigkeit deiner Internetquellen. Vergleiche verschiedene Internetquellen miteinander. Verwende für deine Überprüfung auch Fachbücher zum Thema.

☐ Gliedere das gefundene Material.

☐ Lade die Informationen nicht nur einfach herunter, sondern fasse sie in eigenen Worten zusammen.

☐ Erstelle aus den Materialien, die du gesammelt hast, deine eigene historische Erzählung.

Arbeite nach A2

Arbeitstechnik

Diskussion – Grundregeln für eine Diskussion(sleitung)

☐ Alle, die sich melden, müssen zu Wort kommen.

☐ Jeder lässt jeden ausreden.

☐ Jeder hört jedem zu.

☐ Die Schülerinnen und Schüler kommen in der Reihenfolge ihrer Meldung dran.

☐ Damit alle zuhören können, muss bei der Diskussion Ruhe herrschen.

☐ Beleidigungen und Beschimpfungen gehören nicht in eine Diskussion.

☐ Für die Diskussion sollte eine Gesprächsleiterin oder ein Gesprächsleiter bestimmt werden. Das muss nicht immer die Lehrerin oder der Lehrer sein.

☐ Wenn zwei gleichzeitig reden, entscheidet die Diskussionsleiterin oder der Diskussionsleiter, wer dran ist.

☐ Nur die Person, die die Diskussion leitet, hat das Recht – wenn notwendig – zu unterbrechen.

Operatoren und Anforderungsbereiche

Operator	Beschreibung
Anforderungsbereich I	
auflisten, zusammenstellen	Du schreibst Informationen in Kurzform auf, zB in kurzen Sätzen, in Stichwörtern oder in einer Tabelle.
aufzählen	Du entnimmst einem Text oder einem anderen Material einzelne Aussagen und ordnest sie sinnvoll.
beschreiben	Du gibst wieder, was du auf einem Bild, in einem Text oder einem anderen Material zu einem Thema erkennen kannst.
ermitteln	Du stellst mit Hilfe von zur Verfügung gestellten Informationen Sachverhalte oder Zusammenhänge fest.
gegenüberstellen	Du beschreibst verschiedene Informationen, Aussagen oder Sachverhalte, ohne sie zu bewerten.
nennen, benennen	Du entnimmst einzelne Begriffe und Informationen aus vorgegebenen Texten und Materialien.
wiedergeben	Du suchst aus einem oder mehreren Texten nach wichtigen Informationen oder Aussagen und wiederholst diese.
zusammenfassen	Du liest einen oder mehrere längere Texte und gibst den Inhalt in verkürzter Form wieder.
Anforderungsbereich II	
analysieren	Du untersuchst ein Material oder einen Sachverhalt umfassend nach allen vorgegebenen oder selbst gewählten Aspekten und stellst deine Ergebnisse begründet dar.
begründen	Du suchst in Texten und Materialien nach Gründen, warum sich Ereignisse in einer bestimmten Form zugetragen haben oder warum Menschen in einer bestimmten Art und Weise gehandelt haben. Anschließend gibst du die Zusammenhänge ausführlich mit deinen eigenen Worten wieder.
charakterisieren	Du beschreibst das Besondere einer Sache oder einer Person.
erklären	Du äußerst dich ausführlich zu Abläufen, Ereignissen, Zuständen oder Handlungen und machst dabei Gründe und Zusammenhänge deutlich.
erläutern	Du stellst Sachverhalte oder Handlungen ausführlich dar. Dabei entscheidest du selbst, was du für besonders wichtig hältst und du demzufolge sehr genau darlegst, was du nur kurz erwähnst oder was du weglassen willst.
erstellen	Du stellst einen Sachverhalt strukturiert dar. Dabei verwendest du wichtige Fachbegriffe.
herausarbeiten	Du liest einen Text oder siehst dir anderes Material unter einem bestimmten Gesichtspunkt an und gibst die wichtigsten Gedanken dazu in eigenen Worten wieder.
herausfinden/recherchieren	Du suchst in verschiedenen Texten und Materialien nach Antworten auf Fragen bzw. auf Lösungen bestimmter Probleme und formulierst diese mit deinen eigenen Worten.
prüfen	Du vergleichst Informationen aus den Materialien mit vorhandenen Kenntnissen und stellst fest, ob beides übereinstimmt oder sich widerspricht.

vergleichen	Du stellst unterschiedliche Aussagen oder Informationen gegenüber und findest heraus, worin sie sich gleichen, ähneln oder sich völlig unterscheiden.
zuordnen, einordnen	Du stellst Sachverhalte oder Positionen in einen Zusammenhang. Dabei kann es hilfreich sein, die Informationen unter bestimmten Überschriften oder Oberbegriffen zu sortieren.

Anforderungsbereich III

beurteilen	Du untersuchst Sachverhalte, Aussagen, Vorschläge oder Maßnahmen unter einem bestimmten Aspekt und entscheidest begründet, ob sie zutreffen oder nicht.
bewerten	Du formulierst zu Sachverhalten, Aussagen, Vorschlägen oder Maßnahmen ein Werturteil. Dabei legst du offen, welche Maßstäbe du anlegst.
darstellen/erzählen	Du beschreibst und erklärst einen Sachverhalt in einem weiteren Zusammenhang.
diskutieren, erörtern	Du tauschst mit Gesprächspartnerinnen und -partnern Meinungen zu einer Frage- oder Problemstellung aus. Dabei wägt ihr ab, was für einen bestimmten Standpunkt spricht und was dagegen.
entwickeln	Du entwirfst zu einem Problem einen Lösungsvorschlag und begründest ihn.
interpretieren/deuten	Du arbeitest aus einem Material (Text, Abbildung) Zusammenhänge heraus und formulierst deine begründete Meinung.
Stellung nehmen	Du prüfst eine Aussage oder eine Position auf der Grundlage fachlicher Kenntnisse und formulierst eine eigene begründete Einschätzung.
überprüfen	Du kontrollierst, ob eine Aussage, eine These, eine Argumentation oder ein Sachverhalt stimmig und angemessen ist. Dazu vergleichst du Informationen aus den Materialien mit vorhandenen Kenntnissen und stellst fest, ob beides übereinstimmt oder sich widerspricht.

Handlungsorientierte Arbeitsaufträge

Schreibe einen Tagebucheintrag.	Du vertraust dich nur dem Tagebuch an, kannst also deine ganz persönliche Sicht und deine Gefühle zum Ausdruck bringen, ohne auf andere Rücksicht zu nehmen.
Schreibe einen Brief.	Du musst dir genau überlegen, wer die Adressatin oder der Adressat deines Briefes ist und wie du zu ihr bzw. zu ihm stehst. Die Empfängerin oder der Empfänger des Briefes erwartet, dass du dich klar und verständlich ausdrückst. Sie bzw. er möchte genau wissen, worüber du schreibst, und möchte deine Gedanken und vielleicht auch deine Gefühle erkennen.

Namen und Begriffe

A

Abessinien: frühere Bezeichnung für Äthiopien

antisemitisch, Antisemitismus: Feindlichkeit gegenüber Jüdinnen und Juden

Apollo-Projekt: Darunter versteht man das Raumfahrt-Programm der USA, das von Präsident Kennedy ins Leben gerufen wurde. Zwischen 1964 und 1972 fanden 17 Apollo-Raumflüge statt. Mit Apollo 11 kam es im Juli 1969 zur ersten bemannten Mondlandung.

Ära: Zeitabschnitt, Epoche

„Arier": So wurden nach der Rassenlehre des National-sozialismus Menschen „germanischer" Abstammung bezeichnet. Sie galten als „Herrenrasse" gegenüber anderen, als minderwertig betrachteten „Rassen" (vor allem gegenüber Jüdinnen und Juden).

„Arisierung": nationalsozialistischer Begriff; bezeichnet die Beschlag-nahme des Eigentums und Besitzes von Jüdinnen und Juden sowie deren Ausschließung aus dem Berufs- und Wirtschaftsleben in der Zeit der nationalsozialistischen Diktatur

Artillerie: militärischer Sammel-begriff für schwere Waffen wie Kanonen und Raketenwerfer sowie die mit diesen Waffen ausgestatteten Einheiten eines Heeres

Autokratie: (griech. „autos" = selbst + „kratein" = herrschen); In dieser Herrschaftsform herrscht eine Einzelperson oder eine Personengruppe, ohne dazu durch Wahlen beauftragt worden zu sein und ohne durch eine Verfassung kontrolliert oder in ihrer Macht eingeschränkt zu werden.

autoritär: (hier) Autorität missbrauchend

B

Bauer, Otto: (1881–1938) Hauptvertreter des Austro-marxismus, ging 1934 ins Exil

Bourgeoisie: Großbürgertum

Boykott: planmäßiges Fernhalten einer Gegnerin oder eines Gegners von geschäftlichen oder sozialen Beziehungen

Breschnew, Leonid: (1906–1982) kommunistischer Parteichef (1964–1982) und Staatspräsident der Sowjetunion

Bush, George senior: (1924–2018): 41. Präsident der USA (1989–1993), Vater des von 2001–2009 regieren-den Präsidenten George W. Bush junior

C

Castro, Fidel: (1926–2016) kubanischer Regierungschef und Staatsoberhaupt, der 1959 mit einer Revolution den Diktator Batista stürzte

Ceausescu, Nicolae: (1918–1989) von 1965–1989 Diktator der Sozialistischen Republik Rumänien

Chruschtschow, Nikita: (1894–1971) wurde nach einem Machtkampf Nachfolger Stalins als Generalsekretär der Kommunistischen Partei der Sowjetunion und später auch Ministerpräsident. 1964 wurde er von seinen Gegnern abgesetzt.

D

D-Day: im Deutschen: Tag X, also der nicht genau genannte Stichtag einer militärischen Operation. Meist wird der Begriff für den 6. Juni 1944 verwendet, an dem die Alliierten an der französischen Küste in der Normandie landeten.

deportieren: in die Verbannung schicken, verschleppen, abtrans-portieren, zwangsverschicken

Desertion: (lat. „deserere" = im Stich lassen, deutsch: „Fahnenflucht"). Von Desertion bzw. desertieren spricht man, wenn ein Soldat sich seiner Dienstverpflichtung (oft durch Flucht) dauerhaft entziehen will. Will ein Soldat sich nur zeitweilig entziehen, spricht man von „unerlaubtem Entfernen". In Kriegszeiten stand darauf die Todesstrafe, der Strafrahmen in Österreich beträgt bis zu fünf Jahren Haft.

Dollfuß, Engelbert: (1892–1934) 1932–1934 Bundeskanzler und Außenminister; Er wandelte die Republik Österreich in einen autoritär regierten Staat nach dem Vorbild des italienischen Faschismus um.

Doping: Leistungssteigerung mit unerlaubten Medikamenten oder Drogen

F

Freie Deutsche Jugend: Im Jahr 1946 gegründete Jugendorganisation der DDR, um die Jugendlichen ab 14 im Sinne des Kommunismus zu erziehen. Mitglieder („Blauhemden") trugen ein blaues Hemd mit dem Emblem auf dem linken Oberarm und grüßten mit „Freundschaft!". Die Mitgliedschaft war an sich freiwillig, aber sich zu weigern schadete, weil die FDJ an der Vergabe von Studien- und Arbeitsplätzen beteiligt war.

Fremdenfeindlichkeit: Dieser Begriff bezeichnet das feindselige Ablehnen anderer Menschen, die aus einem anderen Kulturkreis kommen oder eine andere Religion, Hautfarbe oder Sprache haben, weil zahlreiche Menschen sich vor dieser Unterschiedlichkeit bzw. Andersartigkeit fürchten.

Friedensnobelpreis: wichtigster internationaler Friedenspreis; Nach Maßgabe des Stifters Alfred Nobel soll der Preis an denjenigen vergeben werden, „der am meisten oder am besten auf die Verbrüderung der Völker und die Abschaffung oder Verminderung stehender Heere sowie das Abhalten oder die Förderung von Friedenskongressen hingewirkt" und damit „im vergangenen Jahr der Menschheit den größten Nutzen erbracht" hat. Seit 2001 wird der Preis jedes Jahr am 10. Dezember, am Todestag Alfred Nobels, in Oslo verliehen. Preisträgerinnen und Preisträger waren u.a.: Henri Dunant, Bertha von Suttner, Woodrow Wilson, George C. Marshall, Martin Luther King, Michail Gorbatschow, Nelson Mandela, Barack Obama. Der Preis wurde auch an verschiedene Institutionen, zB Ärzte ohne Grenzen, Europäische Union, Internationale Atomenergie-Organisation, Internationale Kampagne für das Verbot von Landminen, Friedenstruppen der Vereinten Nationen, Amnesty International, Kinderhilfswerk der Vereinten Nationen (UNICEF) oder Internationales Komitee vom Roten Kreuz, verliehen.

G

Gagarin, Juri: (1934–1968) erster Mensch im Weltall an Bord der Raumkapsel „Wostok". Er erhielt dafür die Auszeichnung „Held der Sowjetunion". Gagarin starb bei einem Testflug zur Entwicklung des Satelliten-Programms „Sojus".

Gandhi, Mahatma: (1869–1948) seit 1915 Führer der indischen Unabhängigkeitsbewegung. Er setzte sich für gewaltlosen Widerstand gegen die britische Kolonialmacht ein. Nach 1945 versuchte Gandhi, die Einheit Indiens und das friedliche Zusammenleben von Hindus und Moslems zu bewahren. 1948 wurde er von einem fanatischen Hindu ermordet.

Getto (auch Ghetto): das einer Minderheit (meist Jüdinnen und Juden) zugewiesene, abgegrenzte Wohnviertel einer Stadt

Geheime Staatspolizei (Gestapo): gegründet 1933; entwickelte sich innerhalb kurzer Zeit zu einer eigenständigen, aus dem Polizeiwesen herausgelösten Polizei. In ihre Zuständigkeit fiel die systematische Bekämpfung von Gegnerinnen und Gegnern des NS-Regimes.

Genozid: (griech: „genos" = Abstammung+ lat. „caedere" = töten) Völkermord bezeichnet das gezielte Töten oder laut UN-Konvention auch das körperliche oder seelische Schädigen der Angehörigen eines bestimmten Volkes.

Goebbels, Joseph: (1897–1945) Propaganda- und Kulturminister im nationalsozialistischen Deutschland. Er schuf einen ausgeprägten Führerkult um Hitler und übte eine strenge Kontrolle über die Presse aus, die er innerhalb kurzer Zeit „gleichschaltete" und auf die nationalistische und rassistische Ideologie des Nationalsozialismus einschwor. Angesichts der bereits in Berlin stehenden sowjetischen Roten Armee ermordete Goebbels wenige Stunden nach Hitlers Tod am 1. Mai 1945 seine sechs Kinder und beging anschließend zusammen mit seiner Frau Selbstmord.

Gorbatschow, Michail: (*1931) sowjetischer Politiker; er trieb als Chef der Kommunistischen Partei und sowjetischer Staatspräsident (bis 1991) umfassende Reformen voran.

Gottesstaat: In dieser Herrschaftsform regiert auf Basis der im Staat vorherrschenden Religion „eine von Gott auserwählte Person", also ein Priester, ein Prophet, ein von Gott begnadeter König. Damit gibt es keine Trennung zwischen Kirche und Staat, also zwischen weltlichen und religiösen Rechtsvorschriften.

Große Koalition: Zusammenarbeit zweier Großparteien

Große Proletarische Kulturrevolution: Um seine Machtstellung zu festigen, rief Mao Zedong 1965 dazu auf, alle gegenrevolutionären Kräfte im kommunistischen China auszuschalten. Auf sein Geheiß gingen die Roten Garden gegen alles vor, was auf westliche Einflüsse oder altchinesische Tradition zurückzuführen war.

Guerillakrieg: Krieg ohne klare Fronten, bei dem Untergrund-kämpfer den Feind immer an seiner schwächsten Stelle bekämpfen wollen

H

Habsburg Douglas, Walburga Maria Helene Elisabeth Franziska, geb. Habsburg-Lothringen (* 5. Oktober 1958 in Berg am Starnberger See) ist eine deutsch-schwedische Juristin und Politikerin österreichischer Herkunft, die von 2006 bis 2014 Mitglied des schwedischen Reichstags war. Sie ist in Schweden Gräfin Douglas.

Heimwehr: auch Österreichischer Heimatschutz, waren bewaffnete Formationen in der Zwischen-kriegszeit. Die Heimwehr war Gegenspielerin des sozial-demokratischen Schutzbundes. Das Ziel der Abschaffung der Demokratie wurde 1934 mit der Einrichtung des Ständestaates erreicht.

Himmler, Heinrich: (1900–1945) führender Nationalsozialist, „Reichsführer SS und Chef der Deutschen Polizei". Er baute die SS zu einer parteiinternen Polizeiorganisation aus und ließ das System der Konzentrations-und Vernichtungslager errichten. Himmler war auch zuständig für die brutale Umsiedlungs- und Germanisierungspolitik in Ost- und Südost-Europa und wurde der entscheidende Organisator der millionenfachen Massenmorde an Jüdinnen und Juden („Endlösung der Judenfrage"). 1945 beging er Selbstmord.

Hitler, Adolf: (1889–1945) regierte von 1933 bis 1945 mit seiner Partei NSDAP das Deutsche Reich. Die antisemitische Ideologie des Nationalsozialismus stellte er bereits vor seiner Machtergreifung in der Schrift „Mein Kampf" dar. Seine Expansionspolitik (= Eroberungspolitik) ist für den Ausbruch des Zweiten Weltkrieges verantwortlich. Hitler entzog sich der Verantwortung durch Selbstmord.

Holocaust: (griech. „vollständig verbrannt") bezeichnet wie der jüdische Ausdruck Shoah („Katastrophe") den Völkermord an etwa sechs Millionen Jüdinnen und Juden durch den National-sozialismus in Konzentrations- und Vernichtungslagern

I

Inflation: Geldentwertung

Islamist: Islamisten streben ohne Rücksicht auf Menschenrechte nach einer Verbreitung des Islam und greifen dafür auch zu Gewalt und Terror. Ihr Ziel ist ein islamischer Gottesstaat.

J

Jelzin, Boris: (1931–2007) ehemals kommunistischer Politiker; erster Präsident der Russischen Republik (1991–2000)

Juli-Putsch: gescheiterter Umsturz-versuch der Nationalsozialisten im Juli 1934 in Österreich, bei dem Bundeskanzler Dollfuß ermordet wurde

K

Kalifat: Der Begriff bezeichnet den Herrschaftsbereich und die Macht eines Kalifen, also eines Mannes, der im Islam als Stellvertreter oder Nachfolger des Propheten Mohammed angesehen wird. Er regiert nach dem Prinzip des Gottesstaates.

Kapitulation: Unterwerfung, Übergabe

Kelsen, Hans: (1881–1973) Staatsrechtslehrer, Schöpfer der österreichischen Bundesverfassung

Kennedy, John Fitzgerald: (1917–1963) 1960 zum 35. amerikanischen Präsidenten gewählt, 1963 unter bis heute nicht völlig geklärten Umständen ermordet

Kleine Koalition: Zusammenarbeit einer Großpartei mit einer oder mehreren Kleinparteien

Koalition: Der Begriff bezeichnet ein zeitlich begrenztes Bündnis zwischen zwei Parteien, meist für den Zeitraum bis zur nächsten Wahl, um eine stabile Regierung zu bilden. Nach der nächsten Wahl wird neu verhandelt.

Koalitionsregierung: Regierung aus zumindest zwei (aber nicht allen im Parlament vertretenen) Parteien

Kolchose: russ.; landwirtschaftliche Produktionsgenossenschaft in der ehemaligen Sowjetunion

Konzentrationslager (KZ): Einrichtung, um politische Gegnerinnen und Gegner oder missliebige Menschen aus ethnischen, religiösen oder sozialen Gruppen ohne Gerichtsurteil oder die Möglichkeit einer Rechtsvertretung festzuhalten und zu isolieren. In Arbeitslagern müssen die Gefangenen Zwangsarbeit verrichten, in Vernichtungslagern werden sie gezielt ermordet oder kommen durch menschenunwürdige Haftbedingungen, Bestrafung und Folter, Krankheit, Unterernährung, Erschöpfung, Hitze oder Kälte ums Leben.

Konzentrationsregierung: Darunter versteht man eine Regierung, die aus allen in einem Parlament vertretenen Parteien gebildet wird.

Korruption: Bestechlichkeit

Kreisky, Bruno: (1911–1990) SPÖ-Politiker, Außenminister (1959–1966), danach Parteivorsitzender (1967–1983) und Bundeskanzler (1970–1983)

KSZE: Konferenz für Sicherheit und Zusammenarbeit in Europa, seit 1995 OSZE (Organisation für Sicherheit und Zusammenarbeit in Europa)

L

Linksextremismus: Weltanschauung, die von marxistischen bzw. sozialistischen Vorstellungen ausgeht und die radikal, auch mit Gewalt, vertreten wird

M

Mao Zedong: (1893–1976) Mitbegründer der Kommunistischen Partei Chinas (1921) und viele Jahre deren Führer. Nach einem siegreichen Bürgerkrieg rief er 1949 die „Volksrepublik China" aus und war auch deren Staatsoberhaupt.

Marshall, George Catlett: (1880–1959) amerikanischer General und Politiker; Als US-Außenminister (1947–1949) schlug er für Europa nach dem Zweiten Weltkrieg die Hilfe für den Wiederaufbau (Marshall-Plan) vor; 1953 erhielt er den Friedensnobelpreis.

Mussolini, Benito: (1883–1945) italienischer Politiker, Mitbegründer der faschistischen Partei Italiens 1921, ab 1922 Ministerpräsident. Er baute Italien zu einem faschistischen Staat aus und wurde 1945 von Widerstandskämpfern erschossen.

Mythos: Ein Mythos bezeichnet im weitesten Sinn eine kulturelle oder religiöse Erzählung. Der Begriff bezeichnet auch die einseitige oder verklärende Darstellung der Lebensgeschichte einer historischen Persönlichkeit bzw. einer ganzen Dynastie.

O

Osama bin Laden: (1955 o. 1957–2011) aus Saudi-Arabien stammender islamischer Extremist, angeblicher Führer der Terrororganisation Al Qaida

Ostgebiete: von Deutschen besiedelte Gebiete östlich von Oder und Neiße

P

Partisanen: bewaffnete Kämpfer, die nicht zu den regulären Armeen eines Staates gehören

Pazifismus: weltanschauliche Strömung, die jeden Krieg als Mittel der Auseinandersetzung ablehnt und den Verzicht auf Rüstung und militärische Ausbildung fordert

Pogrom: gewalttätige Ausschreitung gegen Minderheiten

Proporz: wörtlich Verhältnis; Politisch meint man damit in Österreich die Besetzung von Ämtern und Dienstposten und deren gleichmäßige Aufteilung unter den Mitgliedern der ÖVP und der SPÖ.

R

Rasse: Der Begriff stammt aus der Biologie: Es gibt verschiedene Rassen von Katzen, Hunden und anderen Tieren. Den „homo sapiens", also den Menschen, teilt man nicht in Rassen ein, auch wenn die „Rassentheorie" das behauptet und den einzelnen „Menschenrassen" verschiedene geistige und körperliche Merkmale zuschreibt. Die Humangenetik (Untersuchung des Erbgutes eines Menschen) beweist nämlich, dass sich „Rassenunterschiede" oder „Rassenmerkmale" nicht nachweisen lassen.

Rechtsextremismus: Weltanschauung, die von nationalistischen, rassistischen oder neonazistischen Ideen ausgeht. Rechtsextreme üben oft Terror und Gewalt aus.

Renner, Karl: (1870–1950) österreichischer sozialdemokratischer Politiker, 1918–1920 Staatskanzler; 1919 unterzeichnete er den Friedensvertrag von Saint Germain. 1945 war er Mitbegründer der Zweiten Republik und wieder Staatskanzler; 1945–1950 Bundespräsident

Reparationsforderungen: von Siegerstaaten geforderte Kriegsentschädigungszahlungen

Ressourcen: Produktionsmittel, Betriebsmittel, Vorräte

Röhm, Ernst Julius Günther: (1887–1934) war ein deutscher Offizier, Politiker (NSDAP) und Kampfbundführer. Röhm war langjähriger Führer der Sturmabteilung (SA) und kurze Zeit im Kabinett Hitler Reichsminister ohne Geschäftsbereich, bevor er auf Befehl Adolf Hitlers, vorgeblich als Reaktion auf einen angeblich geplanten Putsch, den so genannten Röhm-Putsch, ermordet wurde.

Roma und Sinti: in kleineren Gruppen über den gesamten Erdball verstreut lebendes Volk, das über gemeinsame kulturelle und sprachliche Wurzeln verfügt.

Wahrscheinlich stammen Roma und Sinti aus dem nordwestlichen Indien. Gemäß den immer noch gängigen Vorurteilen werden Roma und Sinti weniger als eigenes Volk, sondern vielmehr als nicht sesshafte Menschen aufgefasst.

Roosevelt, Franklin Delano: (1882–1945) 32. Präsident der USA (1932–1945); Er wurde entgegen der amerikanischen Verfassung noch ein 3. und 4. Mal zum Präsidenten gewählt und starb knapp vor dem Ende des Zweiten Weltkrieges.

Rote Armee: Truppen der Sowjetunion

Rote Garden: Gruppierungen von Schülerinnen und Schülern und Studentinnen und Studenten, die als Träger der von Mao initiierten Großen Proletarischen Kulturrevolution in der Volksrepublik China dienten

S

Saint Germain: ehemaliger Vorort von Paris (heute Teil der Stadt), in dem nach dem Ersten Weltkrieg Österreich den Friedensvertrag unterzeichnete (1919)

Schönerer, Georg Heinrich Ritter von Schönerer: (1842–1921) war ein österreichischer Gutsherr und Politiker. Schönerer hatte von 1879 bis zur Jahrhundertwende Bedeutung als Führer zunächst der Deutschnationalen und später der Alldeutschen Vereinigung. Er war ein heftiger Gegner des politischen Katholizismus, ein radikaler Antisemit und übte starken Einfluss auf den jungen Adolf Hitler aus, der ihn als eines seiner Vorbilder ansah.

Schuschnigg, Kurt von: (1897–1977) österreichischer christlichsozialer Politiker, 1932–1934 Justiz- und Unterrichtsminister, 1934–1938 austrofaschistischer Bundeskanzler (zugleich Außen-, Verteidigungs- und Unterrichtsminister sowie Führer der Vaterländischen Front)

Schutzhaft: So bezeichneten die Nationalsozialisten die Freiheitsberaubung, die aus politischen Gründen durch staatliche Stellen erfolgte. Angeblich sollten die Häftlinge „vor dem Volkszorn geschützt" werden. Gegen die Verhängung der Schutzhaft war keine Anrufung der Gerichte möglich, die bzw. der

Inhaftierte durfte auch keinen Anwalt hinzuziehen. So war sie oder er völlig der Willkür der Gestapo ausgesetzt.

Schutzstaffel (SS): Diese unterstand ursprünglich der Sturmabteilung, wurde aber nach 1934 zu einer eigenständigen Organisation der NSDAP erhoben, erlangte die Kontrolle über den Polizeiapparat und übernahm neben der Wehrmacht eine militärische Funktion.

Schwarzhandel: Kleinhandel unter Verstoß gegen Rechtsbestimmungen

Schwellenland: Ein Land, das traditionellerweise zu den Entwicklungsländern gerechnet wurde, aber sich an der Schwelle zum Industrieland befindet, also nicht mehr die typischen Merkmale von Entwicklungsländern (zB Armut, schlechte Gesundheitsversorgung, wenig Bildungsmöglichkeiten, geringe Lebenserwartung) aufweist, nennt man Schwellenland. In diesen Ländern wächst die Wirtschaft stark, es bildet sich eine Mittelschicht, Infrastruktur wird geschaffen.

Seipel, Ignaz: (1876–1932) katholischer Priester, Obmann der Christlichsozialen Partei (1921–1929), Bundeskanzler (1922–1924, 1926–1929), 1930 Außenminister

Seyß-Inquart, Arthur: (1892–1946) Nationalsozialist, 1938 Innenminister, danach Bundeskanzler; 1940–1945 „Reichskommissar für die besetzten niederländischen Gebiete" (verantwortlich für die Judentransporte in die Konzentrationslager). 1946 verurteilte ihn das internationale Militärgericht in Nürnberg als einen der Hauptkriegsverbrecher zum Tod.

Solidarnosc: polnische Gewerkschaft, die 1980 aus einer Streikbewegung entstand und an der Wende 1989 entscheidend mitwirkte

Sowchose: russ.; Staatsgut in der ehemaligen Sowjetunion

Stalin, Josef: (1879–1953) eigentlich Josef Dschugaschwili, sowjetischer Politiker; ab 1922 Generalsekretär der kommunistischen Partei; Nachfolger Lenins, bis 1953 uneingeschränkter Diktator

Stalinismus: Gewaltherrschaft unter Stalin in der Sowjetunion von 1924–1953. Kennzeichen sind die Beseitigung der Menschenrechte, rücksichtslose Verfolgung von Andersdenkenden sowie die Verherrlichung von Stalin (Personenkult).

Sturmabteilung (SA): uniformierte Kampftruppe der NSDAP, die radikal gegen Gegnerinnen und Gegner der NSDAP vorging

Swing: eine Stilrichtung des Jazz, die ihre Wurzeln in der Zeit der 1920-er und 1930-er Jahre in den USA hat. Das NS-Regime verbot die Ausstrahlung von Jazz im Rundfunk, da Jazz afrikanische Wurzeln hat und zudem viele Jazz-Musiker jüdischer Herkunft waren.

T

Truman, Harry Spencer: (1884–1972) Nach dem Tod Roosevelts wurde er 33. Präsident der USA (1945–1953); Mit seiner „Eindämmungspolitik" wollte Truman nach dem Zweiten Weltkrieg die Ausbreitung des Kommunismus verhindern.

Truman-Doktrin: US-Präsident Harry Truman verkündete am 12. März 1947 vor dem Kongress, dass die Vereinigten Staaten in Zukunft freien Völkern, die mit Waffengewalt unterworfen werden sollten, finanziell und militärisch beistehen würden. Das widersprach den Interessen der UdSSR, es kam zum Kalten Krieg.

U

Ultimatum: Forderung, die mit einer meist kurzen Fristsetzung für die Erfüllung der Forderung sowie mit der Androhung ernster Konsequenzen im Falle der Nichterfüllung verbunden ist

V

Vertrag von Locarno: 1925 trafen sich in Locarno in der Schweiz Vertreter Belgiens, Deutschlands, Frankreichs, Großbritanniens, Italiens, Polens und der Tschechoslowakei und bestätigten die im Friedensvertrag von Versailles festgelegte Westgrenze Deutschlands zu Frankreich. Im Rheinland durften keine Truppen mehr stationiert werden. Seine Ostgrenze zu Polen bestätigte Deutschland nicht.

Veto: Einspruch

Vetorecht: Einspruchsrecht gegen einen Beschluss, um seine Durchführung zu verhindern

Vichy-Frankreich: Deutsche Truppen hatten im Juni 1940 die französische Verteidigung besiegt und waren in Paris eingezogen. Nach dem Waffenstillstand von Compiègne war Frankreich geteilt: Norden und Westen wurden von der Deutschen Wehrmacht kontrolliert, der Süden war nicht besetzt. Regierungssitz war bis 1944 der Badeort Vichy. Marschall Pétain war Regierungschef und arbeitete mit den Nationalsozialisten zusammen. Dafür wurde er 1945 zu lebenslanger Haft verurteilt.

Völkischer Beobachter: Diese Zeitung der NSDAP („Kampfblatt") erschien ab 1920 zweimal pro Woche, seit 1923 täglich. Am 30. April 1945 wurde die letzte Ausgabe gedruckt, konnte allerdings nicht mehr ausgeliefert werden. In den Anfangsjahren richtete sich die Zeitung gegen die Weimarer Republik, später verbreitete sie NS-Propaganda, Antisemitismus und die Rassentheorie.

Volkskammerwahl: Die Volkskammer war von 1949 bis 2.10.1990 das Parlament der DDR.

Volkskommune: Form der landwirtschaftlichen Kollektivierung in der VR China

Vranitzky, Franz: (*1937) SPÖ-Finanzminister (1984–1986), SPÖ-Parteivorsitzender und Bundeskanzler (1986–1997)

W

Weltwirtschaftskrise: Die USA waren die führende Weltmacht in Industrie, Landwirtschaft und Finanzen. Neben Deutschland hatten auch England und Frankreich, an die Deutschland Reparationszahlungen leisten musste, hohe Schulden bei den USA. Die USA investierten in neue Produktionsmethoden (Fließband). Als der Markt gesättigt war, stagnierte die Nachfrage nach Konsumgütern. Das Wirtschaftswachstum ging zurück, Aktien verloren an Wert, Menschen, die an der Börse spekulierten, wurden nervös (24. Oktober 1929, „Schwarzer Donnerstag" – die New Yorker Börse brach zusammen.). Die USA zogen ihre Kredite aus Europa zurück. Deutschland war aber von US-Investitionen abhängig. Es kam zu zahlreichen Firmenpleiten und einem enormen Anstieg der Arbeitslosigkeit.

Quellennachweis

Die Textquellen wurden zum Teil vom Autorenteam gekürzt, bearbeitet und vereinfacht.

S. 8: http://www.politik-lexikon.at/diktatur/, abgerufen am 21.11.2018
S. 10: Mussolini, Benito: Der Geist des Faschismus. In: Wagenführ, Horst (Hg.): Der Geist des Faschismus. Ein Quellenwerk. München, C. H. Beck, 1943, S. 45
S. 11: Jochum, Manfred: Die Erste Republik in Dokumenten und Bildern. Wien: Braumüller, 1983, S. 92 f.
S. 12: http://www.politik-lexikon.at/nationalsozialismus/, abgerufen am 21.11.2018
S. 13: Hitler, Adolf: Mein Kampf. 1925/1927. München: Franz Eher Nachf., 1933, S. 420 ff.
S. 13: http://www.dhm.de/lemo/html/dokumente/nsdap25/index.html, abgerufen am 14.6.2011
S. 14: Hofer, Walther: Der Nationalsozialismus. Dokumente 1933–1945. Hg., eingel. u. dargest. v. Walther Hofer. Frankfurt am Main: Fischer, 1957
S. 14: Ley, Robert: Soldaten der Arbeit. München: Franz Eher Nachf., 1938, S. 71
S. 15: https://www.staatenlos.info/rechtsgrundlagen/rechtsgrundlagen/gleichschaltung, abgerufen am 14.10.2018 /nach Arbeitsmappe Sozial- und Wirtschaftskunde, Erich Schmidt Verlag 1961
S. 16: Völkischer Beobachter, 12.8.1934
S. 17: Westenrieder, Norbert: Deutsche Frauen und Mädchen. Vom Alltagsleben 1933 – 1945. Bindlach: Droste Verlag, 1990, S. 30
S. 17: Völkischer Beobachter vom 13.9.1936
S. 18: Die Presse, Hellin Jankowski, 11.3.2018
S. 19: Salzburger Nachrichten, 9.3.2013
S. 19: https://diepresse.com/home/meinung/gespraechsstoff/369985/Der-Heldenplatz-und-die-Begeisterung-fuer-Hitler, 14.3.2008, abgerufen am 26.9.2018
S. 20: Hofer, Walther: Der Nationalsozialismus. Dokumente 1933–1945. Hg., eingel. u. dargest. v. Walther Hofer. am Main: Fischer, 1957, S. 328
S. 20: Scholl, Inge: Die weiße Rose. Frankfurt am Main: Fischer, 1993
S. 21: http://maria-restituta-kafka.zurerinnerung.at, abgerufen am 11.4.2018
S. 22: https://www.dhm.de/lemo/zeitzeugen/hannes-bienert-hitlerjugend-in-koenigsberg.html, abgerufen am 26.9.2018
S. 23: Steinhaus, Hubert: Hitlers Pädagogische Maximen. „Mein Kampf" und die Destruktion der Erziehung im Nationalsozialismus. Frankfurt: Peter Lang, 1981
S. 24: https://www.dhm.de/lemo/zeitzeugen/werner-mork-als-pimpf-im-deutschen-jungvolk, abgerufen am 11.4.2018
S. 24: Klönne, Arno: Jugend im Dritten Reich. Die Hitlerjugend und ihre Gegner. Köln: PapyRossa Verlag, 2008, S. 144 f.
S. 24: https://www.dhm.de/lemo/zeitzeugen/gisela-richter-das-bdm-maedchen-gisela.html, abgerufen am 11.4.2018
S. 25: Rhue, Morton: Die Welle. Ravensburg: Ravensburger, 1997, S. 141 f.
S. 26: Baberowski, Jörg: Totale Herrschaft im staatsfernen Raum. Stalinismus und Nationalsozialismus im Vergleich. In: Zeitschrift für Geschichtswissenschaft Nr. 57, 2009, S. 11 f.
S. 27: Kopelew, Lew: Aufbewahren für alle Zeit! Autorisierte Übersetzung aus dem Russischen von Heddy Pross-Werth und Heinz-Dieter Mendel. München: dtv, 1979, S. 53 f.
S. 28: Geschichte lernen, Heft 164, 2015, S. 58
S. 29: https://www.mdr.de/zeitreise/ddr/jeans-in-der-ddr-100.html. abgerufen am 11.04.2018
S. 29: Pollmer, Christoph: Die Trabi-Bestellung. In: Die Zeit, Nr. 35, 26. Oktober 2010, S. 82
S. 31: Baberowski, Jörg: Der rote Terror. Die Geschichte des Stalinismus. Frankfurt/Main: Fischer, 3. Auflage 2014. S. 16
S. 34: https://www.menschenrechtserklaerung.de/die-allgemeine-erklaerung-der-menschenrechte-3157/, abgerufen am 11.4.2018
S. 35: https://derstandard.at/2000047343954/Ihre-Erfahrungen-mit-Alltagsrassismus, abgerufen am 11.4.2018
S. 35: https://www.hanisauland.de/lexikon/r/rassismus.html, abgerufen am 11.4.2018
S. 36: https://www.fga-wien.at/fileadmin/user_upload/FgA_Bilder/Berichte/Antisemitismusbericht-2017_FgA.pdf, abgerufen am 8.4.2019
S. 37: https://kurier.at/politik/inland/gedenken-an-das-attentat-von-oberwart-vor-20-jahren/111.799.825, 4.2.2015, Roland Pittner, abgerufen am 1.10.2018
S. 37: Interview von Alois Scheucher mit Zaklina Radosavljevic, Mai 2015
S. 38: Reichsgesetzblatt 1935. In: Dehlinger, Alfred: Systematische Übersicht über 76 Jg. RGBl. 1867–1942. Stuttgart und Berlin: W. Kohlhammer, 1943
S. 39: http://www.ns-archiv.de/verfolgung/wannsee/wannsee-konferenz.php, abgerufen am 11.4.2018
S. 39: Himmler-Rede am 6. Oktober 1943 in Posen. In: Graml, Hermann: Reichskristallnacht. Antisemitismus und Judenverfolgung im Dritten Reich. München: dtv, 1988, S. 264
S. 40: Interview mit Kurt Rosenkranz, http://www.erinnern.at/bundeslaender/oesterreich/zeitzeuginnen/das-vermaechtnis/ die-zeitzeuginnen, abgerufen am 11.4.2018
S. 40: Brief von Lola Baum an ein Gymnasium in 1080 Wien vom 2. Mai 1938 aus dem Besitz von Anton Wald
S. 41: Interview von Barbara Kronberger-Schmid mit Traudl Schmid, 2018
S. 41: Krist, Martin: Vertreibungsschicksale. Jüdische Schüler eines Wiener Gymnasiums 1938 und ihre Lebenswege. Wien 1999, S. 29; http://www.erinnern.at/bundeslaender/ wien/unterrichtsmaterial/arbeitsblaetter-auf-den-verborgenen-spuren-des-ns-terrors-im-1.-bezirk/Arbeitsblatt%20-%20Der%20Ausschluss%20der%20juedischen%20 SchuelerInnen, abgerufen am 11.4.2018
S. 41: AStL, 23.5.1938, http://david.juden.at/kulturzeitschrift/55-56/Main%20frame_Artikel56_Aigner.htm, abgerufen am 11.4.2018
S. 41: LVBl. vom 27.5.1938, http://david.juden.at/kulturzeitschrift/55-56/Main%20frame_Artikel56_Aigner.htm, abgerufen am 11.4.2018
S. 42: https://www.oeh.univie.ac.at/zeitgenossin/flusterwitze-uber-nazis, abgerufen am 11.4.2018; http://www.tenhumberggreinhard.de/themenuebersicht/das-dritte-reich/ fluesterwitze-aus-dem-dritten-reich.html, abgerufen am 11.4.2018;
S. 43: Dühr, Hartmut: Ergebung eines Mitläufers. Books on demand, 1987, S. 7
S. 43: Steuwer, Janosch: Ein Drittes Reich, wie ich es auffasse: Politik, Gesellschaft und privates Leben in Tagebüchern 1933 bis 1939. Göttingen: Wallstein, 2017
S. 44: https://www.voelkermordkonvention.de/voelkermord-eine-definition-9158/, abgerufen am 11.4.2018
S. 47: Greif, Gideon: Wir weinten tränenlos ... Augenzeugenberichte des jüdischen „Sonderkommandos" in Auschwitz. Aus dem Hebräischen übersetzt von Matthias Schmidt. Frankfurt/Main: Fischer Taschenbuch, 1999, S. 65 f.
S. 49: http://www.bpb.de/apuz/170162/zurueck-zu-den-quellen-plaedoyerfuer-die-narrationspruefung, abgerufen am 11.4.2018
S. 49: Kaiserin Elisabeth von Österreich: Das poetische Tagebuch. Wien: Verlag der österreichischen Akademie der Wissenschaften, 6. Aufl. 1997, Eintrag vom 8. Mai 1854; Hamann, Brigitte: Elisabeth. Kaiserin wider Willen. München: Piper, 1981, S. 85
S. 50: https://www.mediathek.at/portaltreffer/atom/12F683DC-229-00310-00000F38-12F5A537/pool/BWEB/, übertragen von Alois Scheucher, März 2018
S. 50: „Moskauer Deklaration", http://www.ibiblio.org/pha/policy/1943/431000a.html, abgerufen am 11.4.2018, Übersetzung Alois Scheucher
S. 50: https://www.ris.bka.gv.at/Dokumente/BgblPdf/1945_1_0/1945_1_0.pdf, abgerufen am 11.4.2018
S. 51: https://diepresse.com/home/kultur/kunst/4195346/Ein-Pferd-fuer-eine-Republik_Das-Symbol-des-WaldheimStreits, abgerufen am 11.4.2018
S. 51: www.parlament.gv.at/PAKT/VHG/XVIII/NRSITZ/NRSITZ_00035/imfname_142026.pdf; Stenogr. Protokoll, S. 3282 f., abgerufen am 21.11.2018
S. 53: http://www.europarl.europa.eu/sides/getDoc.do?pubRef=-//EP//TEXT+TA+P6-TA-2005-0018+0+DOC+XML+V0//DE, abgerufen am 21.11.2018
S. 53: Sacha Batthyany im Interview mit Dietlind Pichler am 30. April 2018
S. 58: Wiener Zeitung, Extraausgabe Nr. 261, 11.11.1918
S. 59: https://www.marxists.org/deutsch/geschichte/oesterreich/spoe/1926/linzerprog.htm#t2, abgerufen am 5.10.2018
S. 59: Tiroler Anzeiger, 31.12.1926, S. 4; http://anno.onb.ac.at/cgi-content/annoshow?call=tan|19261231|4|100.0|0, abgerufen am 5.10.2018
S. 61: Jochum, Manfred: Die Erste Republik in Dokumenten und Bildern. Wien: Braumüller, 1983
S. 62: Neues Österreich, 23. April 1945, 1. Folge/1. Ausgabe; http://anno.onb.ac.at/cgi-content/anno?aid=nos&datum=19450423&seite=1&zoom=33, abgerufen am 11.4.2018
S. 64: https://de.statista.com/statistik/daten/studie/274303/umfrage/endergebnis-der-nationalratswahl-in-oesterreich/, abgerufen am 20.10.2018
S. 63: BVG, BGBl. Nr. 211/1955
S. 63: BVG, BGBl. Nr. 152/1955
S. 69: http://www.demokratiezentrum.org/bildung/lernmodule/das-politische-system.html?type=98, abgerufen am 8.10.2018 / Demokratiezentrum Wien
S. 70: https://derstandard.at/2000059359305/Starke-antisemitischen-Vorurteile-bei-muslimischen-Jugendlichen, 17.6.2017, András Szigetvari, abgerufen am 11.4.2018
S. 70: https://www.bvt.gv.at/bmi_documents/2202.pdf, abgerufen am 8.10.2018 / Bundesministerium für Inneres; Bundesamt für Verfassungsschutz und Terrorismusbekämpfung
S. 71: https://diepresse.com/home/panorama/oesterreich/5190772/Islamfeindlichkeit, 27.3.2017, Erich Kocina, abgerufen am 11.4.2018
S. 71: https://derstandard.at/2000009512269/UN-Anti-Terror-Experte-Ein-Wiener-Jihad-Maedchen-tot, 17.12.2014, abgerufen am 11.4.2018
S. 73: https://www.zara.or.at/index.php/archiv/10729#more-10729, abgerufen am 8.4.2018
S. 77: Hofer, Walther: Der Nationalsozialismus. Dokumente 1933–1945. Hg., eingel. u. dargest. v. Walther Hofer. Frankfurt am Main: Fischer, 1957, S. 328
S. 78: Sander, Harald: Hitler – Das Itinerar (Band IV): Aufenthaltsorte und Reisen von 1889 bis 1945. Bd IV 1940–1945, Berlin Story Verlag GmbH, ebook, 2017
S. 79: Ebert, Jens (Hg.): Feldpostbriefe aus Stalingrad. November 1942 bis Januar 1943. Göttingen: Wallsteinverlag, 2003
S. 81: https://www.welt.de/politik/ausland/article144843198/Inmitten-dieser-Hoelle-schrien-die-Menschen.html, abgerufen am 10.10.2018
S. 82: https://www.unric.org/de/charta, abgerufen am 11.4.2018

S. 82: Autorenteam

S. 83: http://www.zeit.de/politik/2010-07/srebrenica-jahrestag, 11.7.2010, Caroline Fetscher, abgerufen am 11.4.2018

S. 84: Steele Commager, Henry: Documents of American History II. New York: Prentice-Hall, 1973, 526 f.

S. 85: Truman, Harry S.: Memoiren. Bd. 2: Jahre der Bewährung und des Hoffens 1946–1953. Einzig berechtigte Übertragung aus dem Amerikanischen von Eduard Thorsch. Stuttgart: Scherz & Goverts, 1956, S. 122 f.

S. 87: Frankfurter Allgemeine Zeitung, 24.10.1962

S. 87: Frankfurter Allgemeine Zeitung, 29.10.1962

S. 88: https://de.wikipedia.org/wiki/Neil_Armstrong, abgerufen am 11.4.2018

S. 88: Marchand, Pierre: Kapitalismus und Kommunismus. Gütersloh, München: Bertelsmann, 1994, S. 20

S. 89: Gorbatschow, Michail: Perestroika. Die zweite russische Revolution. Eine neue Politik für Europa und die Welt. München: Droemer Knaur, 1989, S. 25 f.

S. 90: https://de.wikipedia.org/wiki/Liste_der_andauernden_Kriege_und_Konflikte; https://de.wikipedia.org/wiki/Atommacht, abgerufen am 10.10.2018

S. 91: https://www.sipri.org/sites/default/files/YB16-Summary-DEU.pdf, S.15, abgerufen am 15.1.2018

S. 92: https://slideplayer.org/slide/5489222/, abgerufen am 10.10.2018

S. 93: http://www.zeit.de/campus/2017/01/suedafrika-apartheidborn-free-rassismus, ZEIT-Campus Nr. 1/2017, 18.1.2017, Malaika Wa Azania, abgerufen am 18.1.2017

S. 94: Rothermund, Dietmar: Der Freiheitskampf Indiens. Stuttgart: Klett, 1966, S. 41

S. 95: http://www.bpb.de/internationales/asien/indien/44429/frauen-inindien, abgerufen am 11.4.2018

S. 97: http://derstandard.at/2000068525428/Wie-sich-China-mitgigantischen-Investitionen-Einfluss-in-Europa-erkauft, 27.4.2017, Christoph Prantner, abgerufen am 11.4.2018

S. 97: http://www.faz.net/aktuell/wirtschaft/wirtschaftspolitik/seidenstrassen-gipfel-eu-riskiert-eklat-in-china-15014832/infografik-karte-chinas-15013188.html, abgerufen am 19.9.2018 / Mercator Institute for China Studies

S. 98: https://www.stepmap.de/landkarte/wertschoepfungskette-jeans-dfPt5vtl9h-i, abgerufen am 19.9.2018 / eigene Recherchen

S. 99: http://sicherheitspolitik.bpb.de/rohstoffe-undkonflikte/hintergrundtexte-m4/rohstoffvorkommen-und-verteilung, abgerufen am 11.4.2018

S. 99: https://sicherheitspolitik.bpb.de/m4/infographics/resource-conflicts-and-conflict-resources-2013, abgerufen am 8.10.2018

S. 100: http://www.bpb.de/nachschlagen/zahlen-undfakten/globalisierung/52774/fast-food, abgerufen am 11.4.2018

S. 101: http://ww.faz.net/aktuell/feuilleton/musik-vorbildfrankreich-hoeren-nachquoten-172795.html, 17.8.2002, Andrea Klingsieck, abgerufen am 11.4.2018

S. 102: https://www.careelite.de/plastik-muell-fakten/, abgerufen am 21.11.2018

S. 103: 5. Sachstandsbericht des Weltklimarates IPCC, September 2013: http://www.de-ipcc.de/de/200.php, 27.9.2013, abgerufen am 11.4.2018

S. 103: https://www.dsw.org/projektionen-urbanisierung/, http://4.bp.blogspot.com/-Ps8WVI1_keg/T0kZusi5dvI/AAAAAAAASD4/pUb5K3VPY0I/s1600/weltkarte_agglomerationen_1950_2050.png, https://de.wikipedia.org/wiki/Urbanisierung#/media/File:Agglo19502050.png, abgerufen am 15.10.2018 / Deutsche Stiftung Weltbevölkerung

S. 104: Schneider, Gerd; Toyka-Seid, Christiane: Das junge Politik-Lexikon von www.hanisauland.de, Bonn: Bundeszentrale für politische Bildung, 2017

S. 107: http://www.spiegel.de/extra/a-961705.html, abgerufen am 8.10.2018

S. 110: https://www.europa-im-unterricht.ktn.gv.at/default.aspx?Slid=133, abgerufen am 8.3.2018

S. 110: Die Statements zu Europa stammen auf Ersuchen der Zeitbilder-Redaktion von Norbert Kittenberger (Asyl in Not), Katharina Stemberger und Julia Haas (Völkerrechtsbüro, Bundesministerium für Europa, Integration und Äußeres).

S. 115: https://oegfe.at/wordpress/wp-content/uploads/2018/06/Zeitreihe-0518.pdf, abgerufen am 11.10.2018

S. 115: http://www.demokratiezentrum.org/fileadmin/media/pdf/informationskampagne_oe_eu-beitritt.pdf, abgerufen am 8.10.2018

S. 115: https://erasmusplus.at/de/projekte-undprodukte/bildung/testimonials/marlies-auer/, abgerufen am 11.4.2018

S. 116: https://www.welt.de/welt_print/politik/article4358547/Ich-wusste-die-Ungarn-wuerden-nicht-auf-DDRBuerger-schiessen.html, 20.8.2009, Elisalex Henckel, abgerufen am 11.4.2018

S. 118: Hanns Joachim Friedrichs, Moderator der „Tagesthemen" am 9.11.1989 um 22.42, https://www.ndr.de/kultur/geschichte/chronologie/mauerfall238_page-2.html, abgerufen am 11.4.2018

S: 118: https://www.deutschlandfunk.de/katalysatoren-der-maueroeffnung.761.de.html?dram:article_id=114252, abgerufen am 10.10.2018

S. 120: https://voxeurop.eu/de/content/article/5031303-sechs-fragen-fuer-das-neue-jahr, 31.12.2015, Bill Emmott, abgerufen am 11.10.2018

S. 123: https://www.huffingtonpost.de/roland-berger/vier-grunde-warum-europa-eine-fuhrungsrolle-in-der-welt-einnimmt_b_4457860.html, 18.12.2013, Roland Berger, abgerufen am 4.4.2018

S. 123: http://europa.eu/rapid/press-release_SPEECH-12-930_de.htm, abgerufen am 4.4.2018

S. 126: http://www.h-eureka.com/prog.htm, abgerufen am 11.10.2018

S. 126: https://de.statista.com/statistik/daten/studie/169397/umfrage/natuerliche-wachstumsrate-der-bevoelkerung-nach-kontinenten/, abgerufen am 11.10.2018

S. 127: http://www.globalhungerindex.org/pdf/de/2018/synopse.pdf, abgerufen am 11.10.2018

S. 127: Lammar, Rom: Das ist unsere Welt, 19.3.2013; In: http://www.unsere-ressourcen-fur-7-milliarden-menschen/, abgerufen am 11.4.2018

S. 128: http://wko.at/statistik/Extranet/Langzeit/GLang-Beschaeftigtenstruktur.pdf, abgerufen am 11.10.2018

S. 129: https://en.wikipedia.org/wiki/Moss_Cass, Übersetzung der Autorin, abgerufen am 11.4.2018

S. 130: BM4SK (2011): Armutsgefährdung und Lebensbedingungen in Österreich, S. 50 f., Sozialbericht 2011–2012, S. 289 f., Sozialbericht 2015–2016, S. 190 ff.; https://www.statistik.at/web_de/statistiken/menschen_und_gesellschaft/soziales/gender-statistik/armutsgefaehrdung/index.html, abgerufen am 18.10.2018

S. 130: https://diepresse.com/home/panorama/welt/660182/Mammoni_Muttersoehnchen-fuers-halbe-Leben, 7.5.2011, Kordula Dörfler, abgerufen am 11.4.2018

S. 131: http://www.oegb.at/cms/S06/S06_2, abgerufen am 11.4.2018

S. 131: https://www.shades-tours.com, abgerufen am 11.4.2018

S. 132: https://ze.tt/warum-die-hausarbeit-in-partnerschaften-auch-2018-noch-grossteils-von-frauen-gemacht-wird/, 11.2.2018, Edie Calie, abgerufen am 21.11.2018

S. 134: https://diepresse.com/home/panorama/klimawandel/1313283/Global-2000_30-Jahre-Angst-vor-Atom-und-Gen, 15.11.2012, Georg Renner, Eva Winroither, abgerufen am 11.4.2018

S. 136: http://www.demokratiezentrum.org/themen/genderperspektiven/lebensrealitaeten.html?tx_jppageteaser_pi1%5BbackId%5D=12, abgerufen am 10.4.2019

S. 136: https://data.europa.eu/euodp/de/data/dataset/gender-equality-index, abgerufen am 10.10.2019

S. 137: https://www.eltern.de/kleinkind/entwicklung/rollenspiele.html, abgerufen am 11.4.2018

S. 142: http://www.etc-graz.at/typo3/fileadmin/user_upload/ETChauptseite/Menschenrechte_lernen/POOL/Allge_Erklaerung_der_MR_Kurzfassung_29_12.pdf, am 11.4.2018

S. 143: UNICEF/NYHQ2015-0116/Porter, https://www.unicef.de/informieren/aktuelles/blog/2015/kindersoldaten-erzaehlen/72156, abgerufen am 11.4.2018

S. 145: https://www.kleinezeitung.at/politik/4088852/Nationalratswahl-2013_Darf-ich-den-Stimmzettel-posten, 29.9.2013, abgerufen am 11.4.2018

S. 145: http://www.krieglach.at/kindergemeinderat/, abgerufen am 11.4.2018

S. 150: Petition der Abgeordneten zum Nationalrat Dr. Pamela Rendi-Wagner, Dr. Matthias Strolz, Dr. Peter Kolba vom 13.2.2018, https://www.parlament.gv.at/PAKT/VHG/XXVI/PET/PET_00001/index.shtml, abgerufen am 8.4.2019

S. 151: https://www.parlament.gv.at/PAKT/AKT/SCHLTHEM/SCHLAG/J2018/126Arbeitszeitflexibilisierung.shtml, abgerufen am 8.4.2019

S. 151: https://www.wko.at/Content.Node/kampagnen/arbeitszeit-neu/start.html, abgerufen am 8.4.2019

S. 151: https://ooe.arbeiterkammer.at/interessenvertretung/arbeitswelt/arbeitszeit/AK_Standpunkt_zum_12-Stunden-Tag-Gesetz.html, abgerufen am 8.4.2019

S. 152: https://www.welt.de/vermischtes/article118262525/Das-war-der-Tag-der-royalen-Geburt.html, 22.7.2013, abgerufen am 11.4.2018

S. 154: https://de.statista.com/statistik/daten/studie/455939/umfrage/oesterreichische-politiker-mit-den-meisten-fans-bei-facebook/, abgerufen am 11.10.2018

S. 154: Twitter: Donald Trump 01:49, 3. Jänner 2018

S. 155: https://www.nzz.ch/feuilleton/trump-und-die-fake-news-awardsmedien-muessen-feinde-sein-ld.1347634, 16.1.2018, Markus Ziener, abgerufen am 16.1.2018

S. 156: http://www.heute.at/digital/multimedia/story/Woher-kommteigentlich-der-ganze-Hass-im-Netz--51518948, 2.1.2018, angerufen am 21.11.2018

S. 157: https://www.oe24.at/oesterreich/chronik/wien/Sexismus-Witz-ORF-Wolf-erntet-Shitstorm-im-Netz/318055276, 19.1.2018, abgerufen am 11.4.2018

S. 159: https://de.statista.com/statistik/daten/studie/746473/umfrage/informationsquellen-fuer-politische-themen-in-oesterreich/, abgerufen am 11.10.2018

S. 159: https://de.statista.com/statistik/daten/studie/746488/umfrage/glaubwuerdigkeit-von-informationsquellen-fuer-politische-themen-in-oesterreich/, abgerufen am 11.10.2018

Bildnachweis

S. 4: Alicia Sancha, Wien; Anonym / Imagno / picturedesk.com; Wien Museum; HANS PUNZ / APA / picturedesk.com
S. 5: Willfried Gredler-Oxenbauer / picturedesk.com; Lydie_B / Getty Images – iStockphoto; mutsMaks / Getty Images – iStockphoto; Alicia Sancha, Wien
S. 6/7: Alicia Sancha, Wien
S. 8: Archiv Gerstenberg / Ullstein Bild – picturedesk.com
S. 9: Wolfgang Schaar, Grafing / ÖBV
S. 10: akg-images / APA – picturedesk; Roger Viollet / picturedesk.com
S. 11: ÖNB Bildarchiv und Grafiksammlung (POR); Austrian Archives (S) / Imagno / picturedesk.com
S. 12: Everett Collection / picturedesk.com; akg-images / picturedesk.com
S. 13: ullstein bild / Ullstein Bild / picturedesk.com
S. 14: Pulfer / Interfoto / picturedesk.com
S. 15: akg-images / picturedesk.com; Wolfgang Schaar, Grafing
S. 16: ullstein bild / Ullstein Bild / picturedesk.com; akg-images
S. 17: Library of Congress / Mary Evans / picturedesk.com; ullstein bild / Ullstein Bild / picturedesk.com
S. 18: akg-images / picturedesk.com; ÖNB Bildarchiv und Grafiksammlung (POR)
S. 21: Scherl / SZ-Photo / picturedesk.com; Repro / Brandstätter Rudolf Pressebildagentur / picturedesk.com
S. 22: AP / picturedesk.com; Agentur Voller Ernst / dpa / picturedesk.com; ullstein bild / Ullstein Bild / picturedesk.com
S. 23: Tyrolia / ÖNB-Bildarchiv / picturedesk.com; akg-images / picturedesk.com
S. 24: akg-images / picturedesk.com; AP1945 / AP / picturedesk.com
S. 26: Elizaveta Becker / Ullstein Bild – picturedesk.com
S. 27: akg-images / Elizaveta Becker
S. 28: Straube / akg-images / picturedesk.com; GEWE-FOTO / Interfoto / picturedesk.com
S. 29: Wirtschaftswundermuseum
S. 30: akg-images / APA – picturedesk; Everett Collection / picturedesk.com; Elizaveta Becker / Ullstein Bild – picturedesk.com; Wirtschaftswundermuseum
S. 31: Erich Lessing / picturedesk.com
S. 32/33: Anonym / Imagno / picturedesk.com
S. 34: Christian Charisius / dpa / picturedesk.com; Adam Silye nach: Commission for Equality and Human Rights, known as the Equality and Human Rights Commission („the EHRC") - Jolygon / Getty Images - iStockphoto
S. 35: Dietlind Pichler, Wien
S. 36: ÖNB-Bildarchiv / picturedesk.com
S. 37: JOE KLAMAR / AFP / picturedesk.com
S. 38: akg-images / picturedesk.com
S. 39: akg-images / picturedesk.com
S. 40: Ruth Schelander-Glaser, Wien
S. 41: Barbara Kronberger-Schmid, Bruck/Mur
S. 42: Votava / Imagno / picturedesk.com
S. 44: Schwarwel / toonpool.com
S. 45: ullstein – *Chronos Dokumentarfi / Ullstein Bild / picturedesk.com; VALDRIN XHEMAJ / EPA / picturedesk.com
S. 46: Christian Charisius / dpa / picturedesk.com; JOE KLAMAR / AFP / picturedesk.com; akg-images / picturedesk.com; Barbara Kronberger-Schmid, Bruck/Mur
S. 47: akg-images / picturedesk.com
S. 48: Anonym / Imagno / picturedesk.com; Wien Museum; Wolfgang Kumm / dpa / picturedesk.com
S. 49: KPA / Ullstein Bild / picturedesk.com
S. 50: Neues Österreich, 20. Juli 1946 / Linzer Hochschulfonds (LHF)
S. 51: Manfred Deix
S. 52: Alois Scheucher, Graz; GEORG HOCHMUTH / APA / picturedesk.com
S. 54: Wien Museum; KPA / Ullstein Bild / picturedesk.com; Manfred Deix
S. 55: Gert Eggenberger / picturedesk.com
S. 56/57: HANS PUNZ / APA / picturedesk.com
S. 58: Unknown / Digital Library of Slovenia / Wikimedia Commons - Public Domain
S. 60: Christlichsoziale Partei / ÖNB-Bildarchiv / picturedesk.com; ÖNB Bildarchiv und Grafiksammlung (POR); ÖNB Bildarchiv und Grafiksammlung (POR)
S. 61: akg-images / picturedesk.com
S. 62: Votava / Imagno / picturedesk.com
S. 63: Anonym / Imagno / picturedesk.com
S. 64: Arnold & Domnick, Leipzig
S. 65: Erich Sokol / Erich Sokol Privatstiftung, Bildmaterial: Verein Bruno Kreisky Archiv; Bruno Haberzettl
S. 66: ÖNB Bildarchiv und Grafiksammlung (POR); ÖNB Bildarchiv und Grafiksammlung (POR)
S. 67: Votava / Imagno / picturedesk.com; ÖNB Bildarchiv und Grafiksammlung (POR)
S. 69: Arnold & Domnick, Leipzig; photo 5000 – Fotolia.com; Josef Muellek / iStockphoto.com
S. 72: Votava / Imagno / picturedesk.com; Anonym / Imagno / picturedesk.com; Bruno Haberzettl
S. 73: APA-Grafik / picturedesk.com
S. 74/75: Willfried Gredler-Oxenbauer / picturedesk.com
S. 76: akg-images / picturedesk.com; ullstein bild / Kontributor / Getty Images
S. 77: Sammlung Rauch / Interfoto / picturedesk.com; akg-images / picturedesk.com
S. 78: akg-images / picturedesk.com
S. 79: Wolfgang Schaar, Grafing / ÖBV; Wolfgang Schaar, Grafing / ÖBV
S. 80: akg-images / picturedesk.com; Science Photo Library / picturedesk.com; akg-images / picturedesk.com
S. 81: akg-images / picturedesk.com; USCG / EPA / picturedesk.com; STR / AFP / picturedesk.com
S. 82: DAJ / Thinkstock / Adam Silye
S. 83: Timo Essner / toonpool.com
S. 84: Copyright (c) Mary Evans Picture Library 2008 / Mary Evans / picturedesk.com
S. 85: Pulfer / Interfoto / picturedesk.com; Wolfgang Schaar, Grafing / ÖBV
S. 86: Everett Collection / picturedesk.com; ullstein – Chronos Media GmbH / Ullstein Bild / picturedesk.com
S. 87: Urheber unbekannt, Daily Mail London 1962
S. 88: Science Source / PhotoResearchers / picturedesk.com
S. 89: NARA / Everett Collection / picturedesk.com
S. 90: Wolfgang Schaar, Grafing
S. 91: Schwarwel / toonpool.com
S. 92: Wolfgang Schaar, Grafing
S. 93: KCNA / EPA / picturedesk.com; Kim Ludbrook / EPA / picturedesk.com
S. 94: Scherl / SZ-Photo / picturedesk.com; MANJUNATH KIRAN / AFP / picturedesk.com
S. 95: SAJJAD HUSSAIN / AFP / picturedesk.com; Alexander TUMA / picturedesk.com
S. 96: Everett Collection / picturedesk.com; akg-images / picturedesk.com
S. 97: HABIB KOUYATE / AFP / picturedesk.com; Wolfgang Schaar, Grafing
S. 98: Wolfgang Schaar, Grafing; Horst Haitzinger
S. 99: Wolfgang Schaar, Grafing; Jie Zhao / Kontributor / Getty Images
S. 100: Gilles Barbier / imageBROKER / picturedesk.com; Zhou Jianping / AP / picturedesk.com
S. 101: Fryderyk Gabowicz / dpa Picture Alliance / picturedesk.com
S. 102: kotoffei / Getty Images – Thinkstock; Ezra Acayan / Zuma / picturedesk.com

S. 103: MIGUEL MEDINA / AFP / picturedesk.com; Wolfgang Schaar, Grafing
S. 104: Seth McCallister / AFP / picturedesk.com
S. 105: AHMAD AL-RUBAYE / AFP / picturedesk.com; Bernd von Jutrczenka / dpa / picturedesk.com
S. 106: Science Photo Library / picturedesk.com; Schwarwel / toonpool.com; Zhou jianping / AP / picturedesk.com; Seth McCallister / AFP / picturedesk.com
S. 107: Tobias Wieland/toonpool.com; Gethin Chamberlain / Eyevine / picturedesk.com; Wolfgang Schaar, Grafing
S. 108/109: Lydie_B / Getty Images – Thinkstock
S. 110: Hans Ringhofer / picturedesk.com; Helmut Meyer zur Capellen / imageBROKER / picturedesk.com
S. 111: APA-Grafik / picturedesk.com; jemastock / Getty Images – Thinkstock; geopaul / iStockphoto.com
S. 112: Harm Bengen / toonpool.com
S. 113: Wikimedia Commons - Gemeinfrei; Wikimedia Commons – Public Domain; unbekannt – curia.europa.eu / Wikimedia Commons; Europäische Zentralbank / Wikimedia Commons
S. 115: Arnold & Domnick, Leipzig
S. 116: Dirk Eisermann / laif / picturedesk.com
S. 117: KORCAK Vit / CTK / picturedesk.com
S. 118: Wolfgang Kluge / dpa Picture Alliance / picturedesk.com; Martti Kainulainen / Lehtikuva / picturedesk.com
S. 119: ullstein - Spiegl / Ullstein Bild / picturedesk.com; Kostas Koufogiorgos / toonpool
S. 120: Erl / toonpool; Paolo Calleri / toonpool; Harm Bengen / toonpool
S. 121: Schwarwel / toonpool
S. 122: Helmut Meyer zur Capellen / imageBROKER / picturedesk.com; Dirk Eisermann / laif / picturedesk.com; Wolfgang Kluge / dpa Picture Alliance / picturedesk.com; Harm Bengen / toonpool
S. 124/125: mutsMaks / Getty Images – Thinkstock
S. 126: Arnold & Domnick, Leipzig; artisteer / Getty Images – Thinkstock; Arnold & Domnick, Leipzig
S. 127: SCHWUPP, Atelier für Malerei und Illustration, Hausbrunn; Arnold & Domnick, Leipzig; nelcartoons.de
S. 128: Arnold & Domnick, Leipzig
S. 129: Pfohlmann / toonpool
S. 131: Sabine Voigt / toonpool; sabine voigt / toonpool
S. 132: Schwarwel / toonpool.com
S. 133: VOTAVA / Imagno / picturedesk.com; Erwin Schuh / picturedesk.com; CONTRAST / picturedesk.com; Erwin Schuh / picturedesk.com
S. 134: Greenpeace
S. 135: Amnesty International; Hibrida13 / Getty Images - Thinkstock; Marcus Golejewski / Action Press / picturedesk.com
S. 136: ÖBV, Wien
S. 137: Wirtschaftswundermuseum; woessner / toonpool.com
S. 138: SCHWUPP, Atelier für Malerei und Illustration, Hausbrunn; Erwin Schuh / picturedesk.com; Thodoris_Tibilis / Getty Images – Thinkstock
S. 139: Pietzner & Fayer, Atelier / ÖNB-Bildarchiv / picturedesk.com; ÖNB-Bildarchiv / picturedesk.com
S. 140/141: Alicia Sancha, Wien
S. 142: HERIKA MARTINEZ / AFP / picturedesk.com; Predrag Stakić / Wikimedia Commons – Copyrighted free use
S. 145: Gemeinde Krieglach
S. 147: Ernst Weingartner / picturedesk.com; Ernst Weingartner / picturedesk.com; Ernst Weingartner / picturedesk.com; NEOS / OTS; Ernst Weingartner / picturedesk.com
S. 151: Willfried Gredler-Oxenbauer / picturedesk.com
S. 152: ROTA / Camera Press / picturedesk.com
S. 153: APA-Grafik / picturedesk.com
S. 154: Arnold & Domnick, Leipzig; NICHOLAS KAMM / AFP / picturedesk.com; leopold maurer / toonpool.com
S. 155: ISS Crew Earth Observations Facility and the Earth Science and Remote Sensing Unit, NASA Johnson Space Center
S. 156: Ashva73 / Getty Images – Thinkstock
S. 157: Gernot Budweiser
S. 158: HERIKA MARTINEZ / AFP / picturedesk.com; leopold maurer / toonpool.com; ISS Crew Earth Observations Facility and the Earth Science and Remote Sensing Unit, NASA Johnson Space Center; Gernot Budweiser
S. 159: Arnold & Domnick, Leipzig; Arnold & Domnick, Leipzig